DuMont Dokumente

Eine Sammlung von Originaltexten, Dokumenten und grundsätzlichen Arbeiten zur Kunstgeschichte, Archäologie, Musikgeschichte und Geisteswissenschaft

In der vorderen Umschlagklappe: Übersichtskarte von Hattuscha und Yazılıkaya

In der hinteren Umschlagklappe: Karte des hethitischen Großreichs

Hochrelief eines Gottes von einem der Stadttore von Hattuscha, heute im Museum von Ankara (vgl. Farbt. 12)

Kurt Bittel

Hattuscha
Hauptstadt der Hethiter

Geschichte und Kultur
einer altorientalischen Großmacht

DuMont Buchverlag Köln

Günther

Auf der Umschlagvorderseite: Stier-Plastiken aus Ton von Hattuscha, gefunden auf dem Büyükkale
Auf der Umschlagklappe: Skulptur vom Löwentor der Stadtmauer von Hattuscha
Auf der Umschlagrückseite: Der Große Tempel (Tempel I) von Hattuscha

2. Auflage 1986

Satz und Druck: Rasch, Bramsche
Buchbinderische Verarbeitung: Boss-Druck, Kleve

Printed in Germany ISBN 3-7701-1456-6

Inhalt

Hans Gustav Güterbock, Rudolf Naumann, Peter Neve
und Heinrich Otten
in Dankbarkeit für gemeinsame Arbeit über lange
Jahre in Boğazköy

Vorbemerkung

Sechs Vorträge, die im April und Mai 1967 im Bryn Mawr College (Pennsylvania) gehalten wurden, sind unter dem Titel ›Hattusha, Capital of the Hittites‹ bei der Oxford University Press in New York 1970 erschienen. Im vorliegenden Buch in deutscher Sprache wurden alle sechs Kapitel den Ergebnissen der inzwischen fortgeschrittenen Ausgrabungen entsprechend auf den neuen Stand gebracht, ebenso die Bibliographie, die nur eine sinngemäße Auswahl des vorliegenden Schrifttums bietet. Die Zahl der Abbildungen ist um einige vermehrt, manche ältere sind durch neuere ersetzt worden.

Für die Bereitstellung eines Großteils der Pläne, Zeichnungen und Photographien danke ich Klaus Beck, Barbara Grunewald, Claus Haase, Thomas Hartmann, Gisela Krien-Kummrau, Paul Krüger, Rudolf Naumann, Peter Neve, Peter Röhe-Hansen, Wulf Schirmer und Peter Steyer. Mein Dank für vielfache Unterstützung bei der Vorbereitung dieses Buches gilt Rainer Michael Boehmer. Zu besonderem Dank bin ich den Herren Siegfried Hagen und Frank Rainer Scheck vom DuMont Buchverlag für die Sorgfalt verpflichtet, die sie dem Buche angedeihen ließen.

K. B.

1 Entdeckung und Ausgrabung, Lage und Landschaft, Archive, Urkunden zur Stadtgeschichte

In einem bei den Ausgrabungen des Jahres 1957 in Boğazköy, rund 150 km östlich von Ankara in Anatolien, gefundenen Keilschrifttext (Farbt. 18), von dem die eine Version in hethitischer, die andere in akkadischer Sprache abgefaßt ist, findet sich die Schilderung eines bedeutsamen Vorganges. Er hat sich unter dem Großkönig Hattuschili I. zugetragen, der um 1600 v. Chr. regiert hat und ein sehr energischer Herrscher und Feldherr gewesen ist. Im akkadischen Text steht:

> »In jenen Tagen zog er los, wie ein Löwe überschritt der Großkönig den Fluß Puran, die Stadt Haschschu(wa) überwältigte er wie ein Löwe mit seiner Pranke. Staub häufte er darauf und mit ihrem Besitz füllte er Hattuscha. Das Silber und Gold hatte nicht Anfang noch Ende. Den Wettergott, Herrn von *armaruk*, den Wettergott, Herrn von Halap, Allatum, Adalur ⟨und⟩ Liluri, 2 Stiere aus Silber, 3? Statuen aus Silber und Gold, 2 *hamri*-Gebäude (?) ... ließ ich mit Gold einfassen. 1 Tisch – gutes Gold – ....., 3 Tische aus Silber, 1 goldener Thronsessel mit Armlehnen – gutes Gold – ..... mit (Edel-)Steinen und Gold eingefaßt, [alle diese .....] von Haschschu brachte ich zur Sonnengöttin von Arinna hinauf. Die Tochter der Göttin Allatum, Hepat, 3 Statuen aus Silber, 2 Statuen aus Gold, die brachte ich in den Tempel der Mezulla hinauf. ...«

Der Inhalt, in knapper, aber eindringlicher Sprache ist auch für uns heute leicht zu verstehen. Der König hat einen Feldzug gemacht – einen unter vielen, wie wir wissen –, einen Fluß namens Puran, nach anderer Version Puruna, worunter der obere Euphrat zu verstehen ist, überschritten, die Stadt Haschschu eingenommen und dort große Beute gemacht: Statuen und Geräte aus edlem Metall, zum Teil mit Edelsteinen besetzt. Mit dieser Beute »füllte er Hattuscha« und brachte sie dort einerseits zur Sonnengöttin von Arinna, andererseits in den Tempel der Mezulla

»hinauf«. Dieses »hinauf« nimmt sich so aus, als ob die Tempel der genannten Gottheiten oben, in einem oberen Teile des genannten Hattuscha, gelegen hätten. Als ob man zu ihnen hinauf gegangen sei. Das wird uns später noch beschäftigen. Hattuscha wird in dem Texte nicht nur an dieser einen Stelle erwähnt, sondern begegnet mehrfach. Im 20. Abschnitt zum Beispiel, in dem die Ereignisse eines bestimmten Jahres ganz kurz aufgezählt sind, heißt es am Ende: »Dann kam ich heim nach Hattuscha«. Der König ist also dort zu Hause, ja, er hat dort seine Residenz, seinen Regierungssitz, denn der ganze Text, in dem der König selbst zu uns spricht, wird durch den Satz eingeleitet: »Der Großkönig Tabarna übte in Hattuscha die Königsherrschaft aus, der Tawananna Brudersohn.« Tabarna ist ein dem Großkönig gebührender Titel; der nachfolgende Passus besagt, daß der König zwar aus der königlichen Dynastie hervorgegangen, aber nicht der Sohn seines Vorgängers, sondern der Neffe von dessen Frau war. Doch ist das für uns hier unerheblich. Was zählt, ist die Tatsache, daß Hattuscha in der Zeit um 1600 v. Chr. die Hauptstadt der Herrschaft eines hethitischen Dynasten gewesen ist, daß es in dieser Stadt mehrere Tempel von Göttern gab, denen der König die Beute aus seinen Kriegszügen als Weihgaben darbrachte, und schließlich, daß dieser Großkönig sogar durch seinen Namen eine betonte Bindung an diese Stadt erkennen läßt, denn Hattuschili heißt wörtlich »der von Hattuscha«. Das ist zwar nicht die älteste überlieferte Erwähnung der Örtlichkeit, wohl aber die früheste, die sie als hethitische Hauptstadt bezeugt.

Wo lag dieses Hattuscha, was wissen wir von ihm, und vor allem: welches sind die Quellen unseres Wissens?

Im Jahre 1905 war der Berliner Assyriologe Hugo Winckler (Abb. 1) nach *Boğazköy* gekommen, einem kleinen türkischen Dorf, östlich des Flußgebietes des mittleren Halys, des heutigen Kızıl İrmak, im nördlichen Kappadokien. Winckler hatte die Reise aufgrund eingehender Überlegungen und Studien unternommen, denn in Boğazköy gibt es ausgedehnte Ruinen, die von dem französischen Forschungsreisenden Charles Texier im Jahre 1834 entdeckt worden sind und die, sobald sie von ihm in einem großen Tafelwerk bekannt gemacht worden waren (Abb. 2, 3), bei den Historikern und Archäologen Europas kein geringes Aufsehen erregten. Die Größe des Ruinenfeldes und die Trümmer einiger monumentaler Gebäude zeigten nämlich deutlich, daß es sich nur um die Reste einer bedeutenden Stadtanlage handeln könne, nicht aber um die einer beliebigen Siedlung. Die im letzten Jahrhundert allein bekannten antiken Quellen über die Topographie dieser Gegend legten es nahe, entweder an *Tavion*, den Hauptort des trokmischen

1 *Hugo Winckler, der Entdecker der ersten hethitischen Archive im Ruinengelände von Boğazköy*

2 *Boğazköy, Bauwerk auf dem Felsen Yenicekale, nach Charles Texier (1834)*

3 Boğazköy, Blick auf den Großen Tempel (Tempel I), nach Charles Texier (1834)

Stammes der Galater, also kleinasiatischer Kelten, zu denken, oder an *Pteria,* eine bei HERODOT (I 76), viel später auch bei STEPHANOS BYZANTIOS, erwähnte kappadokische Stadt, die Kroisos, der König der Lyder, wahrscheinlich 547 v. Chr. bei seinem Feldzug gegen Kyros im medischen Gebiet jenseits des Halys eingenommen und zerstört hatte. Für die erste Zuweisung konnte man geltend machen, daß bei STRABO (XII 567) ein heiliger Bezirk mit einem Tempel des Zeus Tavianos überliefert ist, der mit den Ruinen eines besonders großen, aus gewaltigen Quadern errichteten Gebäudes im Trümmerfeld von Boğazköy identisch sein könne. Bei der anderen Vermutung, der Identifizierung mit Herodots Pteria, berief man sich schon richtiger, wie zu betonen ist, auf den hochaltertümlichen Charakter der Mauern dieser Bauwerke, auf ihr unklassisches Aussehen, vor allem aber auf einige Skulpturen in der Stadt selbst wie auf Felsreliefs in ihrer unmittelbaren Nachbarschaft, die an assyrische Denkmäler, nach dem Urteil anderer Sachkenner an Iranisch-Sakisches erinnerten. Auf jeden Fall aber ließen sie nicht an griechisch-römische, dagegen entschieden an asiatische Kunstübung denken. Das paßte schlecht zum hellenistisch-kaiserzeitlichen Tavion, das dann auch von SITLINGTON-STERRETT, der in Verbindung mit dem Archaeological Institute of

America 1884 in jenem Gebiete reiste, 18 km südwestlich beim heutigen Dorfe Büyüknefes inschriftlich nachgewiesen wurde und somit für Boğazköy ausschied. Aber auch die Wahrscheinlichkeit der Gleichsetzung der Stadtruinen mit Pteria, mindestens was Entstehung und Blütezeit betrifft, schwand mit der Zeit dahin, denn inzwischen hatte der Engländer A. H. Sayce die soeben genannten Skulpturen in ihrem weiteren Zusammenhang erkannt. Für ihn gehörten sie mit zahlreichen anderen, die durch einen einigermaßen einheitlichen Stil und die Verbindung mit einer eigentümlichen Bilderschrift gekennzeichnet sind, zusammen und bildeten einen Kulturkreis, der sich nach der damaligen Auffassung von Hama im Orontes-Tal Syriens bis zum Sipylos-Gebirge im Hinterland von Smyrna im fernen Westen erstreckte. Sayce nannte ihn hethitisch, nach den Cheta der Ägypter, den Hittim des Alten Testaments, deren eigentliches Macht- und Zivilisationszentrum man beim Forschungsstand des ausgehenden 19. Jahrhunderts im nördlichen Syrien lokalisierte. Nach dieser Auffassung gehörten die Ruinen bei Boğazköy nur peripher zu dem genannten Kulturkreis, stammten zwar ohne Zweifel von einer bedeutenden Stadt, die aber höchstens der Hauptort einer Dynastie mit beschränkter, kaum über Teile Kappadokiens hinausreichender Geltung gewesen sein konnte. Eine neue Phase in der Forschungsgeschichte begann, als der Franzose E. Chantre (Abb. 4) und der Deutsche E. Schäffer 1894 kurz nacheinander einige Bruchstücke von Keilschrifttafeln aus gebranntem Ton in den Ruinen fanden. Für das nördliche Gebiet Kleinasiens stellten diese Funde eine Überraschung dar und schienen sehr wohl zu der von Sayce erstmals, wie wir sahen, vorgeschlagenen hohen Datierung der Stadtruinen und ihrer Zugehörigkeit zu einem Kulturgebiet, das von Syrien her ausstrahlte, zu passen. Ein Teil dieser Texte war in einer Sprache abgefaßt, die man damals noch nicht verstand, die wir aber heute hethitisch nennen und die zur indoeuropäischen Sprachfamilie gehört. Der andere Teil bestand aus Texten in akkadischer Sprache, und zwar in einer Art, die ungefähre Gleichzeitigkeit mit den 1887 in Tell el-Amarna in Mittelägypten gefundenen Tafeln aus der ersten Hälfte des 14. Jahrhunderts v. Chr. nahelegte. In diesem Archiv aus der Spätzeit der ägyptischen 18. Dynastie lagen auch Briefe, die aus Kleinasien stammten. Einer davon war von »Schuppiluliuma, dem großen König, König des Landes Hatti« an Huria, das heißt an Amenophis IV. (Echnaton) gerichtet. Neben dieser Korrespondenz in Akkadisch, dem bevorzugten Mittel zwischenstaatlicher Verständigung zu jener Zeit, sind aber im Archiv in Amarna auch zwei Briefe in einer Sprache aufbewahrt worden, die man in den Jahren der Entdeckung noch nicht voll verstand. Einer ist die Kopie eines von Amenophis III. an Tarhundaraba, König von Arzawa,

4 *Yazılıkaya, kleine Kammer, Grabung von Ernest Chantre (1893)*

gerichteten Schreibens. Heute weiß man, daß die Sprache dieser Briefe hethitisch und daß das Land Arzawa im südwestlichen Teile Kleinasiens anzusetzen ist. Als Hugo Winckler, auf den wir jetzt zurückkommen, im November 1905 nach Boğazköy reiste, regten ihn zu dieser Fahrt die von seinen Vorgängern beschriebenen Ruinen, mehr noch aber die dort gefundenen Keilschriftfragmente und deren mögliche Bezüge zu den erwähnten Amarna-Briefen an. Es bestand immerhin die Aussicht, hier vielleicht die Hauptstadt eines rein anatolischen Staates des 14. Jahrhunderts, nämlich von *Arzawa,* zu finden, der im Vergleich zu den großen Mächten seiner Zeit nur eine ziemlich bescheidene Rolle gespielt hat. Was sich dann Wincklers Augen am Orte selbst bot, regte zu intensiven Forschungen an. Er begann daher ein Jahr später zusammen mit Theodor Makridi vom Ottomanischen Museum in Konstantinopel mit umfassenden Ausgrabungen im Ruinengelände von Boğazköy.

Im Sommer 1906 ist am Westhang eines *Büyükkale* genannten Hügels, der uns noch vielfach beschäftigen wird, ein Fund von rund 2500 Keilschrifttafeln, meistens in Bruchstücken, gemacht worden, dessen Bedeutung gar nicht überschätzt werden kann, denn er hat mit einem Schlag die Kenntnis von der Geschichte der Stadtruinen, darüber hinaus Kleinasiens, ja ganz Vorderasiens auf eine völlig neue Grundlage gestellt. Die Urkunden hatten einst zum Bestand eines königlichen Archivs oder einer Bibliothek gehört und waren sehr verschiedenen Inhalts. Soweit sie in Akkadisch abgefaßt waren, boten sie dem Verständnis keine Schwierigkeiten. Es gab da Briefe, aber auch Verträge, beides Zeugnisse des diplomatischen Verkehrs zwischen den Höfen jener Zeit und der Verpflichtungen, die sie gegenseitig eingegangen waren. Unter den Briefen waren mehrere, die der Korrespondenz zwischen dem König von Ägypten und dem König von Hatti angehörten, und zwar Ramses II. einerseits und Hattuschili andererseits, dem dritten König dieses Namens, wie sich inzwischen ergeben hat. Und am 20. August 1906 fand sich die akkadische Ausfertigung eines Vertrages, den man im Grunde schon kannte, nämlich die im hethitischen Archiv aufbewahrte Fassung des auf der Tempelwand von Karnak bei Theben in Oberägypten im hieroglyphischen Text überlieferten Vertrages, der im 21. Jahre Ramses' II., das heißt um 1270, mit Hattuschili III., dem Großkönig des Hethiterreiches, abgeschlossen worden ist. Diese Briefe und Verträge zwischen den Großmächten jener Zeit konnten unmöglich aus dem Archiv eines Hofes wie Arzawa stammen, sondern erwiesen es unwiderlegbar, daß die Ruinen bei Boğazköy von der Hauptstadt des hethitischen Reiches stammen mußten und daß das eigentliche Zentrum dieses Staates nicht im nördlichen Syrien, sondern im Herzen Kleinasiens lag. Ihr Name aber war, das ergab sich jetzt, »Stadt Hatti«, genauer »Hattuscha«. Winckler hat aufgrund der Urkunden, die ihm damals zugänglich waren, ihren Bestand nur über die Dauer von sieben Königen, welche fünf Generationen darstellen, nachweisen können, von etwa 1400 bis gegen 1200 v. Chr. Er konnte nicht voraussehen, daß zukünftige Untersuchungen ein viel höheres Alter erweisen würden, und er konnte, ausgehend von den zu seiner Zeit noch bescheidenen Kenntnissen kleinasiatischer Toponomie, noch weniger wissen, daß der Stadtname ursprünglich nicht hethitisch war, in seiner älteren Form »Hattusch« auf vorhethitische Zeit zurückgeht und somit einer frühen Gründung eigen gewesen sein muß.

Seit Hugo Wincklers großen Entdeckungen ist die Ausgrabung der Ruinen von *Boğazköy* systematisch betrieben worden. Zunächst von ihm selbst und Makridi 1907, 1911 und 1912, im zuerst genannten Jahr im Verbande mit einer zweiten, von Otto Puchstein geleiteten Expedition, die sich mit den Befestigungswerken und fünf großen Bauwerken, von denen mindestens drei, wenn nicht vier, als Tempel erkannt wurden, beschäftigte. Zwar hatte schon Carl Humann 1882 einen

5 Boğazköy, Beginn der Ausgrabungen des Deutschen Archäologischen Instituts und der Deutschen Orient-Gesellschaft im Jahr 1931

6 Boğazköy, Grabungshaus der deutschen Expedition 1932–39

Stadtplan aufgrund des oberirdisch Erhaltenen oder doch den Spuren nach Ergänzbaren entworfen, jedoch verdankt man erst Puchsteins Expedition einen wirklichen Überblick über Umfang und Größe der Stadt, über den Verlauf der Stadtmauer in den wesentlichen Abschnitten und über die Eigenart kleinasiatisch-hethitischer Architektur in einigen markanten Beispielen. Dann unterbrachen der Balkankrieg, der Erste Weltkrieg, der Türkisch-griechische Krieg und die daraus resultierende unstabile Lage in Anatolien die Arbeiten auf lange Jahre. Sie konnten erst 1931 gemeinsam vom Deutschen Archäologischen Institut und von der Deutschen Orient-Gesellschaft wieder aufgenommen und alljährlich bis zum Ausbruch des Zweiten Weltkrieges fortgeführt werden (Abb. 5–7). Dann setzte eine weitere lange Unterbrechung ein, die bis 1951 währte. Vom Jahre 1952 an ist aber wieder jedes Jahr in den Sommer- und Herbstmonaten in Boğazköy-Hattuscha in mehr oder weniger großem Stil bis heute gegraben worden. Selbst wenn man berücksichtigt, daß diese Kampagnen sehr ungleich lang und ungleich intensiv waren, ist demnach schon viel Zeit auf die Wiedergewinnung von Hattuscha verwendet worden. Trotzdem können nur Teile des für seine Zeit riesigen Stadtgebietes als untersucht gelten, denn weite Bezirke des Stadtinnern wurden überhaupt noch nicht berührt, die Wichtiges enthalten mögen, an manchen Stellen sogar mit Sicherheit enthalten. Zahlreiche Fragen, die an die alte Stadt zu stellen sind, finden daher durch die Ergebnisse der bisherigen Ausgrabungen noch keine Antwort. Das kann zum Teil dann ausgeglichen werden, wenn die Forschungen auch in Zukunft systematisch weiter betrieben werden.

Früher hatte man, wie oben erwähnt worden ist, das Kerngebiet des Hatti-Reiches in Nordsyrien angenommen. Erst der Winckler gelungene Nachweis, daß das weit im Norden gelegene *Boğazköy* die Hauptstadt dieses Reiches gewesen ist, hatte zur Folge, daß man nunmehr im mittleren Kleinasien keinen peripheren Bestandteil, sondern den eigentlichen Schwerpunkt sehen lernte. Im Fortgang der Forschung zeigte es sich ganz deutlich, daß das zentrale Anatolien sogar das ursprüngliche, alte Reichsgebiet gebildet hatte, wo die erste und früheste Vormachtstellung Hattis über eine nicht geringe Zahl von Rivalen entstanden war. Das alles und die Entwicklung dieses Reiches im Verlaufe des späteren 15. und der ersten Hälfte des

7 Boğazköy 1933, Verpacken der Funde

14. Jahrhunderts v. Chr. zur Großmacht gehört längst zum festen Bestande unseres Wissens von der Geschichte Vorderasiens im 2. Jahrtausend v. Chr. und beschäftigt uns daher hier nicht. Wohl aber muß die geographische Lage der Hauptstadt kurz betrachtet werden. Ein Blick auf die Karte (s. hintere Umschlaginnenklappe) zeigt, daß sie innerhalb des hethitischen Reiches größter Ausdehnung – eine Ausdehnung, die sich vornehmlich in die alten Kulturländer des Südostens und Südens, Obermesopotamien und Syrien, erstreckte – sehr aus der Mitte nach Norden verschoben erscheint und alles andere als eine zentrale Position einnimmt. Wir werden noch sehen, daß mit Ausnahme einer kurzen Episode Hattuscha trotz dieses Nachteiles, der sich zweifellos in manchen Belangen fühlbar gemacht haben muß, während seiner langen Geschichte die Stellung als Metropole behauptet hat. Darin macht sich ein konservativer Zug deutlich bemerkbar, der auch in vielen anderen Zweigen des Lebens, nicht nur des staatlichen, in Hatti spürbar ist. Die Randlage ist aber noch auffälliger, wenn man bedenkt, daß die nur selten wirklich festgelegte, sondern fast immer mehr oder weniger schwankende nördliche Reichsgrenze durchschnittlich noch nicht einmal 50 km von Hattuscha entfernt war, und zwar eine Grenze, hinter der nicht friedfertige und gefügige Stämme lebten, sondern die bei jeder sich bietenden Gelegenheit angriffslustigen, im Grunde zu keiner Zeit ganz befriedeten und zudem noch keineswegs im höheren Sinne staatlich organisierten Kaschkasch-Völker ansässig waren. Spätestens vom 15. Jahrhundert an bis in das beginnende 13. Jahrhundert hinein fielen sie trotz aller hethitischen Gegenaktionen immer wieder in den hethitischen Raum ein, griffen wiederholt am oberen Halys-Fluß zeitweise weit nach Süden und haben mindestens einmal Hattuscha selbst eingenommen und dort schwere Zerstörungen angerichtet. Durch die vor einigen Jahren bei den Ausgrabungen von TAHSIN ÖZGÜÇ in Maşat, dem hethitischen Tabigga, das eine bedeutende Grenzstadt rund 100 km ostnordöstlich von Hattuscha gewesen ist, entdeckten Texte tritt uns diese Situation sehr eindringlich entgegen. In einem dieser dorthin von Hattuscha gerichteten Briefe heißt es nach der Übersetzung von SEDAT ALP:

> »Folgendermaßen spricht die Majestät: dem *Tatta* und dem *Hulla* sag[e]! Siehe, *Pischeni* hat mir aus *Kaschepura* geschrieben: ›Der Feind marsc[hiert] mit großer Menge in der Nacht, an einer Stelle sechshun[dert Feinde], an anderer Stelle vierhundert Feinde, und erntet das Getreide ab‹. Sobald dieser Brief Euch erreicht, ziehet nach *Kaschepura.* Wenn das Getreide reif ist, erntet es ab und führet es zum Speicher. Der Feind soll ihm keinen Schaden anrichten.«

Und in einem anderen Schreiben heißt es:

> »Folgendermaßen (spricht) die Majestät: Dem *Himuili* sage! Was das betrifft, daß Du (mir) über den Feind geschrieben hast, wie der Feind *Kaschascha* und *Tahazzimuna* angreift, davon habe ich Kenntnis genommen. Wohin jener Feind sich begibt, schreibe mir immer wieder (darüber).«

Das war kurz vor oder um 1400 v. Chr., zu einer Zeit, als das Reich eine erhebliche politische und militärische Schwächeperiode durchzumachen hatte. Damals traten die Nachteile der weit nach Norden vorgeschobenen Hauptstadt besonders deutlich hervor, die geographisch viel weniger nach Süden als nach Norden zu orientiert ist. Von den Ebenen Kappadokiens, den Taurus-Pässen im Süden, den Steppen von Tyana unmittelbar nördlich des Taurus-Gebirges, von dem fruchtbaren Becken von Kayseri-Caesarea am Fuße des gewaltigen Mons Argaeus, von dem weit sich dehnenden mittelanatolischen Hochlande bis hin zum Großen Salzsee ist die Stadt durch Gebirgsmassive getrennt. Sie steigen unmittelbar südlich von ihr mit dem Kapaktepe bis nahe an 1800 m an und bilden eine Barriere, die zwar keineswegs unüberwindbar ist, dem einfachen Verkehr hier und dort Passagen gewährt, sich aber doch wie ein Riegel zwischen das eigentliche Herz Anatoliens, von dem die großen natürlichen Verkehrslinien nach Südosten, Süden und Westen ausstrahlen, und den unmittelbaren Lebensbereich der Stadt legt. Eben dieser ursprüngliche, wie wir anzunehmen berechtigt sind, anfängliche Lebensbereich ist ein von der Stadt sich nach Norden auf rund 40 km erstreckendes Talbecken, hervorgerufen durch einen kleinen Flußlauf, der weit unterhalb in den Delice Irmak, wohl der antike Cappadox-Fluß, mündet, der seinerseits ein rechter Nebenfluß des dem Schwarzen Meer zufließenden Halys ist. Sowohl topographisch wie hydrographisch weist demnach fast alles nach Norden und ist der anatolischen Mitte abgewendet.

Die breite Talaue, an deren Südende Boğazköy liegt und die günstige Böden besitzt, ist seit einigen Jahrzehnten viel intensiver als zuvor angebaut. Der Ackerbau erstreckt sich jetzt bis zu den beidseitigen, steinigen, oft mit Felsen durchsetzten Hängen hinauf. Größere, natürliche Baumbestände haben sich neuerdings entlang einiger Bachläufe entwickelt. Zusammenhängende Wälder fehlen jedoch ganz. Das ist nicht immer so gewesen. Der Bewuchs war vor nicht allzu langer Zeit offenbar viel beträchtlicher. Vor rund hundert Jahren zeigten sich noch mehr als heute weite Teile des alten Stadtgebiets, wie man Carl Humanns

Schilderung entnehmen kann, mit Eichengestrüpp (macchia) bewachsen. Nicht lange vorher gab es im südlichen Teil der Stadt eine ganze Anzahl mächtiger Eichenstämme. Heute ist das alles durch menschliche Einwirkung verschwunden. Im Westen und Süden stehen jedoch auf einigen Berghöhen noch vereinzelte Gehölze, die letzten Reste von intensiverer Bewaldung in alter Zeit. Daß sie während des Bestehens der hethitischen Stadt ganz beträchtlich gewesen sein muß, geht aus den Bauten, auch aus den Befestigungswerken hervor, bei denen sehr große Mengen von Holz verarbeitet worden sind, von denen man nicht annehmen möchte, sie seien samt und sonders von weit her transportiert worden. Die Hauptstadt muß vielmehr in einem waldreichen Gebiet, vermutlich mit guten Jagdmöglichkeiten, gelegen haben, von dem die heutigen Zustände keine Vorstellung mehr vermitteln. Vielleicht hat sogar die leichte Verfügbarkeit des Holzes neben dem des Wassers, das hier, an anatolischen Verhältnissen gemessen, reichlich fließt, gibt es doch im Stadtgebiet nicht weniger als sieben Quellen, die Wahl des Platzes zur Hauptstadt, wenn nicht sogar das beharrliche Festhalten an diesem Ort mit bestimmt. In zwei Fällen waren an hethitischen Gebäuden verarbeitete Holzbalken noch so erhalten, daß ihre Art festgestellt werden konnte. Bei einem Gebäude des 14. Jahrhunderts handelte es sich um sommergrüne Eiche, bei einem Bauwerk des 13. Jahrhunderts um Fichte. Es ist auch ein ritueller Text in einem der Archive gefunden worden, der einen in diesem Zusammenhang interessanten Passus enthält:

> »Am Morgen steht ein geschmückter Wagen vor dem Tempel bereit; drei Bänder, ein rotes, ein weißes, ein blaues sind daran befestigt. Sie schirren den Wagen an und bringen den Gott aus dem Tempel heraus und setzen ihn in den Wagen.«

Verschiedene Frauen schreiten brennende Fackeln haltend voran ...

> »und der Gott kommt dahinter, und sie bringen den Gott hinunter durch das Tawinische Tor in den Wald.«

Das ist demnach eine Zeremonie, bei der das Kultbild eines Gottes aus seinem Tempel herausgenommen und auf einem Wagen zur Stadt hinaus in einen Wald gefahren wird, wo die Statue der anschließenden Stelle zufolge im Bach gereinigt – wir sollten sagen: gebadet – wurde. Das ist ein Vorgang, der im antiken Kult mehr als einmal belegbar ist, so wurde zum Beispiel im kaiserzeitlichen Rom das Kultbild der kleinasiatischen Kybele alljährlich am 27. März in feierlicher Prozession auf einem Wagen durch die Porta Capena vor die Stadt hinausgefahren und dort im Bach Almo vom Archigallus, dem Oberpriester, gebadet. In Boğazköy hatte das Tawinische Tor, das uns die Richtung weist, in der wir das Geschehen zu suchen haben, seinen Namen von der nächsten Station, welche die von der Hauptstadt in nördlicher oder nordöstlicher Richtung ausgehende Straße erreichte. Dieses Tor liegt im tiefsten Teil des ganzen Stadtgebietes, und es ist daher ganz verständlich, daß es in dem Text heißt: »Und sie bringen den Gott hinunter durch das Tawinische Tor ...«, denn Ausgangspunkt ist einer der erheblich höhergelegenen Tempel, die wir noch kennenlernen werden. Vor diesem Tor also gab es einst einen Wald, von dem später keine Spur geblieben ist. Der hethitische Text bietet somit einen deutlichen Beleg für einen etwas anderen Landschaftscharakter in der unmittelbaren Nachbarschaft von Hattuscha in der alten Zeit. Zudem dürfen wir ohne Bedenken annehmen, daß der im Ritual genannte Wald nur einer unter mehreren, wenn nicht unter vielen, gewesen ist, die nur zufällig keine ausdrückliche literarische Erwähnung gefunden haben.

Wir hatten schon mehrfach die in der Hauptstadt bei den Ausgrabungen entdeckten Archive respektive Bibliotheken zu erwähnen, auch vereinzelte Textstellen aus ihnen wörtlich zu zitieren. Ein nicht geringer Teil solcher Urkunden wird uns auch weiterhin immer wieder beschäftigen, so daß es angezeigt ist, in diesem einleitenden Kapitel einige generelle Bemerkungen darüber zu machen.

Die Hethiter haben im frühen 2. Jahrtausend v. Chr. die Kunst des Schreibens, und zwar in Form der sogenannten Keilschrift von den Babyloniern, wahrscheinlich durch nordsyrische Vermittlung, übernommen und verhältnismäßig rasch ein eigenes Schrifttum entwickelt. Man schrieb auf Tafeln aus Ton, in den die Zeichen mit Hilfe eines Griffels eingedrückt wurden. Danach wurden die Tafeln gebrannt. Es gab auch Tafeln aus Metall (Silber, Bronze, Eisen), in die man die Zeichen einritzte oder einpunzte, und solche aus Holz, auf die man mit dem Pinsel schrieb. Die zweite und dritte Kategorie der Urkunden sind verloren, von ihrer einstigen Existenz weiß man nur durch Erwähnungen. So ist das Amt des »Holztafelschreibers« sehr wohl bekannt. Ein Produkt dieser Seite hethitischer Schreibtätigkeit ist allerdings bis heute nicht wiedergefunden worden. Nur ein sehr günstiger Umstand, etwa Lagerung in feuchtem, konservierendem Boden, mag uns vielleicht einmal auch ein solches Fundstück in die Hände spielen. Die erste Gruppe jedoch, die Tafeln aus gebranntem Ton, haben sich in großer Zahl erhalten. Insgesamt sind bis jetzt bei den Ausgrabungen in Boğazköy rund 25 000 Stücke, freilich weitaus überwiegend Bruchstücke, gefunden worden. Sie waren einst in regulären Archiven gesammelt und aufgestellt. Drei Archive, davon zwei große und ein kleineres, sind im Bereiche des großköniglichen Palastes entdeckt worden, eines in einem Gebäudetrakte, der zum größten Heiligtum der Stadt, dem Tempel des Wettergottes und der Sonnengöttin, gehörte. Inhaltlich ist kein grundlegender Unterschied zwischen den Palastarchiven und dem Tempelarchiv nachweisbar. Alle Textgattungen, die das hethitische Schrifttum ausmachten, sind im allgemeinen hier wie dort vertreten. Jedoch gibt es einige Ausnahmen. Mit Vasallenstaaten oder mit auswärtigen Mächten abgeschlossene Staatsverträge fanden sich überwiegend im Archiv des Großen Tempels. Das ist ganz verständlich, denn die Einhaltung der Bestimmungen der Verträge wurde von den Vertragspartnern unter Anrufung der großen Staatsgottheiten beschworen, in ihrem Kultbezirke wurden daher auch die Verträge deponiert, damit die Götter über die Vertragstreue wachten. Aber es gibt Ausnahmen. So ist der berühmteste aller hethitischen Verträge, der zwischen Ramses II. von Ägypten und Hattuschili III. geschlossene, den wir schon erwähnt haben, nicht im Tempelarchiv, sondern auf der Königsburg deponiert gewesen. Immer oder nur gerade im Augenblick des Unterganges des Königspalastes? Vielleicht war es aber nur eine Kopie, während das auf Metall geschriebene Original im Tempel aufbewahrt gewesen war und verlorenging. Die leider bis jetzt nur spärlich entdeckten Briefe, die mit den zivilen und militärischen Dienern des Staates in den Provinzen, und die erheblich zahlreicheren, die mit den Dynasten fremder Höfe gewechselt worden sind, waren überwiegend in den Archiven des königlichen Palastes deponiert. Das ist verständlich, denn sie mußten in der Staatskanzlei bei der Erledigung laufender oder beim Bezug auf alte, zurückliegende Vorgänge unmittelbar zur Hand sein. Selbstredend fanden sich nicht nur empfangene Briefe, sondern auch Kopien von solchen Schreiben, die im Auftrage des Großkönigs aus der Kanzlei hinausgegangen waren. Es ist bezeichnend und erhärtet die soeben gemachte Bemerkung, daß von den 50 ihrer Fundstelle nach bekannten Briefen und Briefentwürfen, die der Korrespondenz zwischen Ramses II. und der Königin Naptera von Ägypten einerseits und Hattuschili III. und seiner Königin Puduhepa andererseits zugehören, nur 4 im Tempelarchiv, 46 aber in den Archiven des Palastes gefunden worden sind.

Wie sah ein solches Archiv aus, welches war seine Einrichtung, wie funktionierte der Geschäftsgang? Es versteht sich ohne weiteres, daß in einer Stadt, die einen gewaltsamen Untergang durch Zerstörung und Plünderung erlitten hat, diese Anlagen nur in sehr trümmerhaftem Zustand auf uns gekommen sind (Abb. 8). Aber sorgfältiges Verfahren bei der Ausgrabung, wo auch kleinste Fragmente

8 Boğazköy, Gebäude K im Königspalast, Archivraum mit Tontafeln

berücksichtigt wurden, erlaubt doch die Rekonstruktion eines der Archivräume im Königspalast in seinen wesentlichen Zügen. Die aus ungebrannten, luftgetrockneten Ziegeln unter Verwendung von viel Holz konstruierten Wände des Raumes sind verbrannt und zu einer harten, fast backsteinartigen Masse geworden. Im Winkel zwischen Wänden und Fußböden sind niedere, mit einem Lehmverputz versehene Steinbänke erhalten geblieben. Teils auf den Bänken, teils auf dem Fußboden des Raumes verstreut lagen zahlreiche Tontafeln, meist in Stücke zerbrochen. Der Schutt, der das Innere des Raumes über dem Boden bis zu einiger Höhe ausfüllte, enthielt unmittelbar bei den niederen Steinbänken viele Reste verbrannten Holzes, das wahrscheinlich von Regalen stammte, die den Raumwänden entlang angeordnet waren, auf denen die Tafeln einst, ähnlich unseren Büchern heute, aufgestellt waren. Die Steinbänke dienten als Sockel der Regale. Beim Brande, dem dieses Archiv zum Opfer fiel, stürzten die Holzgestelle zusammen, so daß die Tafeln zu Boden fielen und zum größten Teil zerbrachen. Eine genaue Beobachtung ihrer Fundlage hatte jedoch den Erfolg, daß sich nicht nur die

Bruchstücke zu einigen nahezu kompletten großen Tafeln zusammenfügen ließen, sondern daß man in ein paar, leider viel zu wenigen Fällen auch noch feststellen konnte, in welcher ungefähren Ordnung die Texte einst auf den Regalen aufgestellt waren. Übrigens bestand darin offensichtlich keine uns unmittelbar verständliche Systematik.

Die Tontafeln wurden von Schreibern ausgefertigt, von denen manche namentlich bekannt sind, weil sie den von ihnen geschriebenen Text signiert haben. Die innerhalb der hethitischen Beamtenschaft hohe Stellung des Schreibers – es gab auch Oberschreiber – vererbte sich gelegentlich vom Vater auf Sohn und Enkel. Schultexte, das heißt Tontafeln, die ihrem Inhalt und ihrem Duktus nach zeigen, daß sich angehende Meister der Schreibkunst geübt haben, sind in einigen wenigen Exemplaren gefunden worden. Dem Amte des DUB.SAR, das ist der Tontafelschreiber, lagen auch Ordnung und Verwaltung der Archive ob. Kleine, nicht sehr sorgfältig geformte Täfelchen tragen nur den Titel eines Textes oder einer Textserie und dienten offenbar als Etiketten. Man kennt sie aus allen Archiven der hethitischen Hauptstadt, wenn auch keineswegs in der zu erwartenden Zahl. Viele müssen daher verlorengegangen sein. Sie waren wahrscheinlich auf den Regalen unmittelbar bei den zugehörigen Tafeln sichtbar und lesbar angebracht. Es gab Kataloge über Bestände, das heißt Tafeln, in denen mit sehr kurzen Inhaltsangaben verzeichnet ist, welche Texte vorhanden waren beziehungsweise vermißt wurden, weil sie verlegt, manchmal auch beschädigt waren. Diese Kataloge sind nicht nur wertvoll, weil sie Zeugnis von Aufsicht und sorgfältiger Kontrolle des Archivs ablegen, sondern auch weil sie manches Werk aufführen, das nicht erhalten geblieben, aber auf diese Weise wenigstens seinem Titel nach überliefert ist. Es gehört zu den glücklichen Stunden einer Ausgrabung, wenn, wie 1957 in Boğazköy-Hattuscha, ein solches Archiv freigelegt und dabei ein Katalog gefunden wird, der Texte nennt, die wenigstens zum Teil im gleichen Archivraum lagen. Wer vermöchte nicht mitzuempfinden, wie sehr man bei einer solchen Gelegenheit selbst und unmittelbar teil an einer Einrichtung längst vergangener Zeiten hat, die trotz der Jahrtausende, die uns von ihr trennen, noch unmittelbar zu uns spricht.

So zahlreich die Urkunden sind, die in den Archiven gefunden wurden, so dürftig ist leider darunter die Zahl derer, die etwas für die Geschichte oder gar – wie wir später noch zu betonen haben werden – für die Topographie der hethitischen Hauptstadt ausgeben. Erschwerend kommt dabei noch hinzu, daß mit Hattuscha oft gar nicht die Stadt, sondern das Land gemeint ist. Wo das ausdrücklich vermerkt ist, wie zum Beispiel in einem althethitischen Text: »In dem Land Hattuscha herrschte er als König«, bringt uns das nicht in Verlegenheit; wo aber nur Hattuscha oder gar lediglich Hatti ohne genauere Bezeichnung steht, kann die Lokalität nur dann mit Sicherheit auf die Hauptstadt bezogen werden, wenn der Kontext eindeutig dafür spricht. Das ist bei der ältesten Erwähnung von Hatti, die man kennt, nicht der Fall. Sie findet sich in einem literarischen Text, in dem unter anderem erzählt wird, daß siebzehn Könige gegen Naram-Sin, den großen Herrscher von Akkad (22. Jahrhundert v. Chr.), zu Felde zogen. Darunter befinden sich Zipani, König von Kanisch, und Pamba, König von Hatti, beides anatolische Dynasten, denn Kanisch ist mit dem Ruinenhügel Kültepe bei Kayseri identisch. Man meinte früher, daß es sich um eine fiktive Königsinschrift insofern handle, als am althethitischen Hofe in ein ursprünglich babylonisches Literaturwerk kleinasiatische Orte und Personen eingesetzt worden seien, um diesem Werk lokales Kolorit zu verleihen. Seit man jedoch durch die Erwähnung des Sargon von Akkad und des von ihm vollzogenen Euphratüberganges in der großen, bereits erwähnten Urkunde Hattuschilis I. weiß, daß im althethitischen Königshause Taten der rund siebenhundert Jahre zurückliegenden Könige von Akkad in Ostanatolien bekannt waren und in der Tradition fortlebten, wird man diese negative Auffassung wohl doch etwas abschwächen müssen. Gewiß hat man es im Falle der Urkunde Hattuschilis I. und der Nennung Sargons mit einer Textklasse zu tun, die als eine Frühform des annalistischen Berichts gelten kann, im anderen Falle jedoch mit einem Literaturwerk, in dem eine freie Gestaltung gewaltet haben mag. Aber die offenbare Zuverlässigkeit des einen widerrät doch, die andere Nachricht in ihrer Glaubwürdigkeit schlankweg zu verwerfen. Ob wir in diesem Pamba von Hatti jedoch einen König sehen dürfen, der zur Zeit Naram-Sins von Akkad wirklich in Boğazköy selbst residiert hat, bleibt ungewiß, wie immer man den Text als solchen beurteilt.

Im 19. und 18. Jahrhundert v. Chr. jedoch ist die Existenz der Stadt eindeutig belegt. Sie führte damals den Namen *Hattusch* und war an den Handelsgeschäften assyrischer Kaufleute beteiligt, die ihr Zentrum in Kanisch, dem heutigen Kültepe, im mittleren Kappadokien hatten. Unter den bekannten Handelsniederlassungen in Anatolien spielte die Faktorei in Hattusch offenbar keine geringe Rolle, denn sie besaß den Rang eines *kārum* und zählte damit zu den Kolonien höheren Ranges. Die in ihr ausgegrabenen Handelsurkunden bezeugen die Anwesenheit und Aktivität assyrischer Kaufleute, von denen einige dem Namen nach bekannt sind. In ihren Kontoren wurden erhebliche Transaktionen in dieser und in jener Richtung, besonders Assur, aber auch Kanisch, getätigt. Briefe, Quittungen, Verpflichtungsurkunden, Abrechnungen und Gerichtsprotokolle gelten solchen Vorgängen. Auch Leihgeschäfte wurden betrieben, wie diese Aufzeichnung zeigt:

»Neun Sekel ... Silber, zu Lasten der Amurriterin Kibitum, hat Tarischa, die Ehefrau des Da-ā gut. In fünfzehn Tagen wird sie das Silber zahlen.«

Bei den Ausgrabungen ist eine Ansiedlung dieser Zeit von erheblicher Größe aufgedeckt worden, auf die später einzugehen ist (s. S. 49f.). Neben der assyrischen Handelsniederlassung gab es indessen am gleichen Ort auch eine Siedlung einheimisch anatolischer, wir können sagen: hattischer Bewohner, Untertanen von hier residierenden Stadtfürsten. Von dieser Dynastie ist der letzte Herrscher dank einer Keilschrifturkunde bekannt, die in mehrfacher Ausfertigung, und zwar in hethitischer Sprache erhalten geblieben ist. Der Text ist in die Archive der späteren hethitischen Hauptstadt eingegangen, mehrfach kopiert und sorgfältig tradiert worden, weil er die Taten eines Königs schildert, dessen Sitz die noch nicht lokalisierte, aber im südöstlichen Anatolien zu suchende Stadt *Kuschschar* gewesen ist. Dieses Kuschschar war auch der Stammsitz der späteren hethitischen Könige gewesen, ehe sie nach Hattuscha wechselten. In der Urkunde des Königs Anitta von Kuschschar ist die Stadt, die uns hier beschäftigt, nicht bloß erwähnt, sondern zum ersten Mal in ihrer Geschichte mit einem bestimmten Ereignis verknüpft. Die wesentlichen Stellen lauten:

»Zum zweiten Mal kam dann Pijuschti, der König von Hatti,
und wen von seinen Helfern er mitgebracht hatte, die [schlug ich] bei Schalampa.«

Und wenig später:

»Die Stadt Hattuscha aber ...
... Ich verließ sie. Als sie
hinterher aber Hunger litt, lieferte sie mein Gott Schiu
der Throngöttin Halmaschuit aus, und in der Nacht
nahm ich sie mit Gewalt, an ihrer Stelle aber säte ich Unkraut.
Wer nach mir König wird
und Hattuscha wieder besiedelt,
den soll der Wettergott des Himmels treffen!«

Anitta, Herr von Kuschschar, König von Nescha, ist eine durch Urkunden aus Alişar und Kültepe, auch durch seinen in Kanisch gefundenen, inschriftlich beglaubigten Dolch bekannte Persönlichkeit (um 1750 v. Chr.). Er war ein Fürst, dem es gelang, die Vorherrschaft über andere Könige von Stadtstaaten des mittleren Anatolien zu erringen und das erste Königtum beträchtlicher Geltung und Weiträumigkeit aufzurichten, das man in jenem Raume kennt. Unter seinen Eroberungen befand sich die Stadt *Hattusch*, die von nun an in der hethitischen Namensform *Hattuscha* geläufig ist. Anitta zerstörte die Stadt und legte die Wiederbesiedlung ihrer Stätte unter einen Bann, dessen Garant der Wettergott des Himmels ist. Und doch wurde sie nach rund hundert Jahren wiederbesiedelt, und zwar ausgerechnet von einem König, der sein Haus wie der Zerstörer Anitta ebenfalls auf die Stadt Kuschschar zurückführte. Es ist der uns längst bekannte Hattuschili I. Von ihm heißt es in einer seiner großen Urkunden:

> »Hattuschili, der Großkönig, der König von Hattuscha, der Mann von Kuschschar.«

Spätestens von der jüngeren Phase seiner Regierungszeit an (s. S. 10) haben die Könige in Boğazköy-Hattuscha Hof gehalten, ihren Sitz in dieser Hauptstadt gehabt. Vom unmittelbaren Nachfolger Hattuschilis I. auf dem Throne, von Murschili I., heißt es:

> »als Murschili in Hattuscha herrschte«.

Nur drei Ereignisse sind es, die wir während der rund vierhundertjährigen Geschichte Hattuschas als Hauptstadt des Hatti-Reiches den in den Archiven gefundenen Urkunden entnehmen können, und nicht einmal diese drei sind ganz eindeutig in ihrer Aussage. Von König Hantili erfahren wir aus einem vielleicht authentischen Eigenbericht, daß er Hattuscha, das

> »früher in keiner Weise geschützt war«,

befestigt habe. Dieser Bau der Stadtbefestigung wäre demnach in der Mitte des 16. Jahrhunderts vollzogen worden; daß er jedoch wirklich der erste war, muß man trotz dieses Königs Aussage mit einigem Zweifel aufnehmen.

Rund 150 Jahre später, zur Zeit der Regierung des Großkönigs Tuthalija III., etwas vor 1400 v. Chr., ist die Stadt von einer großen Katastrophe betroffen worden. Zahlreiche Scharen von Feinden, darunter auch die pontischen Kaschkasch (s. S. 19), brachen in das Hatti-Land ein.

»Und Hattuscha, die Stadt, wurde niedergebrannt, und nur... und das *heschti*-Haus von... blieben übrig.«

Was unter *heschti*-Haus, das mit Opfer und Totenkult zu tun hat, mehrfach auch in Verbindung mit Mausoleen erwähnt wird, genau zu verstehen ist, weiß man nicht. Auf jeden Fall blieb es, vielleicht außerhalb gelegen, verschont, während die Stadt niederbrannte. Aber sie muß, wenigstens in den wesentlichen Teilen, sehr schnell wieder erstanden sein, denn unter dem nächsten Großkönig, Schuppiluliuma I., ist sie als bestehend und voll funktionsfähig bezeugt.

War das eben kurz skizzierte Geschehen durch äußere Einwirkung hervorgerufen, so ist das nächstfolgende, über das uns authentische Urkunden aus den hethitischen Archiven vorliegen, aus Erwägungen des hethitischen Hofes und der hethitischen Staatsgewalt selbst hervorgegangen. Hattuschili III. sagt von seinem Bruder und Vorgänger Muwatalli, der von 1305 bis 1284 Großkönig gewesen ist:

»Als aber mein Bruder Muwatalli auf Geheiß seiner Gottheit ins Untere Land hinabzog, die Stadt Hattuscha aber verließ, da nahm mein Bruder die Götter von Hatti und die Manen auf und brachte sie ins Land [...]!«

An einer anderen Stelle:

»Da nahm er (Muwatalli) die Götter von Hatti und die Manen an ihrer Stelle auf und brachte sie hinab in die Stadt Tarhuntaschscha und nahm Tarhuntaschscha (zum Wohnsitz).«

Der König hat außer den Göttern, womit die Kultstatuen und Kultsymbole gemeint sind, auch die Manen, das heißt die Ahnengeister (dargestellt in den Ahnenbildern) seines Hauses, in den neuen Sitz übertragen lassen. Das bedeutet, daß er nicht nur für sich eine andere Residenz gewählt hat, sondern dieser Ort in einer Weise ausgestattet worden ist, die ihn zu einem neuen Zentrum des Reiches machte. *Tarhuntaschscha* [Dattaschscha] ist noch nicht genauer lokalisiert, doch zeigt die Nennung des »unteren Landes«, daß es südlich oder südöstlich der Kette des hohen Taurusgebirges zu suchen ist. Möglicherweise lag es bei Gülnar westlich von Silifke im rauhen Kilikien, vielleicht aber bei Sirkeli 30 km östlich von Adana, also im ebenen Kilikien, wo an einer Felswand des Ceyhan-Flusses ein großes Relief, eben des Großkönigs Muwatalli bis heute erhalten geblieben ist. Die

Verlegung des Königssitzes, die aus mehr als einem Grund erfolgt sein dürfte, bei der aber wahrscheinlich eine besonders gefährliche Bedrohung von seiten der Kaschkasch-Stämme, der nördlichen Reichsfeinde (s. S. 19, 20), eine erhebliche Rolle spielte, war nicht als vorübergehende Maßnahme, sondern als eine Einrichtung von Dauer gedacht. Das bedeutete jedoch nicht, daß man die alte Stadt *Hattuscha* merklich vernachlässigt oder gar aufgegeben hätte. Sie bestand weiter und wurde einem hohen Würdenträger namens Mittannamuwa zur Verwaltung anvertraut. Faktisch hat sich bei den Ausgrabungen auch nichts gefunden, was für eine Minderung in ihrem Bestande spräche. Murschili III. = Urhi-Teschup, Muwatallis Sohn und Nachfolger, gab dann bald nach seiner Thronbesteigung Hattuscha seine Würde zurück. Er

> »aber nahm die Götter von Tarhuntaschscha herauf und brachte sie wieder nach Hattuscha«.

Die Verlegung der Reichshauptstadt blieb also, so sehr sie aus geopolitischen und strategischen Gründen geboten gewesen sein mag, in ihrer langen Geschichte nur eine Episode. Die Rückverlegung konnte um so mehr erfolgen, als die Nordgrenze des Reiches dank des erfolgreichen Eingreifens von Urhi-Teschups Onkel Hattuschili definitiv gesichert und die Gefährdung der exponierten Stadt für immer gebannt schien.

In dem knappen Jahrhundert, das ihr danach noch beschieden gewesen ist, trat darin keine Veränderung mehr ein. Unmittelbare Dokumente, die sich auf die letzten siebzig bis achtzig Jahre vor dem Ende der Stadt um 1200 v. Chr. beziehen, besitzen wir nicht. Einmal wird in einem von der Großkönigin Puduhepa nach Ägypten bestimmten Brief von einer Feuersbrunst im königlichen Palast gesprochen:

> »Wie Du, mein Bruder, den Palast von Hatti kennst, sollte [ich] ihn nicht etwa auch kennen? ... [ver]brannt ist der Palast.«

Das hat sich noch zur Zeit des Urhi-Teschup zugetragen, die genaueren Zusammenhänge jedoch sind uns verschlossen.

Wie man sieht, sind unmittelbare Nachrichten über die Geschichte der hethitischen Stadt und über bedeutendere Geschehnisse, die sich in ihr abgespielt haben, in den wiederaufgefundenen Urkunden unverhältnismäßig selten. Obwohl die Hethiter bekanntlich die Historiographie stark entwickelten und die Großkönige die ältesten auf uns gekommenen Beispiele von Berichterstattung nach Art von Annalen hinterlassen haben, die den frühesten assyrischen um ungefähr dreihundert Jahre vorausgingen, hat man offenbar der Aufzeichnung und der Überlieferung lokaler Geschichte nur geringe Bedeutung beigemessen. Die wenigen Daten, die für die Stadtgeschichte von Hattuscha vorliegen, dienen daher nur als Rahmen, nämlich als Rahmen für ein Bild, das erst durch die Archäologie, das heißt durch die Ergebnisse der Ausgrabungen in der Stadt, Umriß und Farbe gewinnt. Diesem Thema wenden wir uns im nächsten Kapitel zu.

2 Die Stadtanlage, ihre Entwicklung und ihre monumentalen Bauten

Im ersten Kapitel ist hervorgehoben worden, daß die in den Archiven von *Hattuscha* gefundenen Keilschrifturkunden für die unmittelbare Geschichte der hethitischen Hauptstadt nur wenig ausgeben. Das liegt in erster Linie daran, daß diese Dokumente thematisch ganz andere Bereiche umfassen und deshalb auf die Hauptstadt selbst nur gelegentliche und unpräzise Streiflichter fallen, zum anderen aber auch daran, daß bei den Hethitern der Sinn für Topographie und Lokalgeschichte anscheinend sehr viel weniger entwickelt war als bei einigen anderen altorientalischen Völkern. Es fehlte bei ihnen aber auch der bei Babyloniern und Assyrern in hohem Maße ausgebildete Brauch, an öffentlichen Bauten, soweit sie staatlicher oder kultischer Bestimmung waren, Bauinschriften größeren Umfanges anzubringen, die Auskunft über den Bauherrn, über den Zweck des Bauwerkes, über Zeit und Ursache seiner Errichtung geben. Was von den Hethitern in dieser Hinsicht auf uns gekommen ist, geht über die bloße Nennung von Königsnamen nicht hinaus, deren ursprüngliche Zugehörigkeit zu bestimmten Bauten infolge ihres dislozierten und fragmentarischen Zustandes zudem Zweifeln unterliegt. Aber auch eine weitere Gattung von Dokumenten, die im Zweistromland von sumerischer Zeit an in Übung waren und für die Forschung ein so wichtiges Hilfsmittel darstellen, fehlt im hethitischen Kulturgebiet vollkommen. Ich meine die beschrifteten und an bestimmten Punkten des Fundaments der Bauten deponierten Gründungsurkunden, die, mitteilsam wie die Könige Babylons waren, im Umfang ihrer Aussage oftmals den eigentlichen Bauinschriften fast gleichkommen. Freilich haben auch die Hethiter die Sitte von Gründungsbeigaben gekannt und waren sich deren magischer Kraft bewußt. Das geht aus Bauritualen hervor, in denen von der Deponierung teils vergänglicher, teils unvergänglicher Votivgegenstände unter den Fundamenten die Rede ist. Die Serie solcher Gründungsbeigaben erstreckt sich von Früchten über Miniaturwerkzeuge bis zu Bronzestatuetten von Gottheiten und geflügelten Stieren. Und wenn es einmal in einem Bauritual, bei dem von Kupfer als Votivgabe in den Fundamenten gesprochen wird, heißt:

»So wie das Kupfer gesichert ist, wie überdies es fest ist, gerade so laß diesen Tempel sicher sein, laß ihn fest sein auf der dunklen Erde«,

zeigt sich deutlich, daß hier die gleichen oder doch nahe verwandten magischen Vorstellungen wie im alten Mesopotamien in Geltung waren. Mit dem einen Unterschied, wie gesagt, freilich, daß den hethitischen Fundamentbeigaben die Gründungsurkunden fehlen, daß sie primär stumme Zeugen sind, die uns über das Bauwerk selbst nichts aussagen.

Versagen demnach die literarischen Quellen, die im ehemaligen Kerngebiet des Alten Orients gerade auch für die Geschichte bestimmter Städte zum Teil so reichlich fließen, für die hethitische Hauptstadt weitgehend, wird man sich demgegenüber um so mehr auf die rein archäologischen Quellen, somit auf die Ergebnisse der Ausgrabungen stützen müssen. Die Stadt zur Zeit ihrer größten Ausdehnung, so wie sie im 13. Jahrhundert v. Chr. bestanden hat, steht zwar mit

9 *Boğazköy, Modell des Stadtgebiets, Blick von Osten*

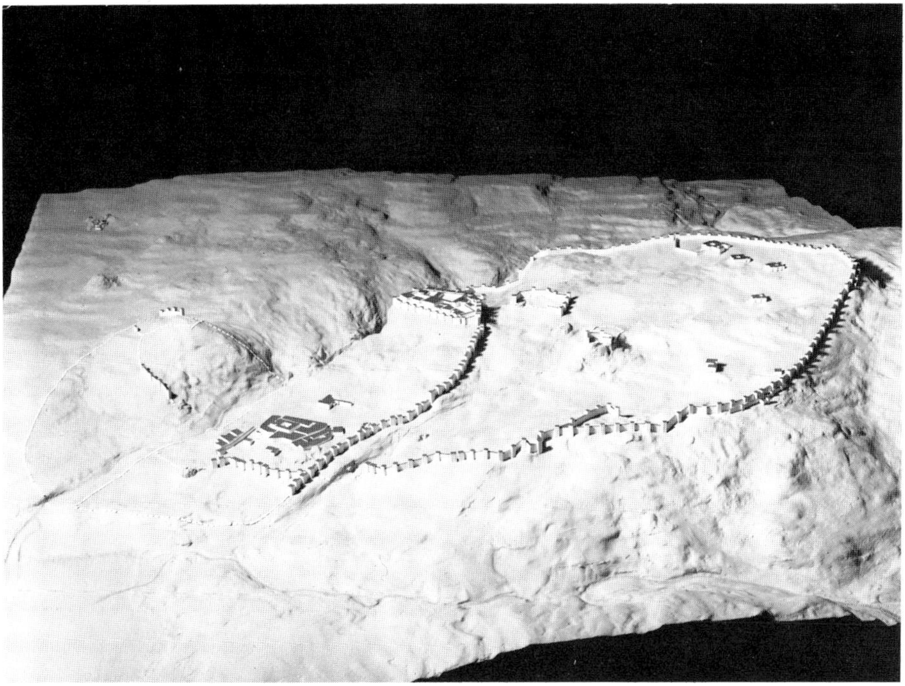

ihrer Flächenausdehnung von 167,7 ha etwa dem Babylon Nebukadnezars oder auch dem Ninive Sargons II. weit nach, gliedert sich aber sogleich in eine ganz andere Größenordnung ein, wenn wir sie mit Städten ungefähr ihrer Zeit sehen. Dann stehen, um nur ein naheliegendes Beispiel zu nennen, ihre 167,7 ha neben den 53 ha, die Assur als Hauptstadt des assyrischen Reiches im 12. Jahrhundert v. Chr. in Anspruch nahm. Das Stadtareal von Hattuscha ist demnach für seine Zeit ganz unverhältnismäßig groß (siehe den Stadtplan in der vorderen Umschlaginnenklappe), und schon allein darin gibt sich dieses Gemeinwesen als von übergeordneter Bedeutung, als Metropole zu erkennen. Selbst wenn wir dafür keine weiteren Beweise hätten, ließe dieser ausgedehnte Raum die Vermutung zu, daß er das Ergebnis einer längeren Entwicklung darstelle, und daß das definitive Stadtgebiet aus bescheidenen Anfängen über mehrere Stadien entstanden sei. Die Ausgrabungen haben das bestätigt, denn sie lassen bei ihrem derzeitigen Stande fünf Hauptphasen der Entwicklung von Boğazköy erkennen:

1. Kleine Niederlassungen aus dem jüngsten Abschnitt der frühen Bronzezeit beziehungswweise aus dem Übergang von der frühen zur mittleren Bronzezeit.
2. Das vorhethitische Hattusch des 19. und 18. Jahrhunderts v. Chr. und die altassyrische Handelsniederlassung (*kārum* Hattusch).
3. Hattuscha als Hauptstadt des althethitischen Reiches im 16. und 15. Jahrhundert.
4. Die Hauptstadt des hethitischen Großreiches im 14. Jahrhundert.
5. Die Erweiterung des Stadtgebietes im 13. Jahrhundert.

Die erste und älteste Besiedlung erfolgte nicht in völligem Neuland. Siedlungsplätze, die mindestens in der ersten Phase der frühen Bronzezeit einsetzten, sind an mehreren Stellen in der sich nordwärts von Boğazköy erstreckenden Talaue nachgewiesen (Abb. 10). Sie fehlen aber auch nicht in dem scheinbar für Siedlungen weniger geeigneten Bergland südlich der Stadt. Hier ist bei *Cıradere,* 6 km südöstlich, ein Dorf aus den Perioden 2 und 3 der frühen Bronzezeit Mittelanatoliens nachgewiesen, das vielleicht sogar in seinen Anfängen bis ins Chalkolithikum zurückreicht. Funde aus der Periode Frühbronzezeit 1 und 2 gibt es auch auf und bei *Büyükkaya,* also ganz nahe bei Boğazköy, und nur wenig weiter entfernt bei *Yarıkkaya,* unmittelbar nördlich von Yazılıkaya. Keiner dieser Siedlungsplätze ist bis jetzt erschöpfend untersucht, doch wurden bei einer Grabung in Yarıkkaya fünf Schichten mit vier Bauhorizonten von jeweils gehöftartigen Ansiedlungen erschlossen. Innerhalb dieser Siedlungen kamen mehrere Beisetzungen in Tonfässern (Pithoi) und auch Hockerskelette zutage.

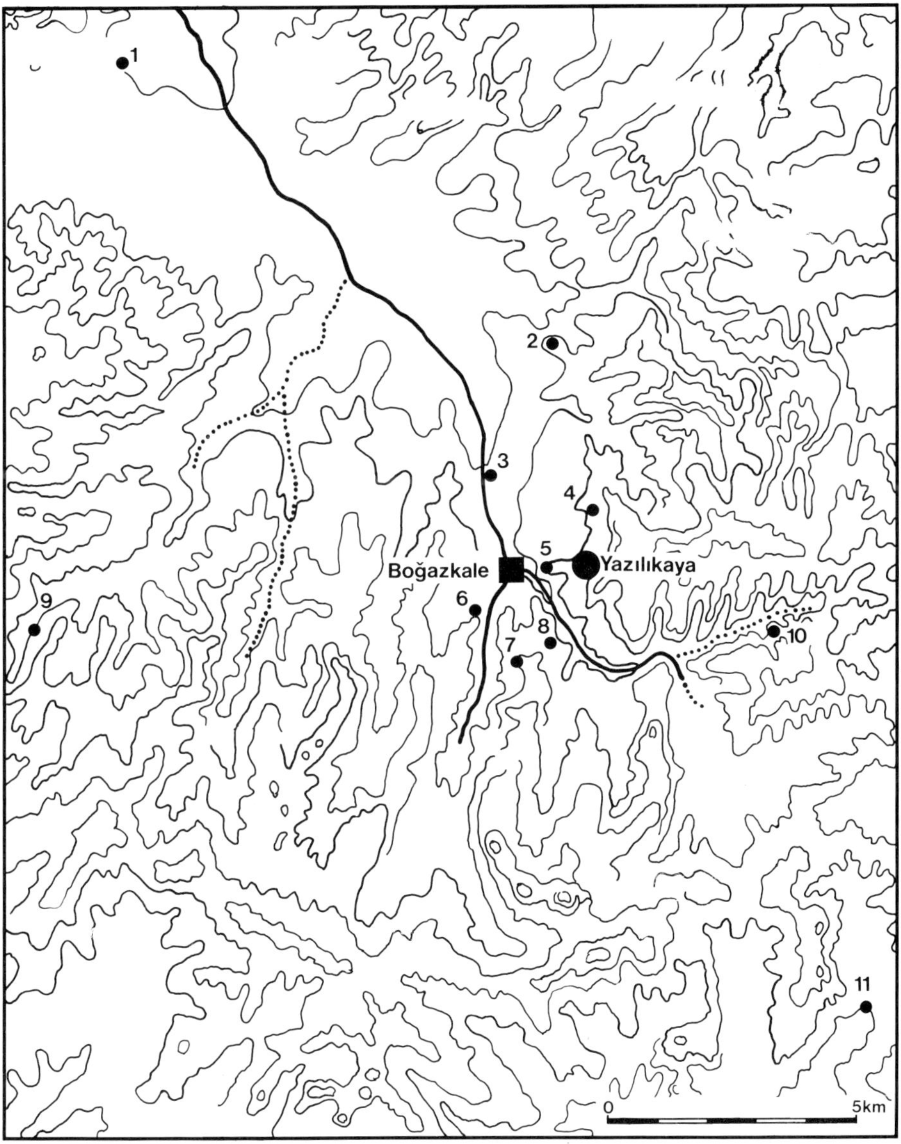

10 Siedlungen des Chalkolithikums und der frühen Bronzezeit in der Nachbarschaft von Boğazköy
1 Salmanköy 2 Emirler 3 nahe Boğazköy-su 4 Yarıkkaya 5 Büyükkaya 6 Kormukaya 7 außerhalb von Yerkapı 8 oberhalb von Kayali Boğazı 9 Tıkman 10 Çiradere 11 Kamışçıkte-Höyük

Handelt es sich bei diesen Dörfern oder Gehöften der frühen Bronzezeit um Niederlassungen, die nicht direkt mit Hattuscha verbunden, nicht zur frühen Stadtgeschichte zu rechnen sind, sondern die lediglich eine Besiedlung des Raumes erkennen lassen, in den sich die Stadt später eingliedert, so treten wir in eine neue Phase mit jenem Zeitpunkt ein, der ungefähr mit der Wende vom 3. zum 2. Jahrtausend v. Chr. gegeben ist. Zwei Stellen des Stadtgebietes wurden jetzt planmäßig besiedelt: die eine auf dem Felsberge *Büyükkale* (Abb. 11, 12) mit den dort nachgewiesenen Schichten IV e – f und V a – f; die andere am Fuße der nördlichen Ausläufer dieses Hügels auf einer Terrasse in unmittelbarer Nachbarschaft einer ganzjährigen Quelle (Abb. 13). Im einen Falle waren es gewiß das Wasser und die Nähe des anbaufähigen Landes, die zur Niederlassung verlockten, im anderen wahrscheinlich der natürliche Schutz, den der Felsberg bot. Ob die beiden Siedlungsstellen von Anfang an in einer inneren Verbindung standen,

11 Grabung auf der Westseite des Felsbergs Büyükkale

12 Grabung im südwestlichen Teil von Büyükkale

welche die räumliche Trennung von sich allein aus nicht ohne weiteres erkennen läßt, oder ob es sich um ursprünglich getrennte Gemeinwesen handelte, die erst später zu einer Einheit zusammengewachsen sind, ist nicht erkennbar. Sie bilden jedoch die Keimzellen der Stadt, stehen, soweit wir heute zu urteilen vermögen, am Anfang von deren Geschichte und lassen schon in der Wahl der Siedlungsstelle zwei Vorzüge deutlich werden, die sich während des ganzen Bestehens von Hattuscha nachdrücklich geltend machten: Vorkommen von Wasser in einem sonst wasserarmen Lande und günstiges Gelände für die Ausnützung natürlichen Schutzes.

An beiden Stellen haben durch spätere Bautätigkeit in die älteren Schichten solche Eingriffe stattgefunden, daß von den meisten Häusern nur noch einzelne Mauerzüge, aber keine ganzen Grundrisse, erhalten geblieben sind. Aus dem gleichen Grunde kann man auch über die Größe und die innere Ordnung dieser Siedlungen kaum etwas sagen, doch wäre es gewiß verfehlt, in ihnen nur unbedeutende oder gar primitive Gemeinwesen zu sehen. Ein Haus auf Büyük-

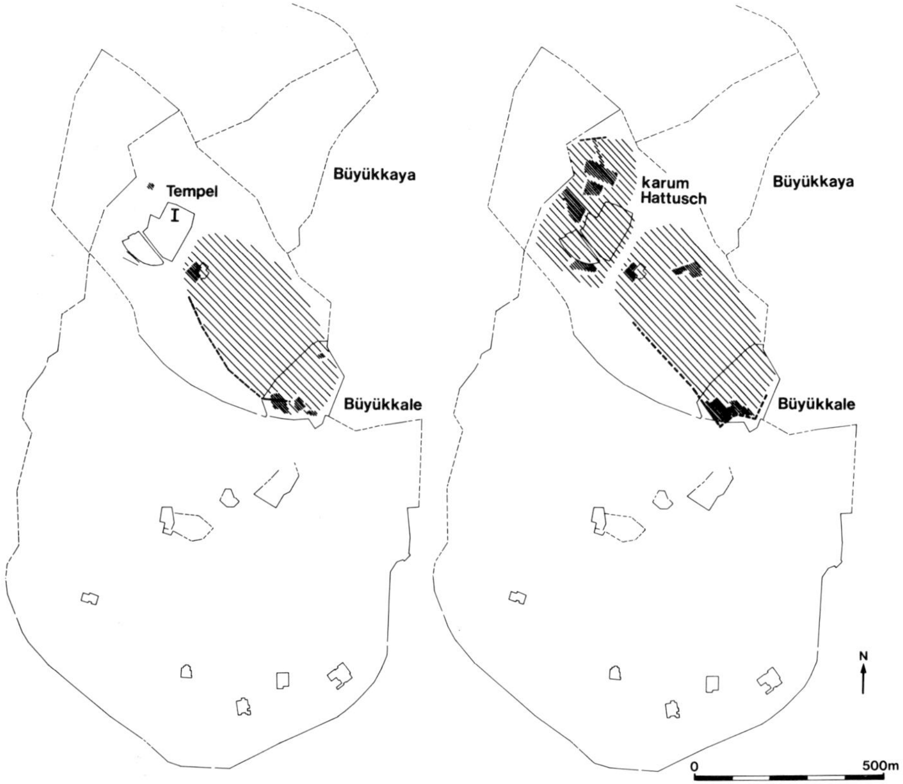

13 Hattuscha in vorhethitischer Zeit (links) und zur Zeit des kārum Hattusch (rechts). (Nach: Boğazköy-Hattuša XII, Berlin 1982, Beilage 2 u. 3)

kale, Schicht V c (Abb. 14), ist soweit erhalten, daß man über Ausdehnung und Inneneinteilung einige Aussagen machen kann. Es hatte mindestens acht Räume, die nicht auf gleichem Niveau lagen, sondern dem leicht abfallenden Gelände angepaßt und daher gestaffelt waren. Von den höheren gelangte man über steinerne, lehmverputzte Treppen in die tieferen Gelasse. Ein großer mit Backofen und Herd ausgestatteter Raum gibt sich als Küche und Wirtschaftsraum zu erkennen, ein anderer, anschließender mit seinen großen Tongefäßen als Vorratskammer. An zwei Stellen fanden sich noch die Türen aus – verkohltem – Holz, so wie sie bei der Zerstörung des Hauses, aus ihren Angeln gesprungen, zu Boden gestürzt waren. Die eine, besser erhaltene mißt 1,80 : 0,85 m, ist also von ganz ansehnlicher Größe. Das stattliche, etwa 19 : 15 m große, wohl nur einstöckige

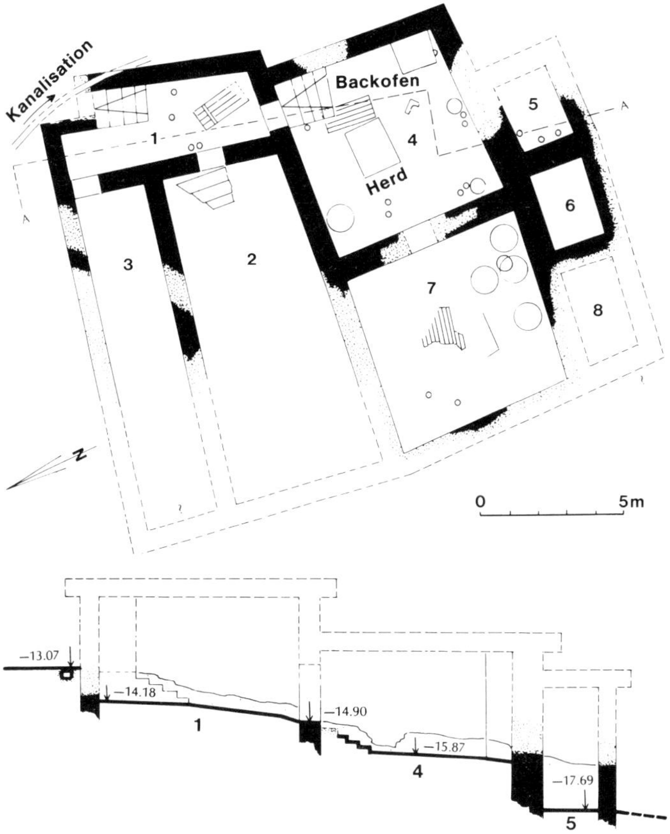

14 Haus auf Büyükkale, Schicht Vc, Grundriß und Schnitt

Gebäude enthielt eine Fülle an Funden, namentlich an Keramik, darunter eine riesige Schnabelkanne mit einzigartigen, in Form von Widder- und Löwenköpfen plastisch verzierten Henkeln und mit links und rechts vom Henkelansatz an der Schulter je einem Steinbock in hohem Relief (Abb. 15, 16).

Es sind jedoch nicht die Funde, so aufschlußreich sie sein mögen, die diesem Gebäude seine eigentliche Bedeutung verleihen, sondern sein Grundriß, die Raumaufteilung und die Anpassung an den abfallenden Baugrund. Mit dem allseitig freistehenden Bauwerk, der Aneinanderfügung der einzelnen Räume nach dem Prinzip einfacher Addition, der mehrfach zu belegenden Gewohnheit, Trennmauern nicht in langen Fluchten durchlaufen zu lassen, sondern gegenseitig zu versetzen, mit der hier wenigstens auf der Frontseite feststellbaren Staffelung

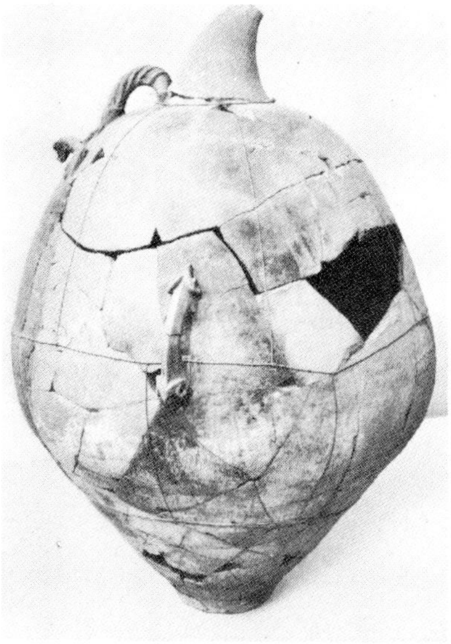

15, 16 Schnabelkanne von Büyükkale mit plastisch verzierten Henkeln; unten: Löwenkopf am Henkel und Steinbock am Henkelansatz der Schnabelkanne

der Außenmauer und endlich mit der Terrassierung des Geländes sind bereits Eigenheiten altanatolischer Architektur des mittleren Kleinasiens ausgebildet, die in den nachfolgenden Jahrhunderten immer wieder verwirklicht worden sind. Diesen Grundelementen des Bauwesens werden wir ebenso, freilich ins Monumentale gesteigert, auch bei den großen Bauanlagen des 14. und 13. Jahrhunderts v. Chr. wieder begegnen, die sich wenigstens darin als Abkömmlinge vorhethitischer Architektur, das heißt der lokalen, altangestammten Bauweise, zu erkennen geben. Meines Wissens ist dieses Gebäude auf Büyükkale, Schicht V c, das älteste Beispiel dieser langen Reihe, das wir bis jetzt besitzen. Daß es aber noch ältere gegeben haben dürfte, ist mit ziemlicher Sicherheit anzunehmen, denn es steht wohl in einer Entwicklungsreihe, die mit ihren Anfängen weiter, in uns noch unbekannte Stadien zurückreicht.

Die Schicht V von Büyükkale weist im untersuchten Gebiet sechs Straten auf, V f bis V a, von denen V a die jüngste ist. Das Haus, das wir eben kennengelernt haben, gehört, wie gesagt, in V c, eine Ansiedlung, die durch eine große Feuersbrunst zugrundegegangen ist, was eine im gesamten Grabungsareal gefundene starke Brandschicht anzeigt. Die Ansiedlungen V f – V c auf Büyükkale und 9–8 d auf der nördlichen Stadtterrasse sind, was die keramischen Funde, die in reicher Zahl vorliegen, deutlich machen, im wesentlichen gleichzeitig mit den Schichten IV und III des *kārum* Kanisch am Kültepe. Das geht namentlich aus dem auch hier zu beobachtenden Nebeneinander von handgemachter und scheibengedrehter Keramik hervor, wenn auch in Form und Machart hier im Norden im einzelnen etwas andere Typen vorliegen als in dem südlichen Kulturzentrum, wie es Kanisch darstellt (Abb. 17). Mit ihren Anfängen dürften Büyükkale V und Unterstadt 9 jedoch etwas weiter zurückreichen als *kārum* Kanisch IV, vermutlich noch in das ausgehende 3. Jahrtausend hinein. Damit also beginnt die bis jetzt nachweisbar älteste Besiedlung innerhalb des Stadtgebietes von Hattuscha, offensichtlich zu spät, um sie mit dem in dem oben (s. S. 26) zitierten Naram-Sin-Text erwähnten Hatti des Königs Pamba gleichsetzen zu können. Es gibt demnach bis heute keinen archäologischen Nachweis, der geeignet wäre, die legendäre Überlieferung zur historischen Realität zu erheben.

In der nächstfolgenden Periode der Geschichte der Stadt, der zweiten, konzentriert sich die Besiedlung mit ihren Schwerpunkten auf die beiden bereits erwähnten Gebiete: *Büyükkale* mit den Schichten V b–a und IV d und die Terrasse am Fuße des Nordwesthanges mit den Schichten 8 b und 8 a. Im jüngeren Abschnitt dieser Periode erweitert sich aber der Siedlungsraum ganz beträchtlich. Das Gemeinwe-

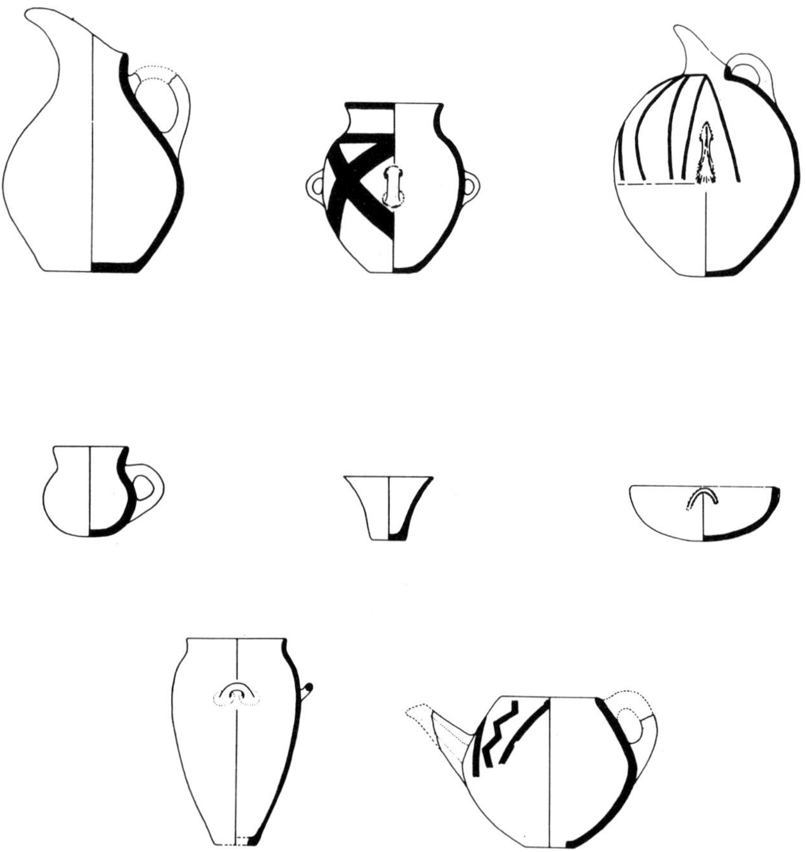

17 *Typische Keramikformen aus Häusern der Schichten 9 und 8b–a der Unterstadt von Boğazköy*

sen nimmt jetzt langsam städtischen Charakter an, wofür nicht nur sein Umfang, sondern auch die innere Ordnung spricht. Diese Entwicklung, die wir in ihren Hauptzügen kennenlernen werden, markiert ohne Zweifel eine besonders wichtige Periode der Stadtgeschichte. Freilich gibt es gegenüber dem Vorausgegangenen keine Zäsur, sondern eine unverkennbare Weiterbildung der örtlichen Zivilisation, auf den Leistungen der ersten Periode aufbauend. In Schicht 8 b des Nordwesthanges entspricht zum Beispiel die Keramik weitgehend der von 9, auch jetzt kommt noch handgemachte Ware vor, doch tritt sie an Zahl gegenüber der scheibengefertigten sehr zurück, während sie in Schicht 9 noch dominiert hatte. Im späteren

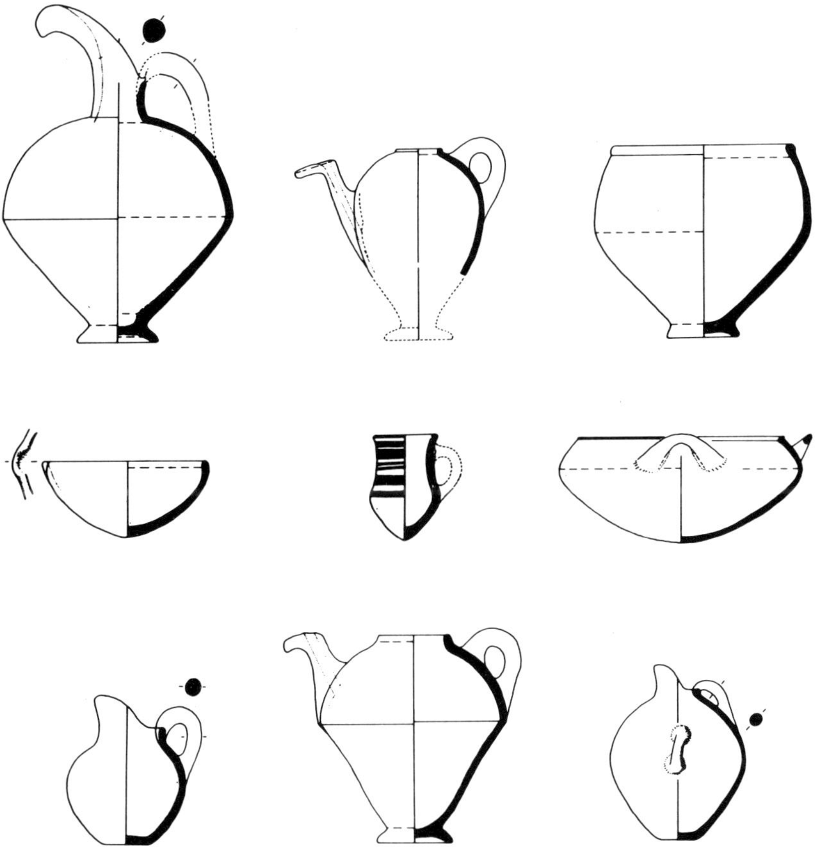

Abschnitt dieser Periode – Schicht 8a am Nordwesthang und Schicht IVd auf Büyükkale – gibt es dann fast nur noch Scheibenware, und zwar Vasen, die in Form und Qualität weit über allem Älteren stehen und die einen Hochstand keramischen Schaffens erkennen lassen, wie er weder vorher noch nachher jemals wieder in diesem Teile Anatoliens im 2. Jahrtausend v. Chr. erreicht worden ist. Aber die Struktur dieser Vasen beruht durchaus auf alter Tradition. Neu ist nur die Straffung der Form, die Proportion der einzelnen Teile unter sich, die manchmal spürbare Abhängigkeit des Tongefäßes von Vorbildern aus Metall, die völlige Beherrschung des neuen Hilfsmittels, das jetzt in der Töpferscheibe zu Gebote stand.

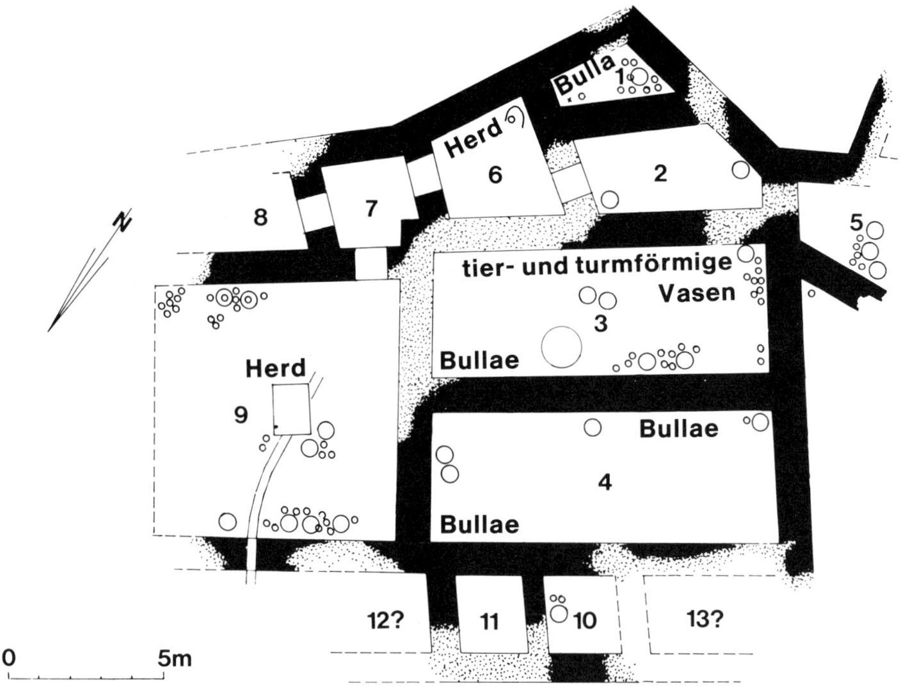

18 Grundriß eines Hauses von Büyükkale, Schicht IVd

Auch in der Bauweise setzt sich das Alte fort. Das wird, um wenigstens ein Beispiel anzuführen, ganz deutlich an einem Haus der Schicht IVd auf Büyükkale, das auf zwei Terrassen errichtet war und aus einem Kern mit mindestens sechs Räumen und einem Hof bestand, an den dann an der Südseite anscheinend in einem zweiten Bauvorgang kleine und kleinste unregelmäßige Gelasse angefügt worden sind (Abb. 18). Der Kernbau dieses Hauses entspricht in Raumaufteilung und Raumanordnung zwar nicht ganz, aber doch im wesentlichen dem, was schon bei einem Haus der ersten Periode als kennzeichnend hervorzuheben war. Das Haus war sehr reich an Inventar, denn es fanden sich Gefäße verschiedenster Art in sehr großer Zahl und eine ganze Menge gesiegelter Tonklumpen (Abb. 19), die einst vielleicht als Verschlüsse an hölzernen Kisten und Kästen angebracht waren. Besonders auffallend sind Vasen in Gestalt von Tieren (Löwe, Ente, Ziegeneuter)

19 S. 45–47: Siegelabdrücke auf Ton aus dem Haus von Büyükkale (siehe Abb. 18), Durchmesser 9–18 mm ▷

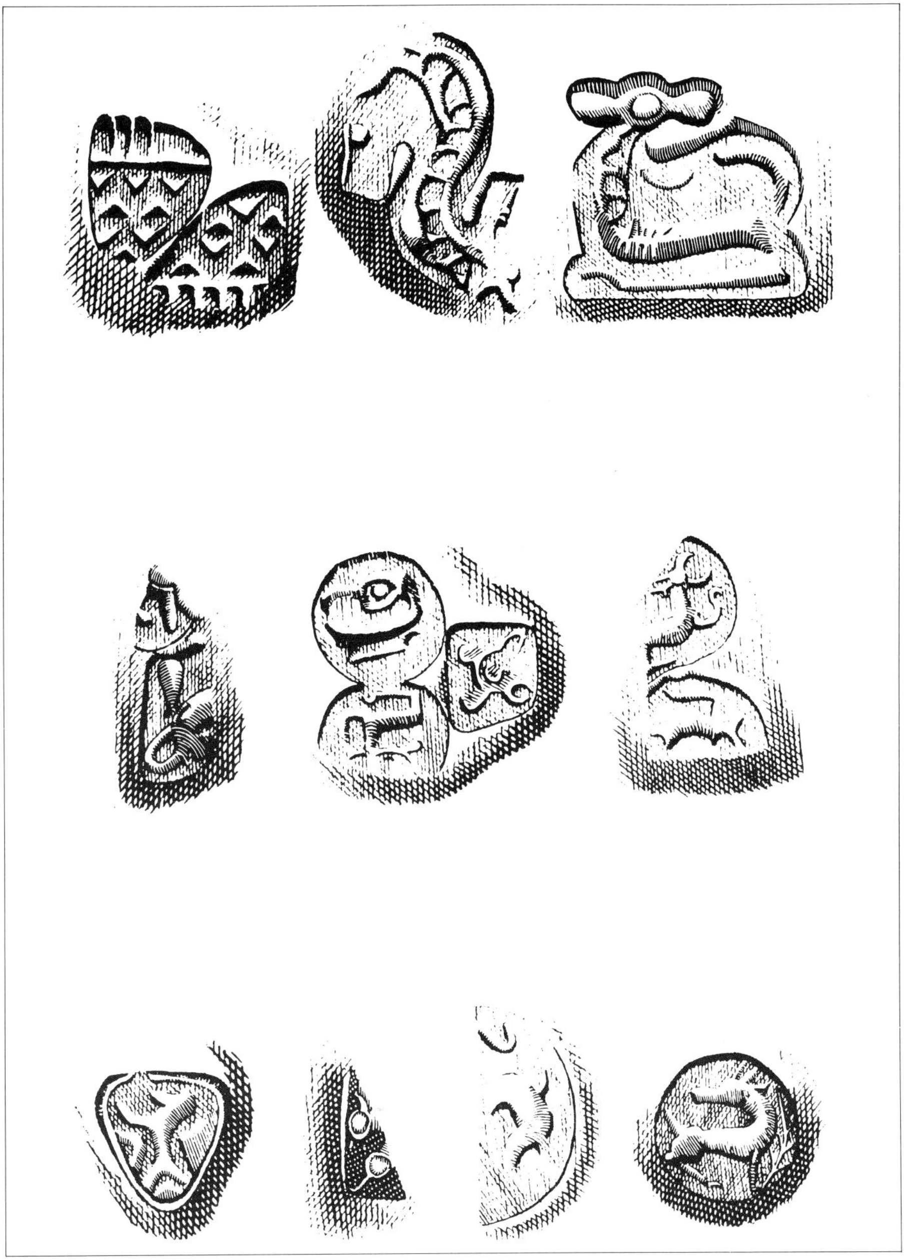

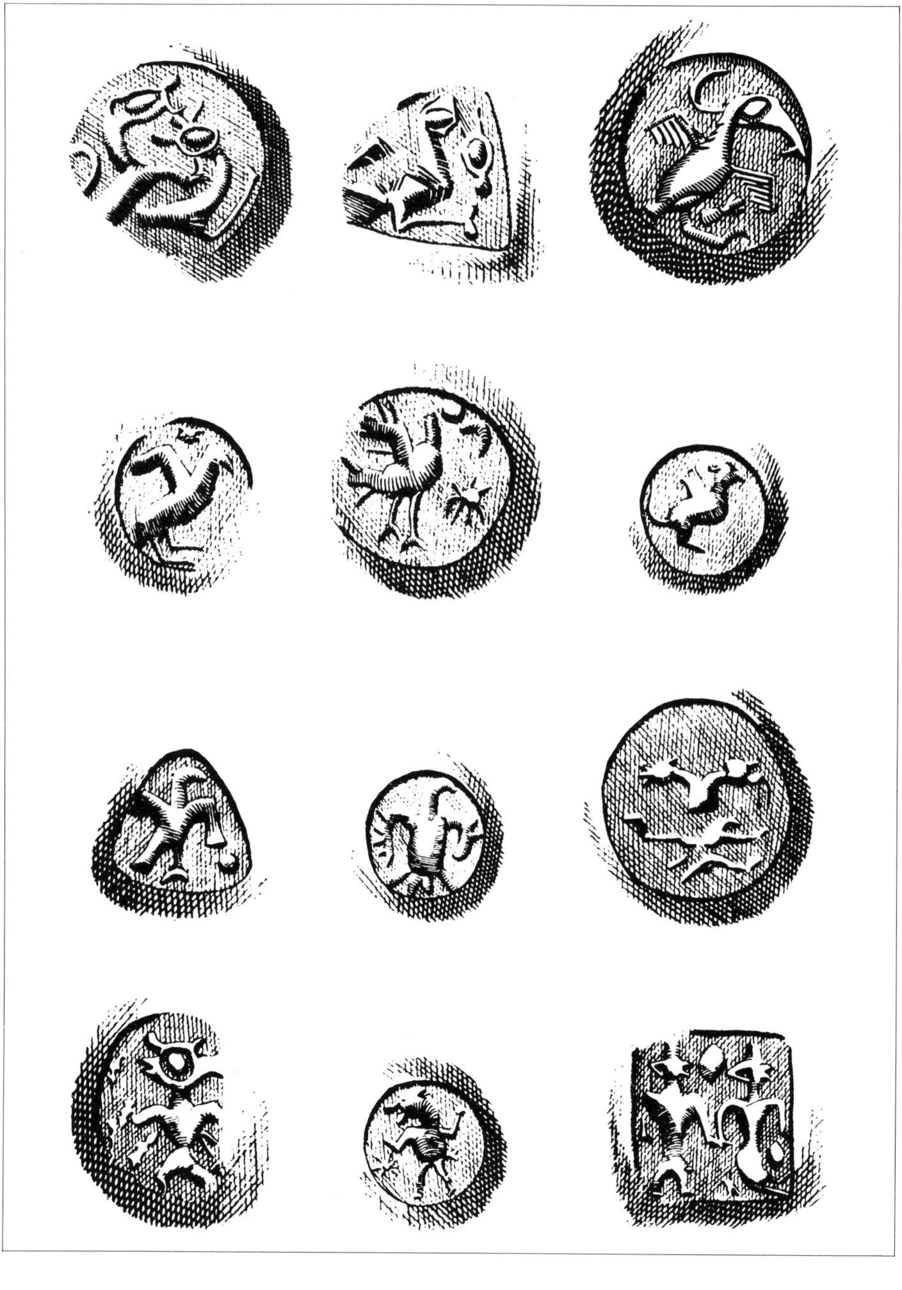

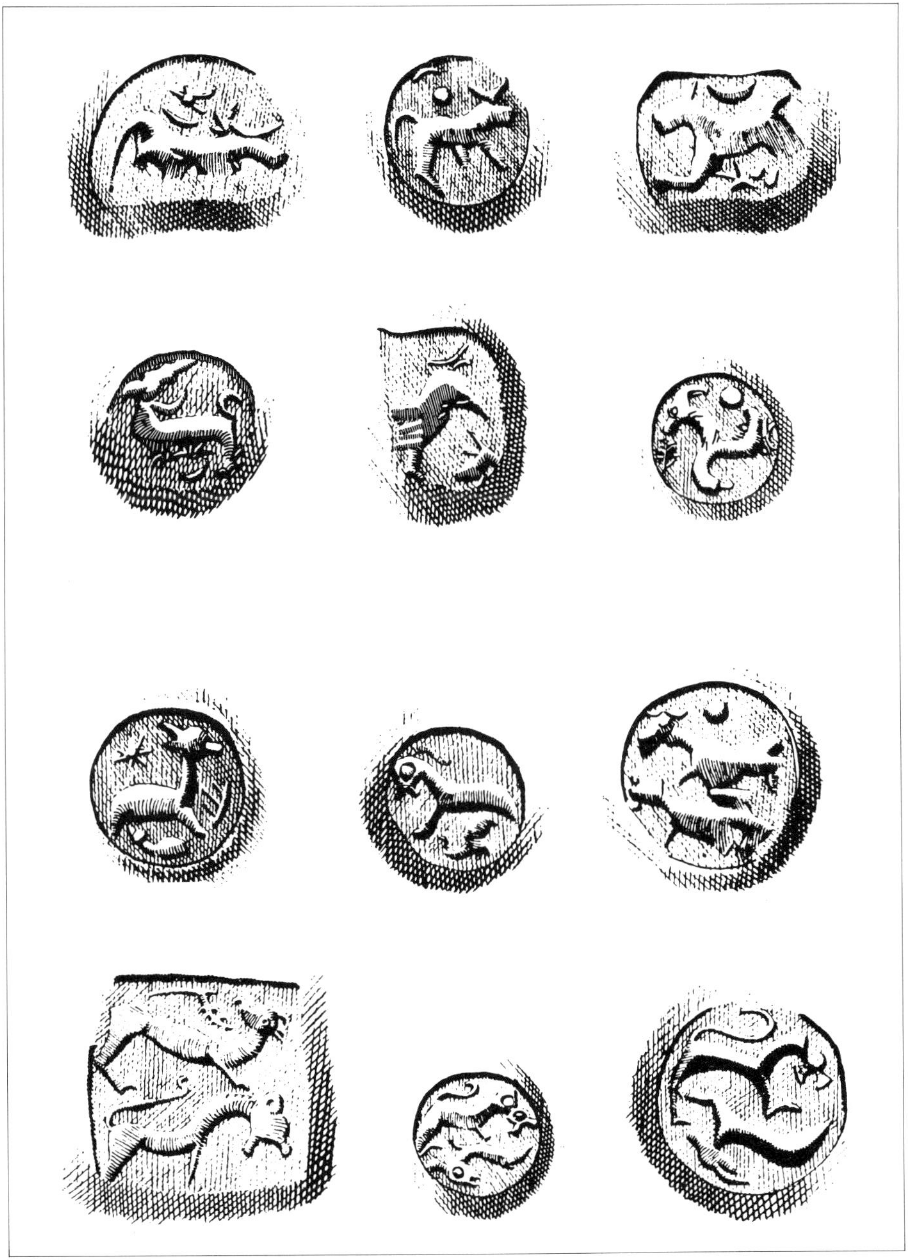

sowie Weintrauben und eigenartige, bemalte Türme aus Ton mit Tierköpfen als Appliken und einem krönenden Adler. Die Vermutung, sie seien bei kultischen Handlungen verwendet worden, liegt nahe.

Mindestens die Siedlung auf Büyükkale (IV d) war durch eine Befestigungsmauer geschützt, von der 1964 und 1965 Teile am Südwestrande des Plateaus aufgedeckt worden sind. Ob diese Stadtmauer, die aus einem 4 m dicken, massiven Bruchsteinfundament mit einem Hochbau aus Lehmziegeln bestand, hangabwärts sich so weit erstreckte, daß sie auch den Westhang Büyükkales und die Siedlung am nordwestlichen Fuße des Felsberges mit einschloß, ist noch unsicher. Doch muß durchaus mit der Möglichkeit gerechnet werden, daß in dieser Periode die in der

20 Plan der Ansiedlung kārum Hattusch, Unterstadt, Schicht IV

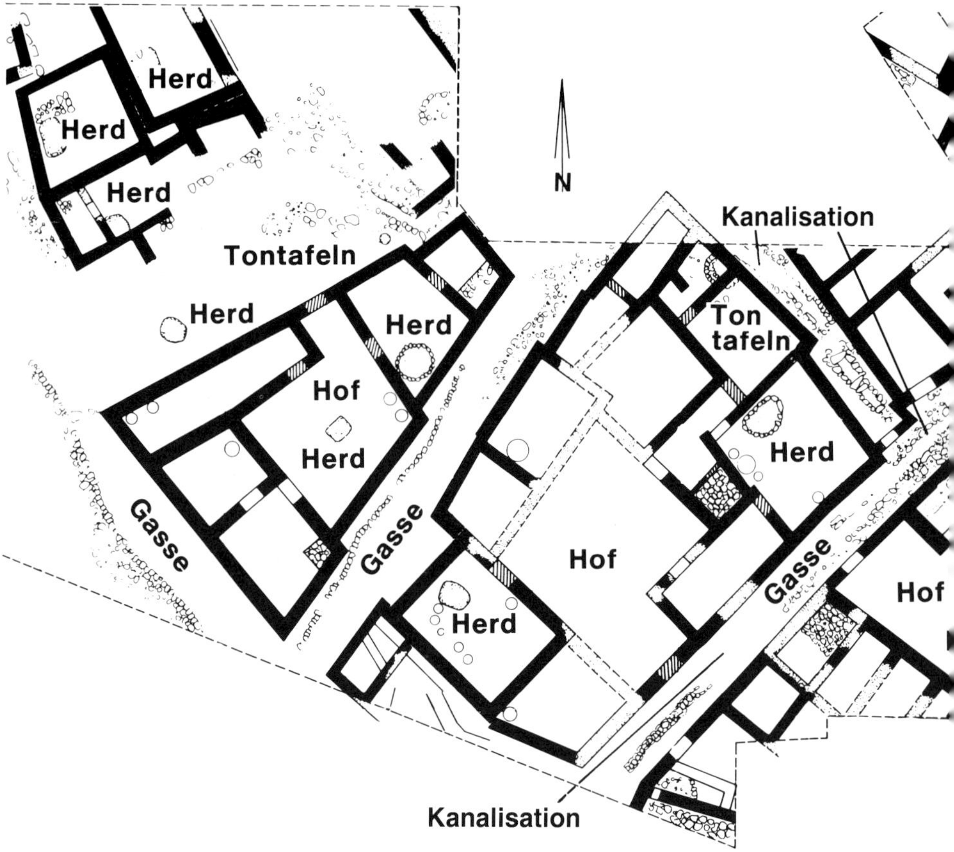

älteren Zeit (Periode 1) getrennten Siedlungsgebiete zu einem einzigen großen Gemeinwesen zusammengewachsen sind. Der bündige Nachweis mag bei zukünftigen Ausgrabungen gelingen.

Während des jüngeren Abschnitts dieser Periode der Stadtgeschichte kam es dann zur Gründung einer Ansiedlung auf bisher nur schwach bebautem Gelände, weiter im Norden auf zwei Terrassen, die der Talaue am nächsten liegen. Sie erstreckte sich von Norden nach Süden über rund einen halben Kilometer, während die Ausdehnung von Osten nach Westen vermutlich noch größer war, wenn auch wohl in etwas lockerer Bebauung. Leider erwies sie sich bei der Ausgrabung im südlichen Teil infolge späterer Störungen als nicht so gut erhalten wie im nördlichen Bereich. Dort aber ist das Ausgegrabene sehr aufschlußreich. Die Ansiedlung läßt hier deutlich einige Regelmäßigkeit erkennen (Abb. 20). Alle Bauten sind einheitlich von Nordosten nach Südwesten orientiert und bestehen aus

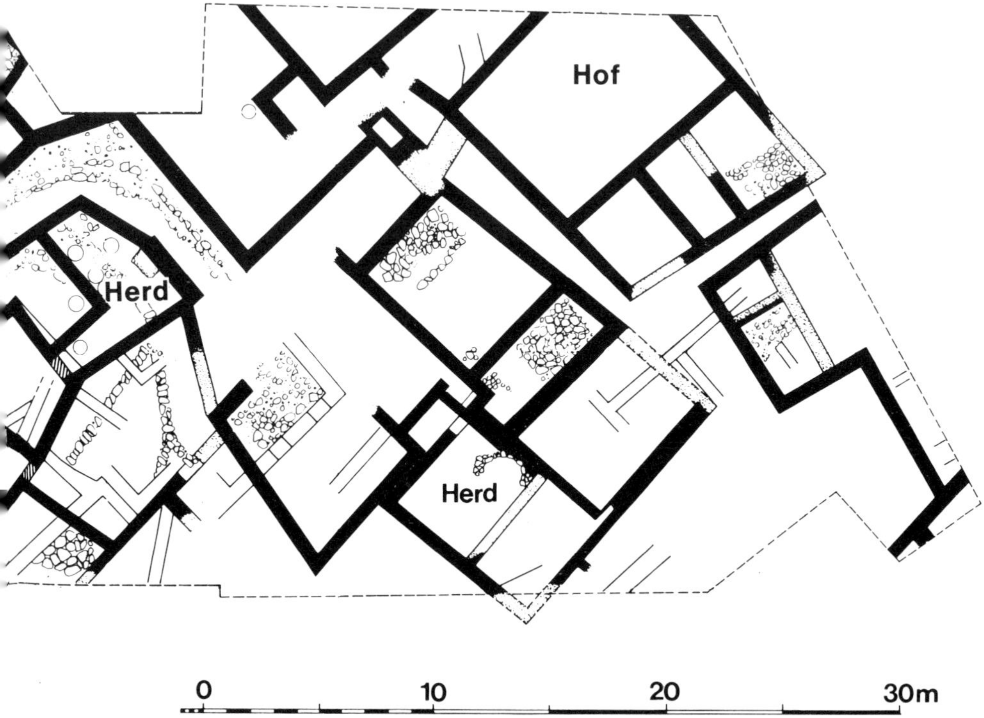

21 Hausmauern und Gassen im kārum Hattusch

nicht gleichgroßen, aber stattlichen Komplexen, die gewöhnlich eine erhebliche Zahl von Räumen umfassen. Jedes Anwesen oder jeder Häuserblock grenzt mit seinen vier Seiten an gepflasterte, meist kanalisierte Gassen, von denen aus man durch ein Tor unmittelbar den Hof betrat, an dessen Seiten sich die einzelnen Gelasse lehnten. Herde, Backöfen, Tonfässer für Vorräte und Waren kennzeichnen die Bestimmung der verschiedenen Räume. Dem Inhaber jedes Hauses war sichtlich bei der Anlage seines Anwesens innerhalb der gegebenen Grenzen Freiheit gelassen (Abb. 21), aber die Gesamtanlage war einem höheren Plane auf kommunaler Basis unterworfen. Keiner konnte sein Anwesen nach Belieben erweitern, sondern er war an die Bestimmungen einer kollektiven Gemeinschaft gebunden. Die Vielzahl der Räume in den Häusern ist wohl nicht allein durch die wirtschaftlichen Bedürfnisse bedingt, wobei, wie wir noch sehen werden, auch die Kontore ihre Rolle spielten, sondern ebenso durch den Zwang, alles in einem einzigen Geschoß unterzubringen. Die relativ schwachen Steinsockel, welche die ebenso schmalen Wände aus ungebrannten Ziegeln trugen, zeigen nämlich klar genug, daß die Häuser nur einstöckig gewesen sein können. Fast alle weisen übrigens drei Bauphasen auf, die sich in einer zweimaligen Aufhöhung der Fußböden und der Herde ausdrücken, aber nicht in nennenswerten Umbauten der Gebäude selbst. Legt man die Erfahrungen zugrunde, die man über Dauer und Haltbarkeit von ländlichen Häusern in Mittelanatolien, welche in Baustoff und Konstruktion diesen alten bis vor kurzer Zeit weitgehend entsprachen, sammeln konnte, ist die Annahme berechtigt, daß die Gebäude dieser alten Ansiedlung kaum erheblich länger als ein halbes Jahrhundert gestanden haben können.

Nur eines der Häuser, soweit wir sie bis jetzt kennen, weist einen besonderen Grundriß auf. Es liegt im südöstlichen Teil der Niederlassung, schon auf dem Ausläufer des nach Büyükkale aufsteigenden Hangs und besteht aus drei hallenartigen Räumen, die so dicht mit über hundert großen Tonfässern angefüllt waren, daß diese gewiß von einer hölzernen Galerie aus gefüllt und entleert werden mußten. In

22 *Bronzestatuette eines sitzenden Mannes in Vorder- und Seitenansicht, wahrscheinlich 19./18. Jahrhundert. Aus Boğazköy*

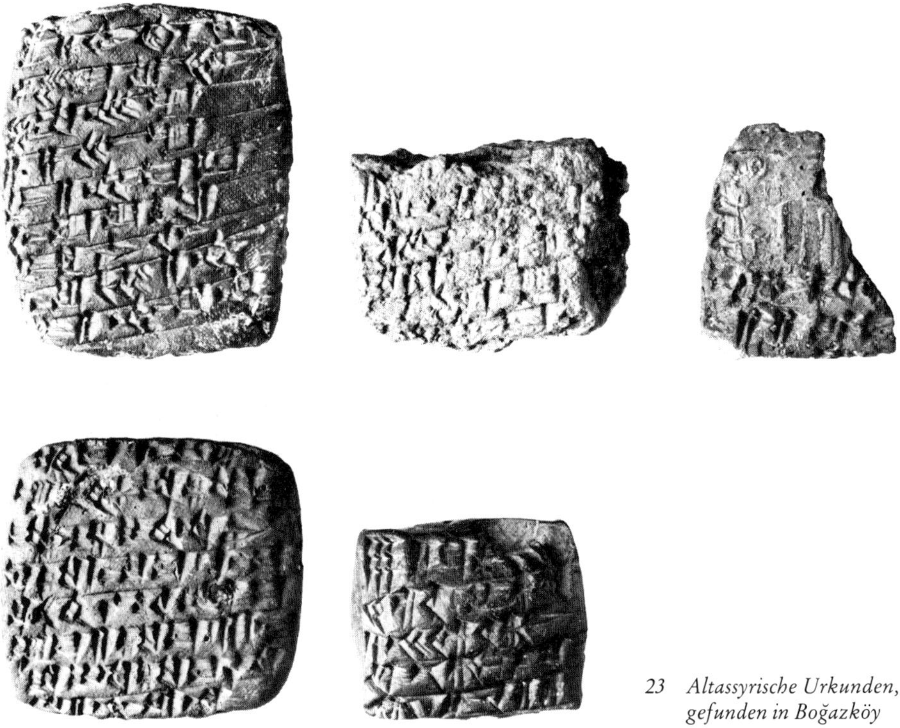

23 Altassyrische Urkunden, gefunden in Boğazköy

diesem Bauwerk darf man wohl ein dem *kārum* Hattusch eigentümliches Magazin sehen. Alle anderen Häuser sind Grundformen und Merkmalen des Bauens unterworfen, denen wir bereits in der ältesten Ansiedlung auf dem Boden von Hattuscha begegnet sind. Es ergibt sich daraus, daß diese Häuser, ja die ganze Ansiedlung, soweit sie bis jetzt überschaut werden kann, von örtlichen Kräften errichtet worden ist, die den angestammten einheimischen Gepflogenheiten im Hausbau folgten. Aber sie bauten für fremde Bewohner, die wir zum Teil dem Namen nach kennen (vgl. S. 27). Da ist ein Da-ā, Sohn des Il-Bāni, und ein Schamaschtaklaku, von denen wir Keilschrifttexte in altassyrischer Sprache aus dieser Niederlassung besitzen. In zwei Fällen häuften sie sich so, daß man in ihnen kleine Archive der jeweiligen Besitzer der betreffenden Grundstücke sehen darf, die Prinzipale von Handelshäusern gewesen sind. Von den bisher in Boğazköy gefundenen altassyrischen Urkunden (Abb. 23) stammt nur eine von Büyükkale, zwei sind aus anderen Teilen des Stadtgebietes, rund sechzig aber aus der eben beschriebenen Niederlassung. Es ist daher nicht zu bezweifeln, daß hier die assyrische Handelsorganisation ihr Zentrum hatte, daß hier *kārum* Hattusch, die Faktorei Hattusch, lag. In diesen Urkunden treten nur assyrische, keine einheimischen Namen auf, und die Abrollungen von Siegelzylindern auf Hüllen von Tontafeln zeigen ohne Ausnahme nichtanatolische, mesopotamische Motive. Aber unter den ganz wenigen Originalsiegeln dieses Typus ist immerhin das eine oder andere einheimischen Stils, während die sehr zahlreichen Stempelsiegel durchaus lokaler Herkunft sind (Abb. 24 a–e). Eine Bronzestatuette eines sitzenden Mannes stammt wahrscheinlich aus derselben Zeit (Abb. 22).

24 *Stempelsiegel (a–d) und Siegelzylinder mit Abrollung (e) vom kārum Hattusch*

25 *Gottheit aus dem kārum Hattusch, Höhe 7,4 cm*

In welcher Zeit befinden wir uns, und wie verhält sich diese Stadt *Hattusch* zu anderen, gleichzeitigen Gemeinwesen im mittleren Anatolien? Jeder Versuch einer Eingliederung wird von den wichtigen und reichen Ergebnissen der türkischen Ausgrabungen im *kārum* Kanisch, der Hauptniederlassung der Assyrer, auszugehen haben. Diese große Faktorei hatte in ihrem Bestehen zwei deutlich ausgeprägte Phasen: die eine, vertreten in der Schicht *kārum II* mit zahllosen Geschäftsurkunden, welche die Blütezeit der Kolonie repräsentiert, und die andere, jüngere, Schicht *kārum Ib* mit sehr viel weniger Dokumenten, die für einen beträchtlichen Rückgang von Handel und Wandel und wohl auch für ein etwas verändertes Verhältnis zwischen Assyrern und Einheimischen, das heißt den einheimischen Fürstenhöfen, zu sprechen scheinen. Die Niederlassung der Schicht II ist durch Brand zugrunde gegangen, der Wiederaufbau, Schicht Ib, erfolgte nach einem nicht langen, aber in genaueren Jahreszahlen nicht ausdrückbaren Intervall.

Die assyrische Handelsniederlassung von Hattusch erweist sich, archäologisch gesehen, in dem Teil, der durch assyrische Urkunden ausgewiesen ist, als gleichzeitig mit *kārum* Kanisch Ib. Die Keramik ist hier und dort verwandt, in vielen Formen identisch, nicht nur wenn man Einzelstücke einander gegenüberstellt, sondern wenn man die gangbaren Serien, man ist versucht zu sagen: ganze Service, nebeneinander hält. Berührt diese Beobachtung Handwerkliches, Hausgerät, zeigt die Bleifigur einer männlichen Gottheit von Hattusch (Abb. 25), die ihre Entsprechung im *kārum* Kanisch Ib hat, oder eine Gußform mit der Darstellung einer auf einem Tier stehenden Göttin, die ihrerseits Tiere in den Händen hält, also eine *pótnia therōn*, eine Herrin der Tiere (Abb. 26), und sowohl in Hattusch als auch in Kanisch belegt ist, daß die Übereinstimmung sich auch in religiöse Bezirke erstreckt. Dazu gesellt sich eine entsprechende Bauweise hier und dort. Entscheidend ist aber der durch Kemal Balkan und Heinrich Otten geführte Nachweis, daß die altassyrischen Urkunden von Hattusch wegen einiger in ihnen vorkommenden Namen von Kaufleuten und wegen der Nennung bestimmter assyrischer *limus,* also von Jahresbeamten, mit denen aus Alişar und aus *kārum* Kanisch Ib zeitgleich sind und in die Regierungsjahre des Schamschi-Adad I. von Assyrien gehören. Das bringt

26 Gußform mit Darstellung der pótnia therōn, der Herrin der Tiere, auf einem Tier stehend und Tiere in den Händen haltend, Höhe 7,8 cm

uns nach der sogenannten kurzen Chronologie in die Jahre zwischen 1749 und 1717 v. Chr. Damals also bestand die Handelskolonie in der Stadt Hattusch. Sie muß aber nichtsdestoweniger auf ein Alter zurückgeblickt haben, das erheblich jenseits der Mitte des 18. Jahrhunderts lag, wahrscheinlich sogar nicht unerheblich in das 19. hinaufreichte. In den Urkunden von *kārum* Kanisch II, also der älteren, der Hauptphase der zentralen assyrischen Handelskolonie, kommt nämlich Hattusch einige Male, auch als Ort von Geschäftspartnern, vor, muß also schon damals in die Handelstransaktionen einbezogen gewesen sein. Ungleich Kanisch ist jedoch in Hattusch bis jetzt nicht eine einzige Handelsurkunde gefunden worden, die dieser älteren Zeit angehörte und somit gleichzeitig mit *kārum* Kanisch II wäre. Dasselbe gilt auch für das zwischen Hattusch und Kanisch gelegene Alişar, von wo man siebzig Tafeln und Tafelfragmente kennt, die, soweit zuweisbar, ebenfalls aus der Zeit von *kārum* Kanisch Ib stammen. Es ist aber ziemlich sicher damit zu rechnen, daß uns bis jetzt nur der Zufall ältere Urkunden, die mit *kārum* Kanisch II gleichzeitig sind, in Hattusch vorenthalten hat. Denn der archäologische Befund

27, 28 Löwenförmige Gefäße von Büyükkale, Länge ca. 22 cm

spricht deutlich genug dafür, daß die Stadt auch damals ihre Rolle gespielt hat.

Die Funde in den Schichten Vb, Va und älteres IVd auf Büyükkale und 8b am Nordwesthang des Felsberges zeigen, daß sie ungefähr gleichzeitig mit *kārum* Kanisch II sind. Eine Anzahl von löwenförmigen Gefäßen aus Hattusch (Abb. 27, 28) und mit ihnen zusammen gefundene Vasen sehr charakteristischer Form (Abb. 29) haben in Kanisch teils genaue Entsprechungen, teils stehen sie – vor allem die tierförmigen Vasen – verwandten Schöpfungen von dort so nahe, daß man sie zeitlich nicht allzu weit davon distanzieren kann. Dieses mit *kārum* Kanisch II synchrone *Hattusch* geht jedoch in die jüngere Phase der Periode 2 der Stadtgeschichte ohne Bruch über, es findet lediglich eine Ausweitung des Siedlungsgebietes statt. Von der Katastrophe, die Kanisch II betroffen hat, blieb Hattusch unberührt, denn es fehlt eine entsprechende Zerstörungsschicht. Es fehlen aber auch die Geschäftsdokumente von entsprechenden Handelshäusern, wahrscheinlich nur deshalb, weil kein Ereignis eingetreten war, das sie bei der Zerstörung der Ansiedlung durch Feuer, wie im *kārum* Kanisch, unter den Schutt und unter den Boden gebracht hätte. Sie blieben in den Händen ihrer Besitzer, die sie je nach Belieben verwahrten, nach Erledigung des Vorganges und nach Ablauf seiner Klauseln vernichteten oder an einen anderen Ort brachten. Davon können also nennenswerte Bestände gar nicht erhalten sein. Erhalten sind vielmehr auch in Hattusch nur die Urkunden, die in den Handelshäusern unmittelbar vor und zu jenem Zeitpunkt lagen, als der assyrischen Handelskolonie ein gewaltsamer Untergang bereitet worden ist, nämlich am Ende der Schicht IVd auf Büyükkale, 8a am Nordwesthang und von 4 (jüngste Phase) auf der unteren Stadtterrasse. Dem aus den Tontafeln zu gewinnenden Datum nach, einem Datum post quem, das schon erwähnt worden ist, fiel dieser Untergang in das späte 18. Jahrhundert v. Chr. Gewiß war es nicht nur der Untergang einer assyrischen Handelskolonie, sondern einer Stadt, deren eigentlicher Kern aus einer Siedlung

29 Schnabelvase, gefunden im kārum Hattusch, Höhe 38,4 cm

hattischer Bewohner unter einem einheimischen hattischen Fürstengeschlecht bestand, so wie das auch für eine Reihe anderer inneranatolischer Städte dieser Zeit bezeugt ist, bei denen sich die assyrische Faktorei an eine einheimische Siedlung lehnte. Das im einzelnen für Hattusch zu belegen, ist noch nicht möglich, aber die Wahrscheinlichkeit, daß wir in Büyükkale den Sitz des Dynasten, in der Siedlung am Fuße dieser Burg die seiner anatolischen Untertanen sehen dürfen, ist sehr groß. Dazu gesellte sich dann in unmittelbarer Nachbarschaft die assyrische Faktorei. Alle zusammen aber sind einer großen Katastrophe zum Opfer gefallen, die sich überall durch eine Brandschicht unterschiedlicher Stärke zeigt, welche die in Schutt und Asche gesunkenen Häuser bedeckt. Nicht ein einziges Bauwerk ist nach dieser Zerstörung wiederaufgebaut worden, alle, die in den Bereich der bisherigen Ausgrabungen fallen, blieben nach der Katastrophe in Trümmern liegen.

Es wäre mehr als ein Zufall, wenn man diesen Untergang der Stadt *Hattusch* nicht mit einem Ereignis gleichsetzen dürfte, das uns literarisch überliefert ist, nämlich mit der Eroberung der Stadt des Königs Pijuschti von Hatti durch den König Anitta von Kuschschar-Nescha. Der Text – »und in der Nacht nahm ich sie mit Gewalt. An ihre Stelle aber säte ich Unkraut« – ist im 1. Kapitel wörtlich zitiert worden (s. S. 27). Anitta aber fällt gerade in die Zeit, in die wir auch durch die altassyrischen Urkunden von Hattusch verwiesen werden, denn laut einem Text von Alişar war er ein Zeitgenosse der jüngsten Phase der altassyrischen Handelskolonien. Seinen Weg von einem lokalen Dynasten zum Herrscher über ein Reich, das nicht wenige, vorher unabhängige Fürstentümer umfaßte, kann man dank der Funde der letzten Jahrzehnte einigermaßen, wenn auch noch keineswegs mit wünschenswerter Genauigkeit verfolgen. Eine Station auf dem Wege des Eroberers Anitta war die Einnahme und Zerstörung von Hattusch.

Dieses Trümmerfeld hat nun der hethitische König Hattuschili I. etwas mehr als hundert Jahre später zur Anlage der Hauptstadt seines Reiches und dann auch zu seiner Residenz gewählt. Was ihn veranlaßte, sich für einen relativ so weit im Norden Anatoliens gelegenen Punkt zu entscheiden, ist im einzelnen nicht bekannt. Wenn aber schon die Wahl auf den Norden fiel, kann man sich sehr gut vorstellen, daß sich das Gebiet der alten Stadt Hattusch durch seine natürlichen Vorzüge besonders empfahl. Sie fallen sofort ins Auge, wenn man das Stadtgebiet von Norden her, von der Talaue aus, betrachtet. Das auf eine Entfernung von noch nicht ganz 2 km von Norden nach Süden um nahezu 300 m ansteigende Gelände ist stark gegliedert und in sich keineswegs einheitlich, sondern mit Tälern, Mulden,

Felsgruppen, Abhängen und Plateaus durchsetzt, die einer Bebauung erhebliche Schwierigkeiten boten. Dieser Nachteil wird aber durch große Vorteile bei weitem aufgewogen. Das Terrain, das die Stadt in Anspruch nimmt, ist nämlich im Osten und im Westen durch tiefe, das ganze Jahr wasserführende Schluchten von seiner Umgebung abgetrennt. Es ist also schon von Natur aus eine Festung, die, durch künstliche Befestigungswerke unterstützt, wirkungsvollen Schutz bot. Nicht minder bedeutsam ist der Wasserreichtum in und unmittelbar außerhalb dieses Geländes.

Das *althethitische Hattuscha*, die 3. Periode der Stadtgeschichte während des 16. und 15. Jahrhunderts v. Chr., ist bis jetzt bei den Ausgrabungen nur teilweise wiedergewonnen worden. Doch ist mit hinreichender Sicherheit auszumachen, welchen Umfang das Stadtgebiet in diesen Jahrhunderten besessen hat. Es umfaßte jenen Teil, der im Süden durch das hochragende Büyükkale und im Norden durch die Vereinigung der Täler Büyükkaya-deresi im Osten und Kızlarkaya-deresi im Westen gegeben ist. Dieser ganze Raum von 1,25 km größter Länge und 0,45 km größter Breite war von einer Stadtmauer eingeschlossen, in der das Werk des Großkönigs Hantili zu sehen, der in der Zeit um 1520 v. Chr. anzusetzen ist, nur als eine Vermutung gelten kann, denn die Nachricht ist nicht eindeutig genug dokumentiert. Wer aber auch der Bauherr gewesen sein mag, auf jeden Fall folgte er bei seinem Werk älteren Prinzipien der Befestigungstechnik. Die 8 m dicke Stadtmauer steht auf einem künstlich aufgeworfenen Erdwall und hat einen hohen Sockel aus Bruchsteinen mit Vorder- und Rückfront, die durch Querstege verbunden waren. Die schottartigen Kästen waren mit Steinen vollgepackt, so daß das Ganze einen massiven Unterbau bildete, der den aus Lehmziegeln errichteten Hochbau der Mauer trug, der mindestens 6 m aufragte. Dieser Typus einer »Kastenmauer« ist in Alişar aus erheblich früherer Zeit, nämlich aus dem 18. Jahrhundert v. Chr., bekannt. Das gilt auch für die Poternen, also unterirdische Durchgänge, die, in Kragsteintechnik errichtet, bei der Stadtmauer des althetitischen Hattuscha nachgewiesen sind, denn auch sie kommen in Alişar, wenigstens in einem Beispiel, ebenfalls schon im 18. Jahrhundert vor. Die althetitischen Könige folgten demnach auch im Fortifikationswesen den einheimischen Gewohnheiten, wenn auch im fels- und steinreichen Hattuscha die Steinbauweise gegenüber dem Lehmziegel sich nachdrücklicher bemerkbar machte. Die Stadtmauer nicht ebenerdig, sondern auf einem künstlichen Erdwall, somit gegenüber dem Vorgelände überhöht zu postieren, was der Schaffung eines wirkungsvollen Glacis gleichkam, gebot die Belagerungsweise jener Tage. Schon bei der Belagerung von

Urschu, die in die späteren Regierungsjahre Hattuschilis I. fiel, wird ein Sturmbock und ein Belagerungsturm erwähnt. Urschu ist südlich des Taurusgebirges im Gebiet zwischen Amanus und Urfa zu suchen.

So gut wie sicher ist es, daß die Könige auf dem oberen Plateau von *Büyükkale* ihre Hofhaltung hatten. Aber von der Residenz sind nur einzelne Teile erhalten geblieben, weil bei späterer Bautätigkeit vieles abgetragen worden ist. Was an Gebäuden hier und im nördlichen Stadtbereich aufgefunden wurde, zeigt deutlich, daß sich die Architektur durchaus an jene Bauformen hielt, die wir aus den älteren Perioden (1 und 2) bereits kennen. Das geht vor allem aus einem Wohnquartier hervor, das in der nördlichen Unterstadt (s. den Stadtplan in der vorderen Umschlaginnenklappe) ausgegraben worden ist. Es war unmittelbar über den Ruinen des *kārum* Hattusch errichtet worden, ohne aber darauf Bezug zu nehmen und etwa die älteren Fundamente auszunützen. Bei der umfassenden Überbauung hielt man sich auch an ein verändertes Verkehrsnetz, dessen kanalisierte Hauptgassen von Südwesten nach Nordosten verliefen. Das bedingte eine andere Orientierung der Häuser im Vergleich zu ihren Vorgängern des 18. Jahrhunderts. Aber auch jetzt zeigen die Hausgrundrisse den Typus des Hofhauses, bei dem der Eingang unmittelbar von außen in den Wirtschaftshof führte. Nach wie vor hat jedes Haus seine eigenen Außenmauern, selbst dann, wenn zwei Anwesen unmittelbar aneinanderstoßen, was im Laufe des Bestehens dieser Wohnviertel im Gange immer dichterer Bebauung ständig zugenommen hat. Die Grundstücksgrenzen lassen sich daraus unmittelbar ablesen. Unter den Hausbesitzern dürfte es solche von einigem Wohlstand gegeben haben, wenn aufgrund von stattlichen, bis zu vierzehn Räume umfassenden Häusern ein solcher Schluß erlaubt ist. In dem, was in den Häusern zurückgeblieben und bei der Ausgrabung wiedergefunden worden ist, zeigt sich jedoch ein nicht zu verkennendes einheitliches Bild, das von Herden, Herdgefäßen, die zum Wärmen und Warmhalten von Speisen dienten, Backöfen, Gebrauchsgeschirr, Vorratsfässern aus Ton, Mahlsteinen und Mörsern in den Wirtschafts- und Wohnräumen bestimmt wird. Doch darf das nicht dazu verleiten, sich die Bedürfnisse der Bewohner dieses althethitischen Stadtviertels als zu einfach vorzustellen. Vor einem solchen Urteil bewahren uns große Badewannen aus Ton, die in manchem Haus, oft in speziell angelegten kleinen mit Bodenpflaster ausgestatteten Waschräumen standen. Sie waren tragbar, und manche hatten im Innern der Wanne ein Bänkchen zum Sitzen. Alle diese Funde lassen jedoch keine eindeutige Aussage über den Stand, den Beruf oder wenigstens die Beschäftigung der Bewohner dieses Viertels zu. Als sicher darf indessen angenommen werden, daß sie nicht zu den unbegüterten Stadtbewohnern gehörten. In sekundär bewegter Schutterde ist ein größeres Fragment einer Tontafel gefunden worden, das eine in althethitischem Duktus geschriebene Instruktion enthält, die auf die Behandlung von Bediensteten durch ihre Brotherren Bezug nimmt (»Du hast die Arbeiter bedrückt, und diese haben infolgedessen begonnen, dich zu bedrücken«). Für beide Klassen scheint uns ausreichend Platz in dem eben beschriebenen Wohnviertel gewesen zu sein.

Aus der im ersten Kapitel zitierten Urkunde Hattuschilis I. geht hervor (S. 9), daß es mehrere Heiligtümer gegeben haben muß. Wo diese Tempel innerhalb des althethitischen Hattuscha standen, ist noch unbekannt. Von einem Tempel der Sonnengöttin von Arinna, einem anderen der Mezulla ist da die Rede; ein Tempel des Wettergottes ist aus anderen Texten ebenfalls belegt. Vielleicht lag das Heiligtum dieses Wettergottes an der gleichen Stelle wie der größte Tempel der Stadt im 13. Jahrhundert. Träfe diese Vermutung zu, bliebe es uns immer unerreichbar, denn das jüngere Heiligtum steht auf einem gewaltigen Terrassenaufbau aus großen Steinblöcken, den man nicht durchdringen kann, den man aber auch nicht abtragen darf, weil das zugleich eine weitgehende Beseitigung der auf ihm ruhenden Bausubstanz erforderte.

Innerhalb der althethitischen Schicht IV c von *Büyükkale* gibt es eine große Brandablagerung. Sie liegt aber schon im Horizont Büyükkale IV c 3, somit erheblich zu früh für jene Zerstörung von Hattuscha, die uns literarisch aus der Zeit des Großkönigs Tuthalija III., etwas vor 1400 v. Chr., überliefert ist. Faktisch haben wir bis jetzt keine Funde, die unmittelbar mit diesem Ereignis zusammenhängen. Aber indirekt macht sich dieses Geschehen im Grabungsbefunde doch bemerkbar. Unmittelbar nach 1400 v. Chr. nämlich erfolgte eine grundlegende Neubebauung des gesamten unteren Plateaus von Büyükkale, der Königsburg, ebenso aber auch eine Neubesiedlung in der Stadt selbst. Das sind Schicht IV b auf Büyükkale und Schicht 3 in der Unterstadt. Diese Maßnahmen leiten die 4. Periode der Stadtgeschichte ein, die Zeit, als Hattuscha Hauptstadt des hethitischen Reiches im 14. und 13. Jahrhundert war. Im Verlauf dieser knapp zweihundert Jahre erlangte die Stadt schließlich jenes Gepräge, das sie zur Großstadt in ihrer Zeit machte, zur imponierenden Metropole eines Reiches und eines Hofes, die zu den maßgebenden Machtfaktoren der damaligen Welt zählten, und das uns heute noch in nicht wenigen oberirdisch erhaltenen oder durch Ausgrabung wiedergewonnenen Monumenten entgegentritt. Sechs große Tempel, eine weitausholende

30 Yerkapı, Blick von Süden ▷

31 Hattuscha, das sogenannte Königstor der Stadtmauer, Außenansicht

Erweiterung des alten Stadtgeländes und die königliche Hofhaltung, die Burg der Großkönige auf Büyükkale, der das nächstfolgende Kapitel gelten wird, bestimmen vor allem dieses Bild.

Die anscheinend um 1300 v. Chr. vollzogene Erweiterung der Stadt bezog einen Raum ein, der den der Altstadt um nahezu das Doppelte übertraf. Das bedeutet nicht, daß dieses Areal bisher gänzlich unbesiedelt gewesen war, denn hier und da mag es einzelne Häuser und Gehöfte gegeben haben. Aber jetzt wurde es ummauert und damit im vollen Sinne ein Teil der Stadt. Bei der Mauerführung nützte man den Kamm über den Steilhängen des *Büyükkaya-deresi* im Osten und des *Yazır-deresi* im Westen geschickt aus, während man im Süden, an der höchsten, heute *Yerkapı* genannten Stelle (Farbt. 11 oben; Abb. 30), eine natürliche Mulde künstlich vertiefte und ausweitete, somit einen Graben schuf, der die Stadt von der weiter südlich anschließenden Hochebene isolierte. Am *Kızlarkaya* einerseits und bei *Büyükkale* andererseits fand diese Stadtmauer Anschluß an die Altstadt, mit der zusammen sie nun eine Einheit bildete. Mindestens fünf Tore, davon drei auf der Westseite, zwei auf der Ostseite, verbanden die Außenwelt mit dem neuen Stadtbereich. Sie gehören alle dem gleichen Typus an, der die folgenden Merkmale aufweist: den Torvorplatz flankierende Türme, parabolische, aus großen Blöcken bestehende Toröffnungen, Torkammern mit doppeltem Verschluß, wobei die schweren hölzernen, mit Bronze beschlagenen zweiflügeligen Türen (Farbt. 12, 13; Abb. 31, 32) stets nach innen schlugen, die Torkammer also nach beiden Seiten versperrt werden konnte, Riegellöcher und Torpfannen, Balkenlöcher links und rechts in der Torkammer zur Aufnahme von schweren

32a, b Hattuscha, Sphinx vom Tordurchgang bei Yerkapı

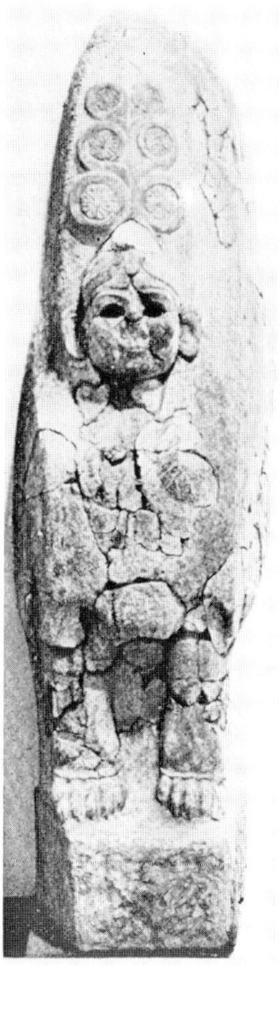

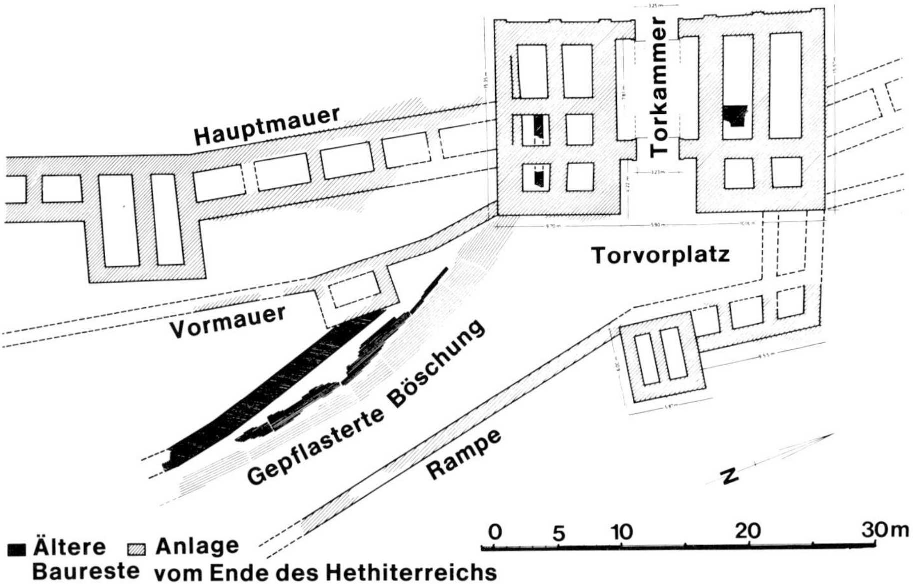

33 Hattuscha, Grundriß des sogenannten Königstors

horizontalen Verschlußbalken zur Sicherung der geschlossenen Tore. Es sind das demnach relativ einfache Anlagen, denn sie bestehen faktisch nur aus senkrecht zur Stadtmauer stehenden Durchlässen, ohne eine Führung des Torweges, der dem Angreifer die Forcierung erschwerte. Das wird jedoch durch die starken, flankierenden Türme und auch dadurch ausgeglichen, daß man den sich von außen den Toren Nähernden auf eine Rampe zwang, die zum Vorplatz hinauf der Stadtmauer entlang führte (Abb. 33). Der Angreifer setzte sich auf diese Weise den auf dem Wehrgang postierten Verteidigern aus.

Im Archiv K in der Königsburg ist eine Urkunde gefunden worden, die uns, was im hethitischen Schrifttum selten genug ist, eine Einzelheit des wirklichen Lebens, die sich auf ein Stadttor bezieht, vermittelt (Abb. 34). Es handelt sich um eine Instruktion für den *hazannu,* das heißt für den »Bürgermeister«, und zwar der Hauptstadt Hattuscha. Verfasser ist ein König Arnuwanda. Ob der dritte Großkönig dieses Namens, was eine Datierung in die letzten Jahrzehnte des 13. Jahrhunderts ergäbe, oder ob einer der älteren Dynasten gleichen Namens, was zweite Hälfte des 15. oder Beginn des 14. Jahrhunderts bedeutete, läßt sich nicht ausmachen. Es heißt da:

»Du, Bürgermeister, sei in Sachen der Wache außerordentlich sorgfältig, und man soll in Hattuscha die Wache wohl beaufsichtigen.«

Und weiter:

»Wenn morgens sie des Tores kupferne Riegelstangen heben ... du deinen Sohn oder Diener zum Öffnen geschickt hast, wenn sich am Tore das Siegel 'wendet', so sollen danach ein Herr von Hatti oder ein kommandierender Offizier, oder welcher 'Beauftragte' sonst eingeteilt ist – diese gemeinsam das Siegel am Tor überprüfen und entsprechend das Tor öffnen. Die kupfernen Riegelstangen aber sollen sie zurück in das Haus tragen und an ihrer Stelle deponieren.«

Manches in diesem Text ist nicht leicht zu verstehen, aber es wird doch daraus deutlich, daß die Tore des nachts nicht nur sorgsam verschlossen blieben, sondern daß der Verschluß stets gesiegelt wurde und daß sich das Schließen am Abend und

34 *Keilschrifttafel mit einer Instruktion für den hazannu (Bürgermeister)*

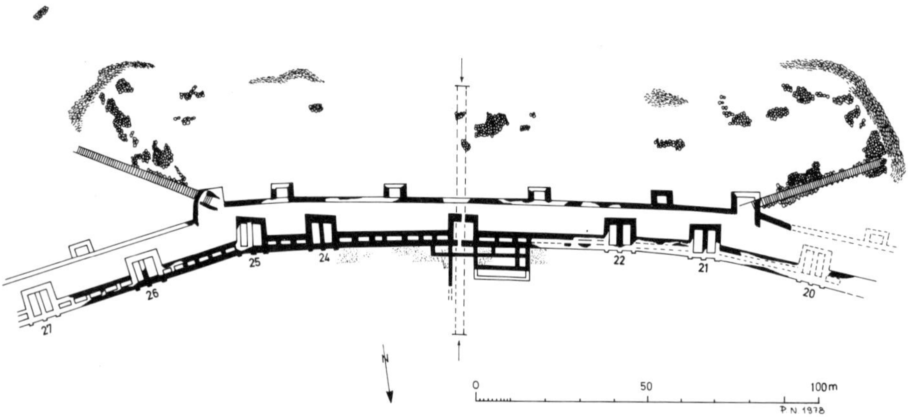

35 Befestigungswerke beim Yerkapı im südlichen Teil von Hattuscha

36 Rekonstruktion der Befestigung beim Yerkapı, Hauptmauer und Vormauer auf dem Erdwall mit Poterne und Treppen. (Nach Kurt Bittel, ›Die Hethiter‹, München 1976, Abb. 99)

das Öffnen am Morgen unter genauer Kontrolle von Beauftragten vollzogen, für die der Bürgermeister dem König gegenüber verantwortlich war. Mit welcher Umsicht Befestigungen gepflegt und unterhalten worden sind, kann man einem 1964 in Hattuscha gefundenen Brief entnehmen, den ein Beamter namens Kaschschu an den König gerichtet und in dem er über die Inspektion reparaturbedürftiger Befestigungen berichtet hat.

Die Umfassungsmauer der Neustadt hält sich in ihrem Typus an die der Altstadt. Auch sie ist eine Kastenmauer, die auf einem hohen Erdwall errichtet wurde, hat allerdings, anders als die Fortifikation der Altstadt, eine niedere Vormauer, deren Türme zu denen der Hauptmauer auf Lücke stehen. In ihrer Führung haben nicht

37 Die Poterne im Wall des Yerkapı

immer praktische Gesichtspunkte allein den Ausschlag gegeben. Diese Vermutung legt die Partie im höchsten Stadtteil, beim sogenannten Yerkapı nahe, wo das ganze Befestigungssystem im Endstadium seiner Entwicklung eine bemerkenswerte Geschlossenheit aufweist (Abb. 35, 36). Hier nämlich sind die Hauptmauer und die Vormauer auf dem Erdwall, eine auf 71 m Länge senkrecht durch den Wall führende Poterne (Abb. 37) und zwei Treppen, die im Wallpflaster links und rechts schräg nach abwärts führen, deutlich aufeinander bezogen (Farbt. 1; Abb. 38). Die Poterne und der über ihr liegende Torturm bilden zwar nicht auf den Meter genau, aber doch praktisch die Achse. Die Treppen stehen zu dieser Achse im gleichen Winkel und treffen in ihrer Verlängerung nach oben ungefähr dort auf die Hauptmauer, wo sie aus der Geraden heraus auf beiden Seiten in nahezu gleichem

38 *Treppe im Wallpflaster des Yerkapı*

Winkel ihre Richtung ändert. Es ist also ein Werk von bemerkenswerter Symmetrie, bei dem jeder Teil seinen festliegenden Ort im Ganzen hat. Freilich wurde es nicht in einem Zuge geschaffen, denn die Vormauer mit ihren Türmen entstand erst in einer zweiten Bauperiode, in der außerdem eine Aufhöhung des Hangpflasters erfolgte, und auch die Hauptmauer hat damals im einzelnen, nicht im generellen einige Änderungen erfahren.

Man darf den Oberbau dieser Stadtmauer vielleicht im Angleich an zwei kleine Fundstücke rekonstruieren, die bei den Ausgrabungen in der Unterstadt zutage gekommen sind. Es handelt sich um Bruchstücke von zwei Vasen, von denen die eine sehr groß und mehr als zur Hälfte erhalten, die andere nur noch in einem Randstück vorhanden und mit einem weißpolierten Überzug versehen ist. Der Rand der zuletzt genannten Vase ist als zinnenbekrönte Mauer gebildet, die von vorspringenden, rechteckigen Türmen, ebenfalls mit Zinnenkranz, überragt ist (Abb. 39). Diese Türme haben zwei Stockwerke und vier hochrechteckige

39 Vasenfragment, der Rand als zinnenbekrönte Mauer gebildet, erhaltene Höhe 12 cm

40 Hattuscha, Blick auf die oberen Tempel (II, III und V)

Öffnungen, zwei an der Front, je eine an der Seite. Die in die Wände eingelassenen, von außen sichtbaren Längsbalken sind durch Ritzung angegeben, während die Doppelköpfe der Querbalken nach außen vorragen. Hier ist höchstwahrscheinlich Festungsarchitektur nachgebildet, so wie sie zur gleichen Zeit am Orte im Großen bestanden hat. Die Vasen fanden sich in einem Zusammenhang, der ihre Datierung in das 14. Jahrhundert erlaubt.

Innerhalb der Neustadt liegen fünf (wenn nicht sechs) monumentale Bauten, die man als Tempel zu bezeichnen berechtigt ist. Während der gleichen Periode wurde aber auch im Zentrum der Altstadt ein großes Heiligtum errichtet, so daß es geboten ist, hier über den Kultbau in der hethitischen Hauptstadt generell zu sprechen. Die Tempel II, III und V liegen nicht allzu weit voneinander entfernt im östlichen Teil des höchsten Gebietes der Neustadt (Farbt. 14; Abb. 40), während sich die Tempel IV und VI in einer nordwestlich anschließenden breiten Mulde befinden. Eine auf längere Strecke nachgewiesene Umfassungsmauer läßt die Vermutung zu, daß die zuerst genannten drei alle gemeinsam in einem Temenos, einem heiligen Bezirk, lagen. In der Wahl des Ortes für jeden dieser Tempel folgten die Bauherren einer klar erkennbaren Absicht, denn bei einem Blick von der Stadtmauer bei Yerkapı auf diese Heiligtümer herab stellt sich sofort die Überzeugung ein, daß ihr Standort unter bewußtem Bezug auf die Geländeform und auf die Umgebung getroffen worden ist. Jeder für sich ist nämlich bis an die Kante kleiner, vorspringender Plateaus herangeschoben. Dadurch heben sich diese Bauwerke aus ihrer Umgebung heraus und sind von weither sichtbar. Der Eindruck von Norden, von der Talaue aus, muß besonders groß gewesen sein. Denn von dort aus gesehen krönten diese drei großen Tempel das aufsteigende Stadtgebiet und wurden ihrerseits von dem noch etwas höheren Zuge der Stadtmauer wie von einem flachen Bogen eingefaßt. Aber auch

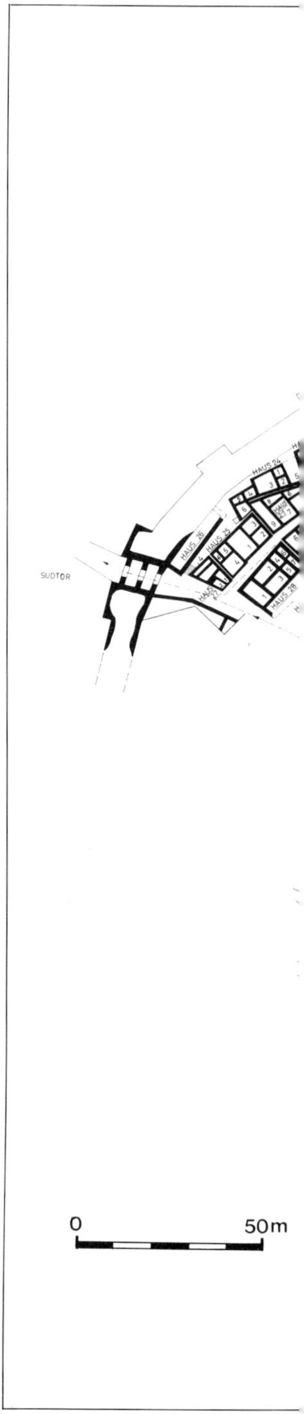

41 *Hattuscha, Grundriß des Tempels I, des Großen Tempels*

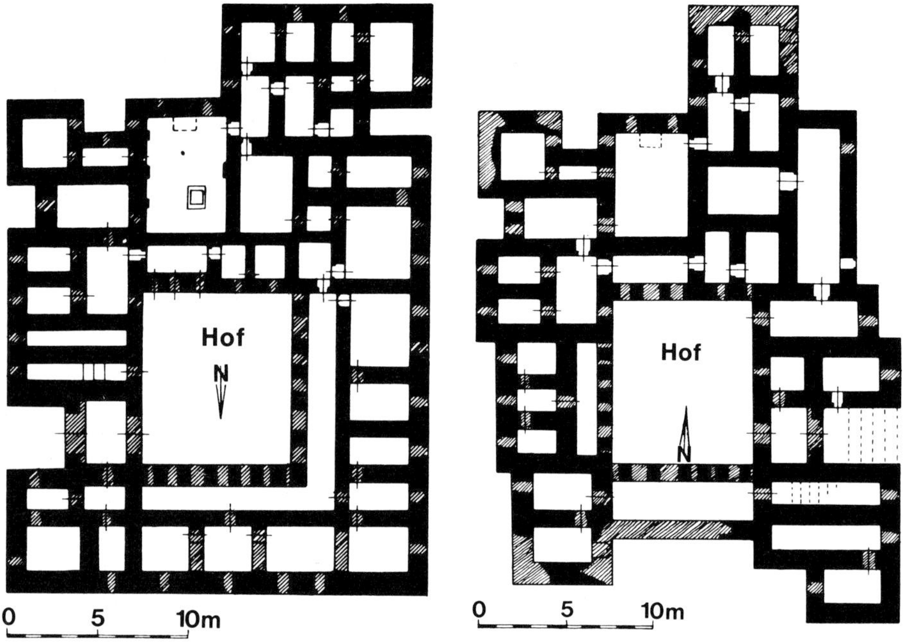

42, 43 Hattuscha, Grundriß der Tempel II und III

die Lage des Tempels in der Altstadt (Tempel I) ist markant genug, nur in anderer Weise (Farbt. 2; Abb. 41). Was in der Neustadt die Natur von sich aus bot, wurde hier künstlich geschaffen. Man hat das mit vereinzelten Felsbarren durchsetzte Gelände aufgehöht, zu einer einheitlichen Terrasse aus großen kompakt versetzten Steinblöcken umgestaltet und darauf den Tempel errichtet. Er hebt sich zwar weniger nach Süden und Westen, aber um so betonter nach Osten und Norden über seine Umgebung heraus, in jene Richtungen, wo Wohnquartiere, also Bezirke profaner Bestimmung, ihm am nächsten liegen.

Alle diese sechs Tempel in Hattuscha repräsentieren unverkennbar einen einheitlichen Typus, wenn sie auch sehr wesentliche Unterschiede im einzelnen aufweisen (Abb. 42–46). Gemeinsam ist ihnen: ein in sich mehr oder weniger geschlossener Baukörper; das Portal, das durch eine Vorhalle in den auf ein oder zwei Seiten mit Pfeilerhallen versehenen, rechteckigen oder nahezu quadratischen Innenhof führt; die Lage des heute in mehreren Beispielen (Tempel I, III, V, VI) durch die erhaltene Basis des Kultbildes erkennbaren Allerheiligsten im rückwärtigen Teil, aber nicht unmittelbar vom Hof aus erreichbar und nicht in dessen Längsachse, sondern um einiges zur Seite gerückt; eine auffallend große Zahl von Räumen, die in ihrer Bestimmung weitgehend unbekannt, nur mittelbar auf den Hof bezogen, vielmehr zu einzelnen Baugruppen zusammengeschlossen sind; die verhältnismäßig zahlreichen Fenster, welche die Gelasse von außen erhellten und sogar das Adyton mit dem hellen Licht des Tages versahen, in dem also nicht wie sonst gerne in altorientalischen Heiligtümern ein geheimnisvolles Halbdunkel herrschte. Gemeinsam ist schließlich diesen monumentalen Kultbauten, daß der auf den Fundamenten ruhende Sockel ihrer Mauern aus Kalkstein, seltener aus Gabbro in manchmal tonnenschweren Blöcken unter genauer gegenseitiger Anpassung konstruiert ist, während die höheren Partien aus ungebrannten Luftziegeln und aus einem im steinernen Sockel verankerten Holzrahmenwerk bestanden. Die Dächer waren sicher flach, die einzelnen Räume aber wahrscheinlich nicht überall gleich hoch, so daß das gesamte Dach nicht eine einzige Ebene gebildet haben wird. Damit aber sind die Gemeinsamkeiten erschöpft, die also nur in den wesentlichen Grundprinzipien dieser Kultbauten bestehen. Schon in der äußeren Gestalt gibt es erhebliche Unterschiede. Beim Tempel VI sind alle Innenräume einschließlich des Adytons in ein nahezu vollkommenes Rechteck von 39 : 31 m eingefügt. Der

44, 45 Hattuscha, Grundriß der Tempel IV und V

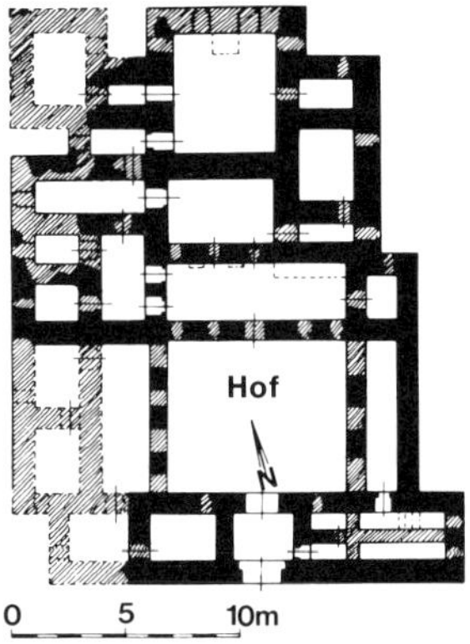

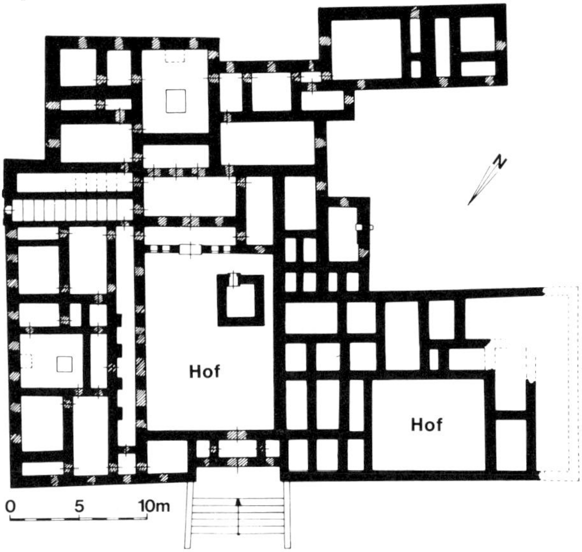

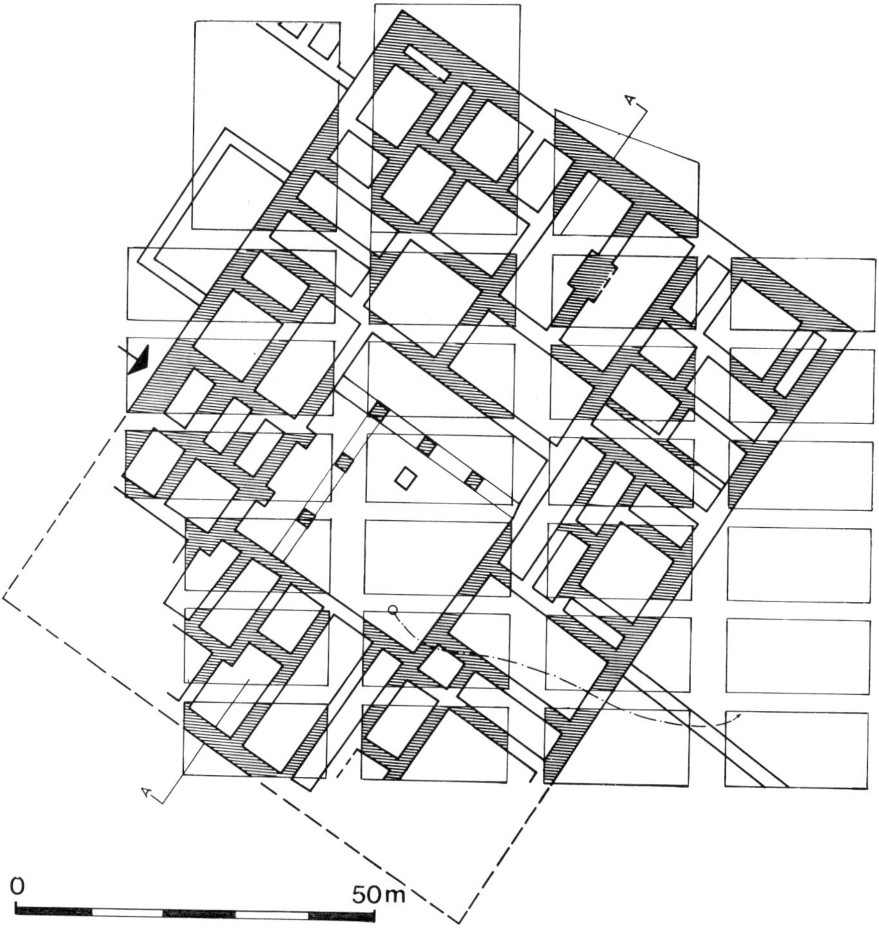

46 Hattuscha, Grundriß des Tempels VI

Tempel I, wenn man in diesem Falle die Partie des Adytons ausnimmt, hat ebenfalls gradlinig verlaufende Außenfronten, bei allen anderen jedoch bestehen sie in merkwürdig unruhigen, in sich abgesetzten Fronten, weniger bei den Tempeln IV und V, stärker bei II und am ausgeprägtesten bei III. Portal und Innenhof liegen bei den Tempeln I und IV in einer Achse, bei V ist dieses Prinzip noch ungefähr gewahrt, bei den Tempeln II, III und VI erfolgt jedoch der Zugang durch ein Tor, das zur Folge Hof–Adyton im rechten Winkel steht. Die wichtigste Baugruppe der Heiligtümer, die, welche das Adyton mit umfaßt, hat beim Tempel I noch einen fast selbständigen Charakter und steht nahezu für sich, was in bedingter Weise für Tempel IV gilt, bei den übrigen ist sie vollständig in den Tempel einbezogen, ohne dadurch aber ihre bezeichnende Raumordnung zu verlieren. Gerade diese Raumordnung erinnert so sehr an weit in die Vergangenheit zurückreichende Bauformen, daß man sich denken könnte, die Tempel seien in diesem ihrem wichtigsten Teil Abkömmlinge der bis in die Periode 1 der Stadt zurück verfolgbaren Bauweise. Leider können wir aber weder in Hattuscha noch an einem anderen Ort des hethitischen Gebiets diese Vermutung durch den Nachweis älterer Kultbauten prüfen. Noch ist kein einziges Bauwerk aus althethitischer oder gar vorhethitischer Zeit in Mittelanatolien bekannt, das unzweifelhaft als Tempel gedient hat. Freilich kennt man auf der Königsburg kleine, bescheidene älterhethitische Anlagen, die kultischer Bestimmung waren (s. S. 98), aber ihrer Bauform wegen nicht als einfachere Vorläufer monumentaler Architektur angesehen werden können, mit der wir hier befaßt sind. Dagegen ist bei İnandık in Paphlagonien, 100 km nordwestlich von Boğazköy, ein Gebäude des 16. oder 15. Jahrhunderts ausgegraben worden, das wahrscheinlich ein kleiner Tempel gewesen ist und zu den Vorformen der hier besprochenen Heiligtümer in Hattuscha gehört haben könnte. Über die baugeschichtliche Zugehörigkeit läßt sich aber noch nichts Genaueres sagen, weil die Veröffentlichung leider immer noch aussteht. Noch nicht gebührend bekanntgemacht ist auch ein Modell aus Ton vom gleichen Fundort, das einen eingefriedeten Hof mit einer einfachen Cella an dessen Rückseite, also eine Stätte ländlichen Kults einfachster Art, wiedergibt.

Die Tempel I und V haben zwei Kulträume, der eine nicht unmittelbar nebeneinander, aber doch dicht benachbart hinter dem Innenhofe, der andere die eine Cella jenseits, die andere links vom Hofe und senkrecht zur Hofachse. Daß es solche Doppeltempel, in denen wenigstens zwei Hauptgottheiten je in ihnen geweihten Kulträumen verehrt wurden, gegeben hat, ist überliefert. Denn eine Textstelle lautet:

> »Zwei neue Tempel in einem Gebäudekomplex für den Wettergott des Himmels und die Sonnengöttin von Arinna hat man gebaut.«

Da der Wettergott und die Sonnengöttin das oberste Götterpaar des hethitischen Pantheons ausmachten, ist der Schluß, der Große Tempel I sei ihnen zu eigen gewesen, naheliegend. Eine gewisse, wenn auch mittelbare Bestätigung für diese Auffassung bietet eine in diesem Kultbezirk aufgefundene Schenkungsurkunde, in der gesagt ist, daß die Tafel vor der Sonnengöttin von Arinna, das heißt als Zeugin

47 Rekonstruktion des Tempels V von Hattuscha

für die Einhaltung der Bestimmungen des Vertrages, niedergelegt worden sei. In einem Doppeltempel, in dem die eine Gottheit die Sonnengöttin [= Hepat] ist, kann die andere nur der Wettergott von Hatti [= Teschup] sein. Von den Kultbildern ist leider nichts erhalten geblieben. Den Tempeln I und V ist auch gemeinsam, daß sie in der rückwärtigen rechten Ecke des Hofes ein für sich stehendes, einräumiges Bauwerk aufweisen, dessen Zugang den Kulträumen zugekehrt ist. Ihre Bedeutung ist unbekannt. Eine andere Eigentümlichkeit der beiden Tempel besteht darin, daß sie mit weiteren Architekturanlagen kombiniert sind. Beim Tempel V (Abb. 47) beruht diese Verbindung auf einfacheren Prinzipien, denn hier befindet sich lediglich rechts von der Fassade eine unmittelbar mit dem Tempel verbundene, ja in ihn eingebundene Anlage, die wie ein selbständiges Gebäude wirkt und in der man vielleicht ein kleines Palais sehen darf, in dem das Königspaar Aufenthalt genommen hat, wenn es in dem Heiligtum selbst die kultischen Zeremonien verrichtete. Leider gibt es keine Funde, welche geeignet wären, diese Vermutung zur Gewißheit zu erheben. In einer viel umfassenderen und großartigeren Weise ist demgegenüber der Tempel I in eine einheitliche Architekturanlage einbezogen, die eine besondere Betrachtung verdient (s. Abb. 41).

Der Kultbau mit den beiden Cellae und den zahlreichen Räumen beidseits des Hofes, die vielleicht ebenfalls Schreine für Gottheiten niederen Grades enthielten, ist auf allen vier Seiten mit gepflasterten Straßen umgeben, die nach außen an umfangreiche Trakte mit reihenweise angeordneten, meist langgestreckten Gelassen grenzen. Wie die Treppenhäuser beweisen, waren sie mehrgeschossig, im Norden sogar bis zu vier Stockwerken hoch und dienten teils, wie die großen Tonfässer, Pithoi, heute noch zeigen (Abb. 48), als Magazine, teils als Aufbewahrungsräume von Tempelgut aller Art bis hin zu einem Archiv mit zahlreichen Keilschrifttafeln in den Räumen 10–12 des östlichen Traktes. Alle Teile dieses sehr großen, rund 160 m langen und 135 m breiten Baukomplexes stehen auf einer hohen, sich nach Norden und Nordosten stark heraushebenden Terrasse, auf die dort zwei Rampen hinaufführen, während der besonders ausgestaltete Zugang, das eigentliche Propylon, im Südosten in den Tempelbezirk hineinführt. Hat man ihn

48 Tonfässer in einem Magazinraum des Tempels I von Hattuscha

durchschritten und auf der Straße ein monolithes Wasserbecken links gelassen, steht man vor der Fassade des Kultbaues und tritt durch das Portal in den Hof des Tempels ein. Das war ohne Zweifel auch der Weg, den das Großkönigspaar genommen hat, wenn es bei den kultischen Festen in das Hauptheiligtum der Stadt ging. Der Überlieferung nach führte der Zug, an dem auch die Würdenträger des Hofes und Staates sowie die entsprechenden Priester teilnahmen, durch den Torbau *(hilammar)* in den Hof *(hilasch)* des Tempels, wo erst Reinigungszeremonien ausgeführt wurden, worauf der König in den Bezirk des Allerheiligsten eintrat. Man muß sich dabei vergegenwärtigen, daß die hethitischen Großkönige zugleich das oberste Priesteramt bekleidet haben, ja daß sie sich als Sachwalter auf Erden des Wettergottes des Himmels verstanden. Selbst in seinem heutigen Zustand, der nur aus den Fundamenten, zu einem nicht geringen Teil auch aus den Wandsockeln großen Formats besteht, macht dieses gewaltige Bauwerk noch immer einen imponierenden Eindruck. Seine ganze Monumentalität offenbart sich aber erst, wenn man die mit aller Vorsicht und unter Berücksichtigung nur gesicherter Unterlagen entworfene Rekonstruktion betrachtet, das heißt, wenn sich zu Fundament und Wandsockel der Aufbau gesellt. Dann ergibt es sich, daß der Kultbau im Innern die ihn nach außen abschirmenden Wirtschaftstrakte überragt hat, also mindestens in seinen oberen Teilen sichtbar blieb. Die auf allen vier Seiten des Tempels nachweisbaren Wandpilaster gliedern die Außenseiten bis zum Flachdach hinauf und waren mit farbigem Verputz versehen, der vermutlich durch unterschiedliche Farbgebung Pilaster und Flächen voneinander abhob. Zudem sorgten unten bis in die Mauersockel hineinreichende Fenster für eine Auflockerung der Wandflächen in dieser Partie.

Zu dem Temenos, dem heiligen Bezirk, gehörten noch weitere Anlagen (s. Abb. 41). Eine breite, gut erhaltene Straße trennt nämlich den Tempelkomplex von einem 130 m langen und maximal 35 m breiten Bauwerk, das nur einen einzigen Zugang besitzt, der einer Nebenpforte des Tempels genau gegenüberliegt. Um einen trapezförmigen Innenhof gruppieren sich kleine und kleinste Räume, während auf der Westseite rückwärts größere Gelasse liegen, die den Wirtschaftsräumen des Tempels gleichen. Manche Partien waren auch hier zweigeschossig. Eine nahe dem Innenhof zutage gekommene Tontafel bezieht sich auf ein É-GISCH-KINTI, ein »Haus der Arbeitsleistung«, in dem Priester, anderes Kultpersonal, Ton- und Holztafelschreiber beschäftigt waren, möglicherweise auch gewohnt haben. Südlich davon, und abermals durch eine Pflasterstraße getrennt, stand ein Gebäude unbekannter Bestimmung von mindestens 10 Räumen im

49 Hattuscha, Quellgrotte in der Unterstadt nahe beim Tempelbezirk I

Untergeschoß und unmittelbar westlich davon eine klares Wasser führende Quellgrotte, die mit falschem Gewölbe eingedeckt ist und zu der vier Stufen hinunterführen (Abb. 49).

Nicht alles, was wir hier kurz betrachtet haben, ist gleichzeitig und in einem Zuge gebaut worden. Der Kultbau selbst samt seinem Wirtschaftsteil wurde nach 1300 errichtet und hatte vermutlich, wie er sich uns jetzt bietet, im wesentlichen Hattuschili III. (1275–1250) als Bauherrn. Das »Haus der Arbeitsleistung«, wenn man es so nennen darf, ist vielleicht etwas jünger, wurde ebenfalls im 13. Jahrhundert gebaut, jedoch in einigen Teilen nicht bis zum Letzten vollendet. Ein westlich hoch über ihm begonnenes weiteres Bauvorhaben ist sogar in der Ausführung steckengeblieben, vielleicht bedingt durch den Untergang der hethitischen Hauptstadt.

50 *Kopf, in der Unterstadt von Hattuscha gefunden, vermutlich 15. Jahrhundert v. Chr.*

Zu dem großen Kultbezirk mit seinem gesamten Zubehör sakraler, administrativer und wirtschaftlicher Bestimmung, in dem man sicher einen ganz wesentlichen Teil des Lebens und der Aktivität von Hattuscha konzentriert sehen darf, bildet das nördlich und nordwestlich unter ihm, erheblich tiefer liegende, in großem Umfang ausgegrabene Wohnviertel aus der Zeit des Großreiches einen unverkennbaren Kontrast. Es nimmt den Raum ein, der, wie wir sahen (S. 49, Abb. 20), bereits im 19./18. Jahrhundert und dann in althethitischer Zeit bebaut war. Zu Beginn des 14. Jahrhunderts setzte hier jedoch eine neue Bautätigkeit ein, zunächst noch unter mehrfacher Wahrung des alten Bestandes, auch der Gassen und Freiflächen. Dann aber nahmen die Häuser hier immer mehr zu, was schließlich im 13. Jahrhundert zu einer so eng gedrängten Bebauung führte, wie sie für orientalische Städte im allgemeinen typisch ist. Nur einige, übrigens gut kanalisierte Gassen schließen das

Viertel auf, sonst bestehen die Zugänge zu den Häusern in sehr engen Passagen. Im Gegensatz zu den vorausgegangenen Perioden tritt jetzt das Hofhaus gegenüber anderen Haustypen, unter denen ein hofloses Hallenhaus im Vordergrund steht, stark zurück. Ob sich in diesem Wandel eine Strukturveränderung der Bewohner ausdrückt, ob vom 14. Jahrhundert ab eine mehr städtischen Gewohnheiten zugewandte Einwohnerschaft in Erscheinung getreten ist, was auch entsprechende Behausungen erforderte, ist eine berechtigte Frage. Man wird sie für diesen Stadtbereich positiv beantworten, wenn man die unmittelbare Nachbarschaft zu dem Tempelbezirk berücksichtigt, die doch wohl nahelegt, die in diesem Wohnquartier im 13. Jahrhundert Ansässigen in unterschiedlicher Stellung mit den Leistungen aller Art in Verbindung zu bringen, die Pflege und Unterhalt des Heiligtums erforderten. Anders als hier in den nördlichen Stadtbezirken war die Bebauung in der Oberstadt mit ihrem sehr gegliederten Gelände nicht im gleichen Umfange geschlossen, sondern bestand vorwiegend in Einzelhäusern, die, soweit

51 Felsen mit Bilderinschrift Schuppiluliumas II. am Nişantaş, Zeilenhöhe ca. 35 cm

a

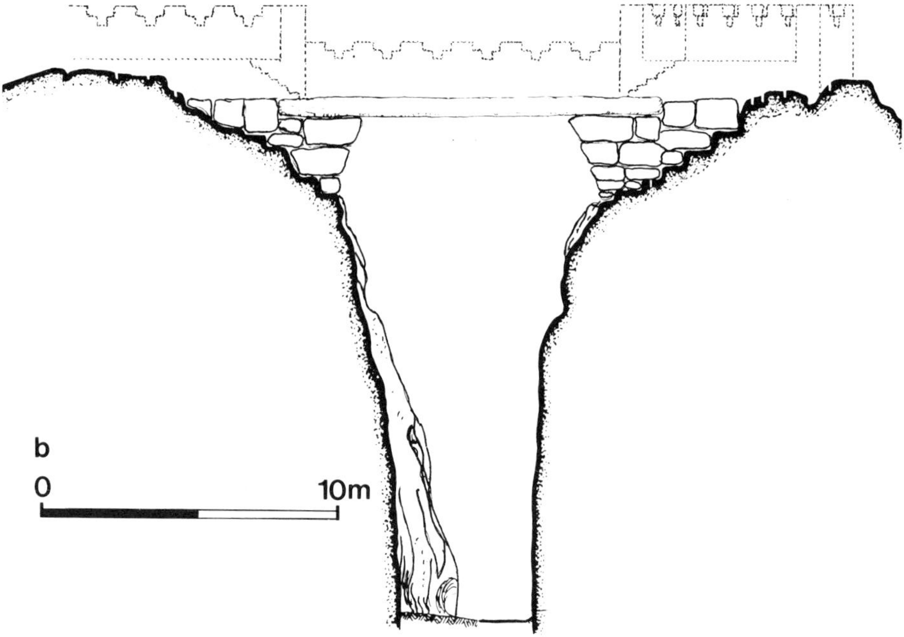

b

52 Der Felsrücken Büyükkaya, mittels verbindender Mauern in den Stadtbereich einbezogen; a Rekonstruktion b Schnitt der Überbrückung der Schlucht

sie anspruchsvollerer Art waren, auf eigens aufgeführten Terrassen standen. Leider versagen die bisher gefundenen Urkunden sehr für Angaben über die innere Ordnung und Organisation der Stadt. Aber eine Sorge ist doch deutlich ausgedrückt: die vor der Feuersgefahr. In der bereits erwähnten Instruktion für den *hazannu*, den Bürgermeister (s. S. 67), heißt es nämlich:

> »Ferner aber der Vogt, welcher in Hattuscha oben ist, wenn er die Wächter zum Ausguck ruft, so ruft er bei der ersten Nachtwache dazu: Löscht das Feuer! Und bei der mittleren Nachtwache ruft er dazu: Das Feuer soll bewahrt sein!«

Die Brandgefahr war sicher, schon des reichlichen Holzes wegen, das bei monumentalen und gewöhnlichen Bauten Verwendung fand, nicht die geringste.

Schätzungen der Einwohnerzahl hat man neuerdings wiederholt angestellt. Sie schwanken zwischen 9000 und 15000. Doch sind das nicht viel mehr als Spekulationen, solange die Dichte der Bewohnung in den einzelnen Stadtteilen und die Zweckbestimmung mancher Viertel nicht hinreichend bekannt sind. Das gilt besonders im Hinblick auf die obere Stadt, in der so viele Kultbezirke liegen, daß man dort mit einer gleichmäßigen Bebauung und entsprechender Bewohnerzahl wie in gewöhnlichen Wohnvierteln nicht ohne weiteres rechnen darf. Fest steht es dagegen, daß die Stadt größter Ausdehnung, so wie sie sich im Verlaufe der 4. Periode ihrer Geschichte bietet, bis zum Ende der hethitischen Herrschaft und bis zur Zerstörung des großköniglichen Hofes in Hattuscha ohne Einbuße fortbestand. Daß es Hinweise auf bis in die letzte Zeit hinein anscheinend rege Bautätigkeit im Bereiche des großen Tempelbezirks in der Unterstadt gibt, war schon zu erwähnen (s. S. 80). Ähnliche Anzeichen fanden sich bei den Tempeln IV und VI in der Oberstadt. Auch stammt dort eine große Bilderinschrift am *Nişantaş* von Schuppiluliuma II. und damit vom letzten bekannten Großkönig um 1200 v. Chr. (Farbt. 8; Abb. 51). Sie steht auf der Ostwand eines Felsens, der oben Reste eines großen Bauwerkes aufweist, das vermutlich auf den gleichen Dynasten zurückgeht.

Neben diesen einzelnen Plänen und Verwirklichungen war jedoch offenbar in der Spätzeit ein noch viel umfassenderes Werk im Gange. Vermutlich im 13. Jahrhundert hat man den östlich der Altstadt und östlich der tiefen Schlucht gelegenen Felsrücken *Büyükkaya* in den Stadtbereich mittels verbindender Mauern einbezogen, die zweimal, im Norden und im Süden, in auch heute noch imponierender Weise durch die Schlucht hindurchgeführt wurden, diese also überquerten (Abb.

52a, b). Dann aber schickte man sich an, dieses Büyükkaya auch noch durch einen weitausholenden, aufwendigen Mauerzug mit der Nordspitze der Altstadt zu verbinden und so ein weiteres Gebiet in die Stadt einzubeziehen. Der hohe Erdwall, der die Befestigungsmauer tragen sollte, war etwa auf die Hälfte seiner geplanten Länge aufgeworfen, als die Stadt zugrundeging und ihr Leben ein jähes Ende fand. Auf dieses Geschehen wird des genaueren einzugehen sein, wenn wir uns im nächsten Kapitel der Burg und der Palastanlage der hethitischen Großkönige des 14. und 13. Jahrhunderts v. Chr. zuwenden.

3 Die Königsburg des 14. und 13. Jahrhunderts v. Chr.

In keiner der zahlreichen Urkunden aus den hethitischen Archiven finden sich Angaben, die eine genauere Kenntnis des Palastes der Großkönige in der Zeit des sogenannten Großreiches vermittelten oder gar eine förmliche Beschreibung solcher Architekturwerke enthielten. Freilich ist »Palast« in den Texten ein stetig wiederkehrender Begriff, sowohl in architektonischem wie auch in politischem und in ökonomischem Sinne, das heißt als Residenz der Könige und als Mittelpunkt staatlichen und wirtschaftlichen Lebens. Der »Palast« erscheint so auch als Grundeigentümer, und zwar als der größte und einflußreichste, was in einem Reiche nicht wundernehmen kann, in dem der Monarch in allen seinen vielseitigen Funktionen und der Staat selbst noch keine genau unterschiedenen Begriffe waren.

Großkönigliche Paläste hat es nicht nur in der Hauptstadt, sondern auch draußen im Lande gegeben. Der König nahm sie in Anspruch, wenn er zur Erfüllung seiner kultischen Pflichten auf Reisen war und die Heiligtümer im Kerngebiet seines Reiches besuchte. Ein Text bezieht sich auf Vorgänge beim Bau solcher Paläste:

> »Wenn der Großkönig, in welcher Stadt auch immer, einen Palast baut, erhält der Zimmermann, der in die Berge geht, um Balken zu schlagen, vom Hofe einen ausgewachsenen Ochsen, drei Schafe, drei Krüge Wein, einen Krug (Gebranntes) und achtzig Laibe verschiedenen Brotes. Wenn der Zimmermann die Dachbalken und das Sparrenwerk zurechtschneidet, erhält er vom Hof fünfundsiebzig Laibe verschiedener Brote. Wenn sie die Fundamente legen, erhalten sie vom Hof einen ausgewachsenen Ochsen, eine Kuh und zehn Schafe. Den Ochsen opfern sie dem Wettergott, und die Kuh der Sonnengöttin von Arinna. Sie opfern die Schafe, jedes einer anderen Gottheit. Brot und Wein aber erhalten sie selbst vom Hof.«

Vielleicht sollten wir nicht an alle diese Paläste zu große Erwartungen knüpfen, was ihren Umfang und ihre architektonische Form betrifft. Oft waren es vermutlich nur Anlagen, die man als großes Landhaus bezeichnen würde. Anspruchsvoller waren aber wahrscheinlich solche Gebäude, die von Großkönigen nicht selten während der Winterruhe benutzt worden sind, wenn der Hof zu dieser Zeit nicht in Hattuscha weilte. Man weiß zum Beispiel von Murschili II. (1333–1305), daß er mehrfach in anderen Städten des Hatti-Landes überwintert hat, so in *Ankuwa* und in *Katapa*. Beide Orte sind nicht eindeutig identifiziert, denn die Meinung, Ankuwa, das man von Hattuscha aus am dritten Reisetag erreichte, sei mit dem heutigen Alişar, 70 km südöstlich von Boğazköy, identisch, begegnet erheblichen Zweifeln, und auch die Lage von Katapa, das in nördlichen Bereichen Mittelanatoliens zu suchen ist, steht nicht fest. Durch die schon erwähnten Entdeckungen in *Maşat*, dem hethitischen Tabigga (s. S. 19), ist indessen bekannt, wie man sich eine Palastanlage in der Provinz vorzustellen hat. Auch das große hethitische Bauwerk in dem nur 25 km nordnordöstlich von Hattuscha gelegenen *Alaca Höyük* (Tawinija?) könnte außer zu kultischem Zwecke benutzten Teilen auch Wohnräume für den Großkönig und sein Gefolge in sich geschlossen haben.

In *Hattuscha* selbst kann es mehr als einen Palast gegeben haben, denn einmal wird in einer Urkunde im Zusammenhang mit der Hauptstadt ein »Palast des Großvaters des Königs« genannt, was so zu verstehen ist, daß das Palais eines Ahnen des regierenden, leider nicht mit Namen genannten Königs gemeint ist. In einem anderen Text ist ein »Palast der Königin« erwähnt. Ob zum Teil erhaltene Bauten in Boğazköy wie Sarıkale, Yenicekale (Farbt. 10), auch die sogenannte Südburg als solche Architekturwerke zu verstehen sind, ist fraglich. Es ist nämlich möglich, daß es sich bei den genannten Palästen nur um Teilbereiche des Palastbezirkes der Großkönige gehandelt hat.

Fehlen demnach ausführlichere literarische Belege über Paläste und deren Aussehen, so gibt es immerhin einige Dokumente, die indirekte Rückschlüsse gestatten und wenigstens einen beschränkten Einblick in gewisse Funktionen des Hoflagers der Großkönige zulassen. Zu nennen ist eine für das Palastpersonal bestimmte Instruktion, welche zur Sicherung der Reinheitsvorschriften für Essen, Trinken und Kleidung des Großkönigs bestimmt war. Aus ihr lernt man eine ganze Anzahl im Palast Bediensteter kennen. Umfangreicher und in unserem Zusammenhang wichtiger ist demgegenüber der sogenannte MESCHEDI-Text, ein Protokoll der Garde oder der Leibwache, wenn der Begriff zutreffend übersetzt ist, was für so gut wie sicher gelten kann, denn er liegt nach allen Zusammenhängen seines Vorkommens eindeutig in dieser Richtung. Von dem Text, dessen Kolophon lautet: »Vorschrift für den Leibwächter«, ist leider nur die erste Tafel erhalten, die Fortsetzung fehlt. Nach ihren sprachlichen Kriterien muß sie aus der Spätzeit, also vermutlich aus der jüngeren Hälfte des 13. Jahrhunderts v. Chr. stammen. Die Anweisung ist von allgemeiner Gültigkeit gewesen und hat sich nicht auf einen bestimmten Palast, das heißt nicht einmal nur auf die Hauptstadt selbst, bezogen. Das geht ganz ohne Zweifel aus einer Stelle hervor, die besagt:

> »Die Leibwächter aber treten beim/zum *arkiu*-Haus rechts zur Seite. Wenn in irgendeiner Stadt aber nach rechts zu treten unmöglich ist, so treten sie nach links.«

Aber trotz dieser Einschränkung ist der MESCHEDI-Text hier für uns von ganz erheblicher Bedeutung: erstens, weil er uns den Umfang und wenigstens einen Teil der Insassen einer Residenz kennen lehrt, und zweitens, weil er im einzelnen räumliche Anordnungen andeutet, die dem nicht fern stehen, was in Hattuscha tatsächlich gefunden worden ist. Der MESCHEDI-Text kann also auch für den hauptstädtischen Palast in gewissem Umfange verbindlich gewesen sein.

Als Personal erscheinen Hofwäscher, Pförtner, Stallburschen, ein Barbier, ein Arzt, Kämmerer, Leibwächter mit verschiedenen Chargen, die Garde, Pagen mit ihrem Obersten, Vorbeter, der *hazannu*, der Bürgermeister, der mit anderen den König bei der Ausfahrt zu Wagen zu begleiten hat. Im Palast gibt es an praktischen Einrichtungen: Milchhaus, Küche, Vorratsraum, Toilette; an Baulichkeiten, soweit die Funktionen der MESCHEDI reichen, denn nur dieser Palastteil findet im Text Erwähnung: ein großes Tor, Torhaus, vor dem die Garde postiert ist, das eine Seitentür hat und in dem der Pförtner fungiert, dann dahinter einen Hof der Leibwächter, in dem die MESCHEDIs auf der einen, die Pagen auf der anderen Seite beim königlichen Zeremoniell Aufstellung nehmen. An diesen Hof der Leibwächter grenzt dann ein Gebäude, das *halentuua*-Haus genannt wird und das ebenfalls einen Hof besitzt. Die Benutzer dieses Hauses sind König und Königin, sie gehen dort ein und aus. Wie man aus anderen Erwähnungen von *halentuua*-Häusern weiß, hat es Fenster, deren Vorhänge morgens aufgezogen werden. Es gibt da einen Thron und einen Opfertisch, auch einen Herd. In diesem speziellen Falle ist man berechtigt, im *halentuua*-Haus einen Teil des Wohnpalastes im Gegensatz zu den offiziellen Gebäuden zu sehen. Der König kommt zu offiziellen Handlungen aus dem *halentuua*-Haus heraus und geht nach deren Abschluß wieder in dieses Haus hinein. Im unklaren Zusammenhang mit den Palastbauten des MESCHEDI-Textes erscheint aber auch ein Altar, an dem die Leibwache dem

53 Büyükkale, die Große Burg, Ansicht von Süden ▷

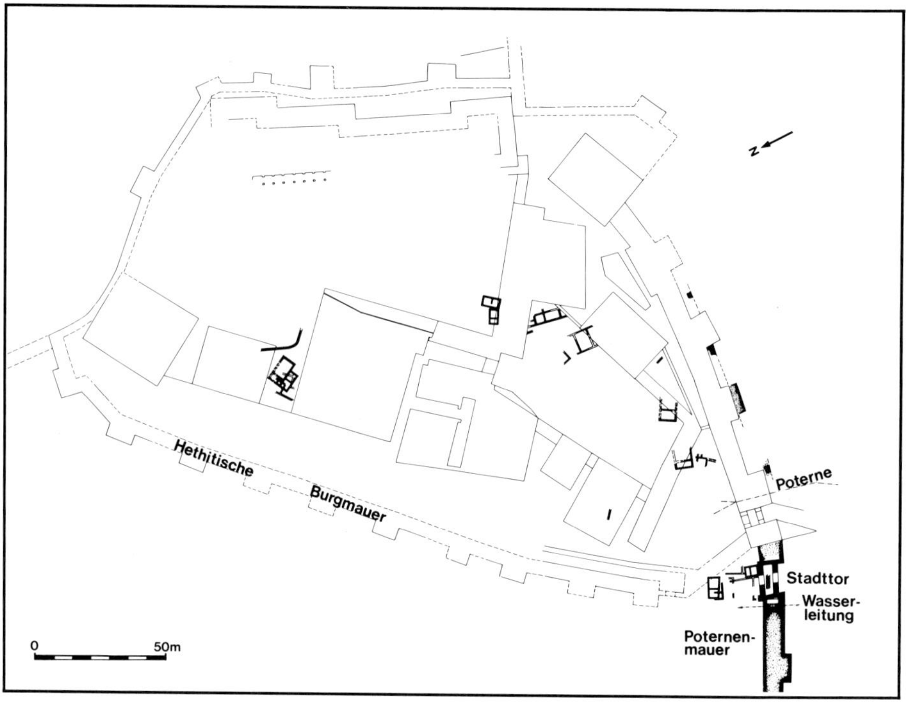

54 Büyükkale, Bebauung zur Zeit des Althethitischen Reiches, n. 1700 v. Chr.

Schutzgott der Lanze Verehrung erweist, und ein *É-arkiu,* worunter vielleicht ein Teil eines Kultbaues zu verstehen ist. Auch ein Haus des GAL MESCHEDI, das heißt des Groß-MESCHEDI, wird genannt, ein Amt, das nicht selten königliche Prinzen, so Zida, der Bruder Schuppiluliumas I., später Hattuschili III. und Tuthalija IV. zu Lebzeiten ihrer Väter eingenommen haben. Allerdings erscheint dieses Haus des Groß-MESCHEDI in einem Kontext, der nicht eindeutig erkennen läßt, ob diese Einrichtung Bestandteil des Palastes im weiteren Sinne gewesen ist oder in einiger Entfernung davon lag. Wie dem aber auch sei, wir lernen aus dem inhaltlich kurz skizzierten Text auf jeden Fall, daß es hethitische Palastanlagen im 13. Jahrhundert gab, die, sowohl was die Zahl und das Amt ihrer Insassen als auch was ihre Größe, ihre Anhäufung von Toren, Höfen und Gebäuden betrifft, weit über ein einzelstehendes Bauwerk, wie wir es etwa mit dem Begriff »Palais« fassen, hinausgingen, die vielmehr einen ganzen Palastbezirk gegenseitig funktionell zugeordneter Trakte und Teile bildeten. Die Bezeichnung

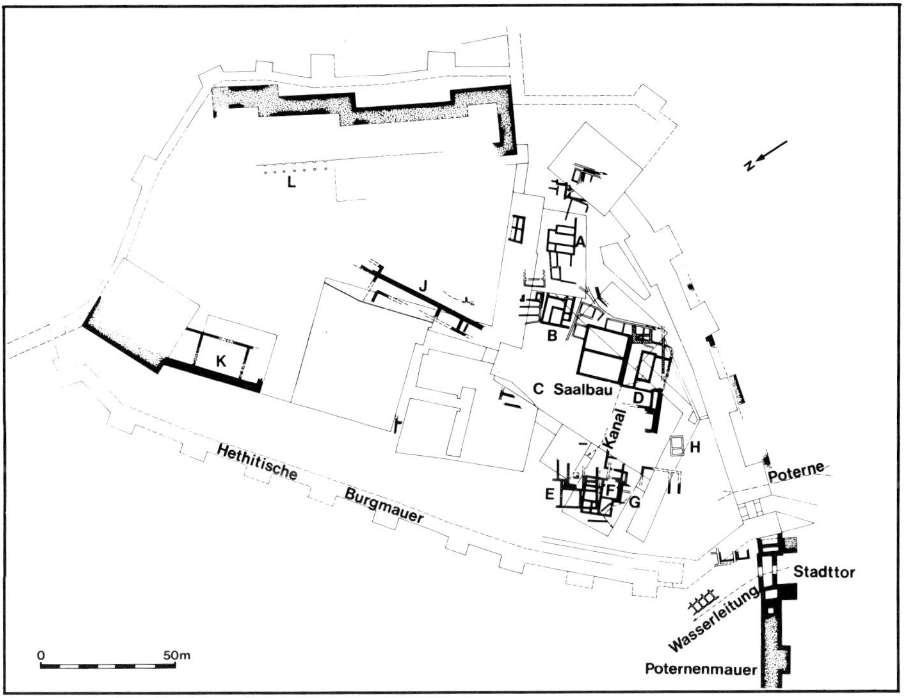

55 *Büyükkale, Bauten der älteren Großreichszeit, 14. Jh. v. Chr. (54, 55 nach: Boğazköy-Hattuša XII, Berlin 1982, Beilage 22 u. 27)*

»Saray«, so wie uns das Hoflager der osmanischen Großherren vor Augen steht, wird, so denke ich, ungefähr – freilich nur ungefähr – das decken, was, im MESCHEDI-Text gemeint ist, Ort der dort festgelegten Vorschriften und Handlungen. Die durch Ausgrabung wiedergewonnene Palastanlage in der hethitischen Hauptstadt scheint diesem Bilde nicht schlecht zu entsprechen.

Büyükkale, die »Große Burg«, wie der heutige Name lautet (Abb. 53), ist, was bereits in vorausgegangenen Kapiteln erwähnt wurde, schon in vorhethitischer Zeit zu Anfang des 2. Jahrtausends v. Chr. ein bevorzugter Punkt innerhalb von Hattusch, dann später des hethitischen Hattuscha gewesen. Hier hat, wenn wir uns nicht ganz täuschen, immer der dynastische Mittelpunkt des Gemeinwesens gelegen. Nicht anders zur Zeit des hethitischen Großreiches, auch dann nicht, als im Verlaufe dieser Periode die Stadt eine große Erweiterung nach Süden erfuhr. Dadurch ging Büyükkale, das in der Altstadt den höchsten Punkt gebildet, ihr

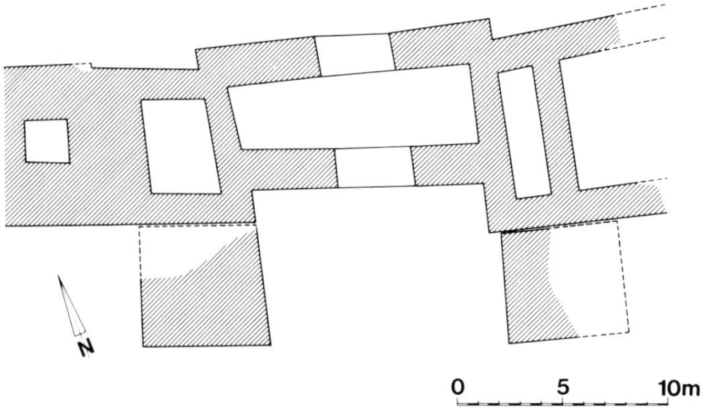

56 *Büyükkale, Toranlage der Schicht IV b 2*

organisch zugehört hatte, dieser dominierenden Stellung verlustig. Die Neustadt, das heißt die Oberstadt, überhöht nämlich die Burg sehr beträchtlich. Daß man trotzdem die Residenz an der alten Stelle beließ, darf gewiß als Ausdruck der Wahrung des Überkommenen, als Beachtung alter Tradition verstanden werden.

Der Felsberg, welcher den Untergrund bildet, macht zwar Büyükkale schon von Natur aus zu einem geschützten, festen Platz (Farbt. 7 u. 9). Doch gilt das im eigentlichen Sinne nur für die Ost- und namentlich für die Nordseite, an denen steile, manchmal sogar fast senkrechte Felswände und Felsgruppen bis hinunter zum Tal und zur Schlucht diese Flanken des Berges nahezu unersteigbar machen. Die westliche und in höherem Maße die südliche Seite weisen dagegen erheblich sanftere Böschungen auf. Hier also mußte dieser Nachteil durch überlegte Kunstbauten ausgeglichen werden. Mit diesem Verfahren ist in umfassender Weise zur Zeit der älteren Phase des Hethitischen Reiches, das heißt zu Anfang der 4. Periode der Geschichte von Hattuscha, begonnen worden. Dieser 4. Periode gehören die Schichten IVb3 – b1, IVa und IIIb–a der hethitischen Königsburg des 14. und 13. Jahrhunderts an. Der Beginn von IVb3 liegt ungefähr an der Wende vom 15. zum 14. Jahrhundert oder kurz danach, während die jüngste Schicht IIIa dem späteren 13. Jahrhundert zugehört und sich bis zum Ende der hethitischen Hauptstadt erstreckt. Welche Daten innerhalb dieser knappen zwei Jahrhunderte festlegbar sind, wird noch zu erörtern sein.

Von der Königsburg des älteren Abschnittes dieser Zeitspanne, die Schichten IVb3 – IVa einbegreifend, ist nicht viel erhalten, weil Zerstörung durch Brand (Farbt. 4), mehr noch absichtliche Abtragung bei jüngeren Bauvorgängen zur Dezimierung der Architekturanlagen geführt haben. Es steht fest, daß die Burg damals mit einer Befestigung auf der Süd-, West- und Nordseite eingeschlossen war, die sich an den beiden Enden in der Stadtmauer der Altstadt fortsetzte (Abb. 54, 55). Ein Tor mit einem Vorplatz kleinen Ausmaßes und einer quer gelagerten, nahezu rechteckigen Kammer führte ins Innere. Dieses Tor mit seinem doppelten Verschluß und seiner gegenüber den Kurtinen leicht nach innen versetzten Kammer gehört einem Typus an, den man in so früher Zeit nicht erwarten würde, denn seine Verwandten – in Malatya, Karkemisch und sonst an einigen Orten Nordsyriens – ordnen sich überwiegend in die ersten Jahrhunderte des 1. Jahrtausends v. Chr. Aufgrund sorgfältiger Untersuchungen der Fundamente, der Fundamentgruben und ihrer Einschlüsse sowie seines weiteren baulichen Zusammenhanges mit der Stadtmauer kann jedoch kein Zweifel sein, daß es zur Schicht IV b 2, somit spätestens in die Mitte des 14. Jahrhunderts v. Chr. gehört (Abb. 56). Das untere Burgplateau war über diese ganze Zeit mit mehrfach überraschend schnell an der gleichen Stelle folgenden Bauten überwiegend kleineren Umfanges bebaut. Soweit die Grundrisse noch voll erhalten geblieben sind (Abb. 57), gehören sie zu Hausformen, die nach Raumordnung und Umriß sich vollkommen

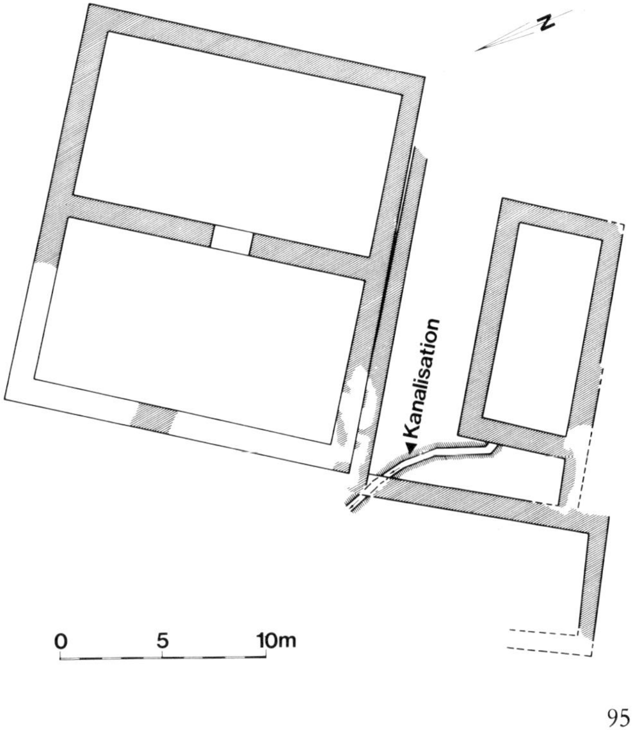

57 Büyükkale, Grundriß eines Hauses der Schicht IV b 2

in jener Linie mittelanatolischer Bauweise halten, die man in Hattuscha selbst bis mindestens an den Beginn des 2. Jahrtausends v. Chr. zurückverfolgen kann. Es sind alles Einzelhäuser. Von Schicht IVb3 bis zu IVa macht sich, so unvollkommen das Erhaltene auch ist, eine im Großen einheitliche Orientierung bemerkbar, die sich ungefähr an die Achsen Südost-Nordwest und Nordost-Südwest hält. Nur zwei Bauten fallen in diesem Teil der Burg durch ihre Größe auf, vor allem in der Dimension ihrer Räume. Der eine, nördliche hat nur zwei, aber sehr breite unmittelbar parallel angeordnete Gelasse, deren eines mit 14,6 m Länge und fast 8 m Breite zu den größten der bisher in Boğazköy aufgedeckten Räume gehört. Der Eingang lag in der Mitte der westlichen Breitseite, die Gelasse waren demnach Breiträume. Ob der vordere, der ein Kalksteinpflaster besaß, als Vorhalle rekonstruiert werden darf, ist fraglich. Unmittelbar nach Süden, fast Wand an Wand, aber doch als selbständiger Bau liegt ein zweites, durch spätere Eingriffe sehr mitgenommenes großes Gebäude, das mindestens drei Räume besaß, von denen einer offensichtlich als Korridor diente. Das mittlere, in auffallender Weise seiner

58 Büyükkale, Ton-Stiere der Schicht IV b 2 in Fundlage

59 Einer der Ton-Stiere von Büyükkale, Höhe 91 cm

Lage nach herausgehobene Gelaß ist nahezu rechtwinklig und 4,2 : 9,5 m groß, lag aber nicht ebenerdig, sondern um 1,3 m kellerartig vertieft. Auf dem Boden aus gestampften Lehm befand sich eine ganz dünne Schicht weißer bis gelblicher Färbung mit Abdrücken von Fasern einer pflanzlichen Substanz und eines verbindenden Gewebes, den Resten von Rohrmatten, die einst den Boden bedeckt

60 *Ton-Stier von Büyükkale; die Aufsicht zeigt die Einlauföffnung der auch als Kultgefäß dienenden Stiere*

hatten. In der Höhe des Fußbodens setzt ein gemauerter Kanal an, der das Gebäude in der äußersten nördlichen Ecke verläßt. Im zentralen Raum aber wurde unmittelbar über dem Fußboden ein großes bemaltes Gefäß in Form eines Schwimmvogels gefunden, das an ägäische Askosformen erinnert. Es ist nicht ausgeschlossen, daß die beiden, eben beschriebenen Bauwerke, die sich aus ihrer Umgebung in so betonter Weise herausheben, nicht profaner, sondern sakraler Bestimmung, kleine Kapellen gewesen sind. Vom Aufbau ist leider so wenig erhalten geblieben, daß er nichts Entscheidendes zur ehemaligen Bestimmung der beiden Gebäude beizutragen vermag. Im Schutt des nördlichen Gebäudes fanden sich sechs einander sehr ähnliche Würfel aus Kalkstein von ca. 10 cm Kantenlänge und 7,5 bis 9,5 cm Tiefe. Vier waren ursprünglich weiß, zwei besaßen einen schwarzen Überzug auf der Ansichtsfläche. Fünf tragen an einer der Seitenflächen ein Bohrloch von 1,4 cm Durchmesser und 2,5 cm Tiefe. Sie können nach Form, Zahl und Maß kaum in architektonischem Verband verwendet gewesen sein, eher als dekoratives Element am Sockel eines Altars oder einer Statue. Daß dieser Teil der Königsburg zur betreffenden Zeit offenbar nicht rein profaner Bestimmung gewesen ist, geht auch aus einem Fund hervor, der in der Schicht IVb2 unmittelbar neben einem Bauwerk der gleichen Periode gemacht worden ist, nicht ganz 30 m westlich von dem eben geschilderten Gebäude entfernt. Zusammen mit drei Krügen aus Ton, deren roter Überzug poliert ist, lagen zwei fast 90 cm hohe Stiere, ebenfalls aus Ton (Farbt. 5; Umschlagvorderseite; Abb. 58–60). Sie sind mit einem hellroten bis roten, hochpolierten Überzug versehen und weisen einzelne durch cremeweiße Farbe herausgehobene Flächen auf: an den Oberschenkeln, auf der Hinterhand, das Stirndreieck, die innere Partie der lyraförmig geschwungenen Hörner. Die weißen Augen mit schwarzen Pupillen sind eingelegt. Beide Stiere sind mit einem über dem Hals liegenden, durch weiße Farbe hervorgehobenen Halfter aufgezäumt, das an einem durch die Nase gezogenen Ring hängt. Sie haben eine trichterförmige Einlauföffnung am Halsansatz sowie zwei als Auslauf dienende Öffnungen an den Nüstern, waren also ebenso Standbilder wie Kultgefäße, in die oder aus denen bei bestimmten Anlässen libiert wurde. Aber es sind keine beliebigen Stiere, sondern betont ein Stierpaar, was nicht nur aus ihrer gemeinsamen Fundlage hervorgeht, sondern sich auch dadurch erweist, daß sie in ihrer Eigenart aufeinander bezogen sind: beim einen legt sich der herabhängende Schwanz an das linke, beim anderen an das rechte Hinterbein unmittelbar über dem Huf. Sie waren also zur gemeinsamen Aufstellung bestimmt. Es liegt nahe, dabei an *Scheri und Hurri*, das heilige Stierpaar des Wettergottes, im Hurritischen gleich »Tag« und »Nacht«, zu denken. Sie ziehen den Wagen des Wettergottes, treten aber auch vor ihn und vor andere Götter, um für einen Beter Fürbitte einzulegen:

> »Scheri, mein Herr, Stier, der du vor den Wettergott des Hethiterlandes trittst! Mein Gebet, das in dieser Angelegenheit zu sprechen ist, übermittle den Göttern, damit die Götter, die Herren – die Götter von Himmel und Unterwelt –, diese Worte hören.«

Die beiden großen Stierplastiken sind zwar nicht ausdrücklich durch göttliche Attribute gekennzeichnet, doch könnte es sich trotzdem um das Stierpaar des Wettergottes handeln. Bruchstücke solcher Großplastik aus Terrakotta fanden sich an mehreren Stellen in Hattuscha, auch in der nördlichen Wohnstadt. Das erscheint verständlich, wenn man sich vergegenwärtigt, daß diese stiergestalteten göttlichen Wesen Fürbitter der Menschen bei höheren Göttern gewesen sind, als Nothelfer daher nicht nur in speziellen Kultbauten zu denken sind, sondern im Haus und am Herd.

Im Gegensatz zur unteren Terrasse der Königsburg ist die obere zur Zeit der Schichten von IVb3 und IVb2 nachweislich mit viel umfangreicheren, monumentaleren Bauwerken bestanden gewesen. Erhalten ist freilich wenig, aber das Wenige genügt immerhin noch zum Erkennen wesentlicher Elemente. Im nördlichen Teil der Ost- und der Westseite wurden mächtige, aus großen kyklopischen Blöcken bestehende Terrassen geschaffen, welche die natürliche Fläche des Felsberges künstlich erweiterten, den zur Bebauung benötigten Raum nach außen vergrößerten und als Substruktionen von großen Gebäuden dienten. Von einem solchen Terrassenbau sind auf der Westseite Reste von mindestens drei Räumen erhalten, die in einer Brandkatastrophe ihren Untergang gefunden haben. Im Innern der Burg ist ein sehr langer Mauerzug wenigstens in den Fundamenten stehengeblieben mit senkrecht auf ihn stoßenden, etwas schwächeren Quermauern. Verglichen mit zeitlich folgenden, jüngeren und uns sogleich beschäftigenden Bauformen erweisen sie sich höchstwahrscheinlich als Fundamente einer einem Hofe zu offenen Pfeilerhalle mit rückwärts anschließenden Räumen. Das ist eine Einzelheit der Architektur, die, wie wir noch sehen werden, gewissermaßen zu den Grundelementen der hethitischen Bauweise in der Zeit des Großreiches gehört und die voll ausgebildet bereits im Palast zu Tabigga (Maşat) um 1400 v. Chr. vorliegt.

So wenig von den Bauten der Königsburg der Schichten IVb3 bis IVa auf uns gekommen ist, so läßt sich doch so viel erkennen, daß die monumentalen Bauwerke das Zentrum, die obere Terrasse, eingenommen haben, die untere dagegen mit Gebäuden und Häusern minderer Größe bestanden gewesen ist. Man ist daher zur Annahme berechtigt, daß der eigentliche Palast der Großkönige die obere Partie einnahm, die untere aber mehr von den nachgeordneten Organen des Hofes in Anspruch genommen war. Dieses Gebiet unterlag verständlicherweise einem rascheren Wechsel und stärkeren Veränderungen als das obere, in seinem Bestande konstantere. Auf der unteren Terrasse zeigt die Schicht IVa, also die jüngste des eben besprochenen Zeitabschnittes, bemerkenswert bescheidene Gebäude, die sich auch in der wesentlich einfacheren technischen Ausführung von dem nächst älteren IVb1 oder gar von IVb2 seltsam abheben. Im Gegensatz zu diesen, die alle eindeutige Spuren von Zerstörung aufweisen, zeigen sie keine Anzeichen gewaltsamen Eingreifens. Die sich geradezu aufdrängende Frage, wie sich diese Beobachtungen mit den im ersten Kapitel behandelten literarischen Überlieferungen über die Geschichte von Hattuscha in Einklang bringen lassen oder wie weit wenigstens Versuche in dieser Richtung begründet werden können, greifen wir sogleich wieder auf. Zunächst muß die Königsburg aus der Zeit der Schichten IIIb und IIIa besprochen werden. Sie bietet ein sehr verändertes, zugleich aber auch ein viel umfassenderes Bild, denn von ihr hat sich, obgleich auch da starke Zerstörungen und bedauerliche Einbußen in Kauf zu nehmen sind, viel mehr erhalten.

Schon der erste Blick auf den Plan (Abb. 61) zeigt es mit voller Deutlichkeit: die ganze Burgfläche, die obere und die untere Terrasse werden jetzt von einer einheitlichen Palastanlage eingenommen, die aus einer Vielzahl von Bauwerken besteht, die aber alle zueinander in einem organischen Bezug stehen. Sie sind nicht in einem einzigen Bauvorgang errichtet worden, sondern eine Schöpfung, die – ich nehme dieses Ergebnis vorweg – im Verlaufe von rund einem dreiviertel Jahrhun-

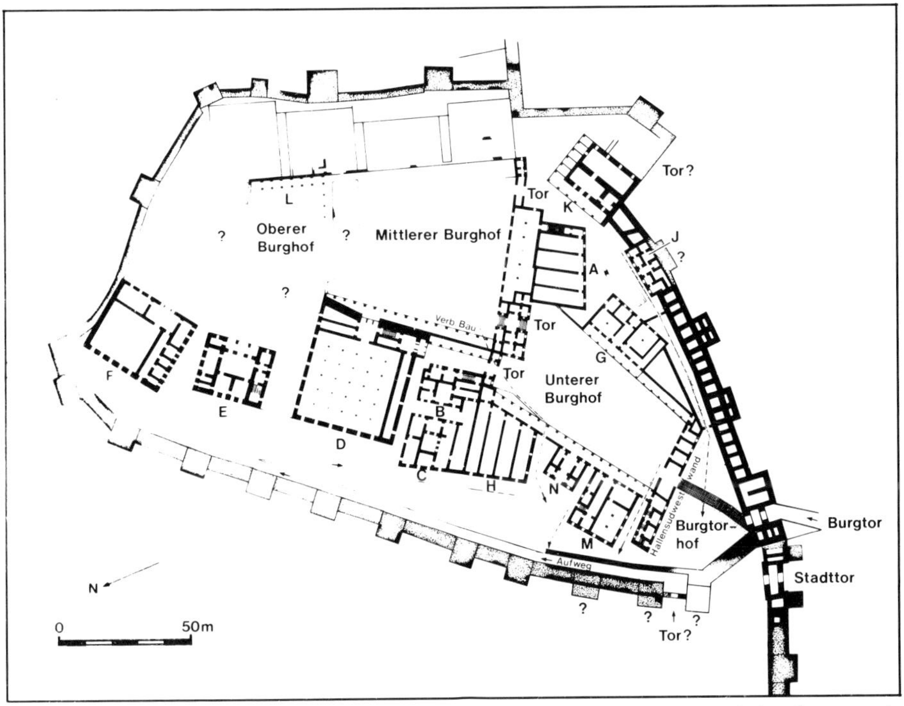

61 Büyükkale, Plan der Palastanlage der hethitischen Großkönige im 13. Jahrhundert. (Nach: Boğazköy-Hattuša XII, Berlin 1982, Beilage 45)

dert entstanden ist. Für das Verständnis ist es am besten, wenn man zunächst das jüngste Stadium betrachtet, so wie der Palast unter den letzten Großkönigen, die in Hattuscha residiert haben, bestand.

Die Burg ist jetzt von einem neuen Befestigungsgürtel eingeschlossen, und zwar allseitig, auch auf der bisher noch offengebliebenen, der Unterstadt zugekehrten Westseite. Sie bildet damit einen gegen die übrige Stadt völlig abgegrenzten Komplex, der die Großkönige von ihrer profanen Umwelt viel mehr als bisher isolierte. Es mag sein, daß darin eine Entwicklung ihren Ausdruck findet, die seit dem Beginn des jüngeren Hatti-Reiches ganz unverkennbar ist und die im 13. Jahrhundert v. Chr. eine besondere Steigerung erfahren hat: der zunehmende Angleich des Königtums an altorientalische Vorstellungen, die jetzt theokratisch bestimmte Herrscheridee, die mit der Stellung des Monarchen verbundene Regel, sich vom gewöhnlichen Volk fernzuhalten und nur unter besonderen Vorsichtsmaßregeln mit ihm zu verkehren. Die Umfassungsmauer der Burg ist aber nicht

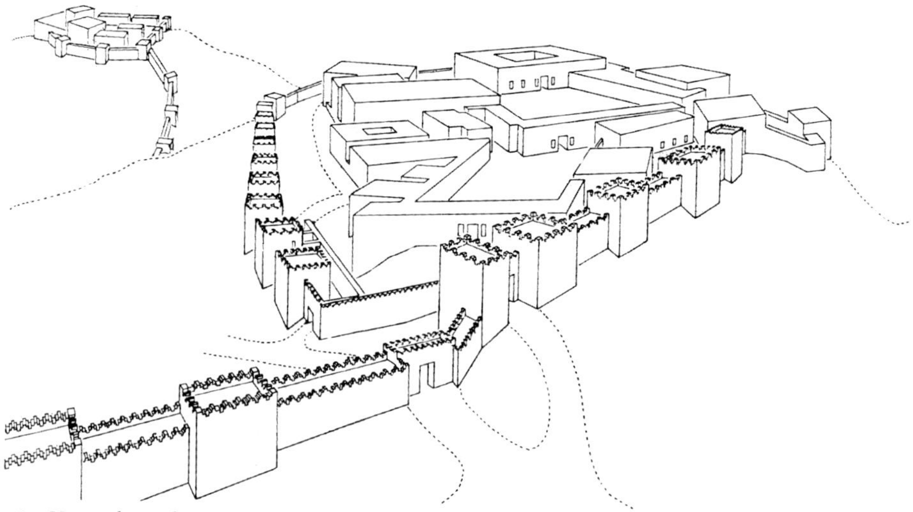

62 Hattuscha, Rekonstruktion der Königsburg Büyükkale im 13. Jh. v. Chr., Blick von Südwesten

nur eine Trennlinie, sondern mit starken Kurtinen – auf der Südseite 7–8 m dick und nach Art einer Kastenmauer konstruiert –, mit Türmen und mit Bastionen versehen, demnach in jeder Hinsicht voll verteidigungsfähig (Abb. 62). Um das Burginnere möglichst weiträumig gestalten zu können, hat man die aus der vorausgegangenen Zeit (Büyükkale Schicht IV b 3 – IV a) stammenden Terrassen an den Rändern des oberen Burgplateaus beibehalten. Die Burgmauer verläuft jetzt entsprechend tiefer an den steilen, mit Felsen durchsetzten Abhängen (Farbt. 9), in einer Führung und unter technischen Voraussetzungen konstruiert, die uns Bewunderung für die Leistung der hethitischen Bauleute abnötigen. Das auf diese Weise nach außen geschützte und abgeschlossene Burgareal ist nun zu einem einzigen, großen Palastgebiet geworden. Im Unterschied zur vorausgegangenen Periode, als die untere Burgterrasse, wie man sich erinnert, noch mit relativ kleinen Bauten ohne erkennbare Orientierung und in auffallend lockerer Bauweise bestanden war, haben wir nun eine Anlage vor uns, die fast ausschließlich durch monumentale Gebäude bestimmt ist. Nicht alles freilich, was einst an Bauwerken vorhanden gewesen war, ist erhalten geblieben und bei den Ausgrabungen, die hier 1966 ihren Abschluß gefunden haben, wieder aufgefunden worden. Auf der höchsten Stelle nämlich, im Osten und Norden der oberen Terrasse, bietet sich heute unserem Auge der nackte Fels (Abb. 63). Die Bauten, die einst diese Stelle eingenommen haben, sind bis auf geringe Spuren abgetragen, ihr Baumaterial in nachhethitischer Zeit an anderer Stelle wiederverwendet worden. Trotz dieser Lücken ist jedoch vom Palast so viel geblieben, daß er in seinen grundlegenden Zügen ohne weiteres erkennbar, in manchen Einzelheiten sogar rekonstruierbar ist. Was sich bei den Ausgrabungen fand, sind allerdings vorwiegend die Fundamente, in günstigeren Fällen das unterste Stockwerk von meistenteils mehrstöckigen Gebäuden.

Das Palastgebiet hatte drei Zugänge: zwei monumentale Tore an der südwestlichen und an der südöstlichen Ecke der ungefähr trapezförmigen, maximal 250 m langen und 150 m breiten Burg und im südlichen Teil der Westflanke eine Tür, welche die unmittelbare Verbindung zwischen Burg und Unterstadt bildete. Das Tor im Südwesten ist gut erhalten und heute, nach seiner Freilegung, wieder begehbar. Hier vollzog sich der Aufstieg zur Burg über eine ziemlich steile, künstliche – leider in neuerer Zeit durch eine unbequeme Treppe ersetzte – Rampe,

63 Büyükkale, Nordseite, Burgmauer

die nur zum Gehen oder zum Gebrauch von Sänften, kaum zum Fahren geeignet war. Der Torbau selbst entspricht den südlichen Stadttoren in der Oberstadt und hat einen doppelten Verschluß und einen ziemlich tiefen Vorplatz zwischen flankierenden Türmen. Tief unter ihm findet die alte Stadtmauer mit ihrem Tor Anschluß an die Burgmauer. An das Burgtor schließt unmittelbar nach innen ein mit roten, ausgesuchten Steinplatten belegter Weg an, auf dem man durch ein Portal der Hallensüdwestwand den unteren Burghof erreicht. Das ungewöhnliche, aufwendige Material des Plattenweges, seine rote Farbe und die Front der einst hochragenden Hallenwand, der man sich gegenübersah, ehe der Zutritt zum eigentlichen Burginnern freilag, sprechen nachdrücklich für die repräsentative Bedeutung, die der Bauherr diesem Zugang zum Palast beimaß. Man kann dieses Portal unbedenklich als Haupttor bezeichnen, denn es erschloß den ganzen Palastbezirk von unten nach oben, vom Burgtorhof über den unteren und mittleren bis zum oberen Burghof und damit zu allen Gebäuden, die an diesen Höfen lagen. Bei den offiziellen Handlungen und Pflichten der Großkönige dürfte dieses Tor und seine Fortsetzung nach innen von erster Bedeutung gewesen sein. Einen anderen Zweck hat offensichtlich der Torbau an der südöstlichen Ecke der Burg erfüllt, denn er vermittelte unter Umgehung der tieferliegenden Bezirke den Zugang zum mittleren Burghof und damit unmittelbar zum intimeren Teil des Palastes. Der Unterschied der beiden Tore in ihrer Verwendung bedarf wohl keiner genaueren Begründung. Leider sind wir bis zum Ende der Ausgrabungen auf Büyükkale nicht mehr zu einer ausreichenden Untersuchung dieses Südosttores gekommen, so daß nur der große Torhof, einiges von den ihn flankierenden Mauern und der nicht ganz eindeutige innere Durchgang ausgemacht werden können. Zieht man diese Spuren in Betracht, scheint es ein Torbau eigenen Gepräges gewesen zu sein, von dem sonst in der gleichzeitigen hethitischen Architektur kein anderes Beispiel bekannt ist und das viel stärker als das schematische Südwesttor auf die Eigenart des gerade dort sehr unruhigen Geländes abgestimmt gewesen ist. Aber diese Ungunst des Terrains mußte man aus einem anderen Grunde in Kauf nehmen, denn nur in der südlich an die Königsburg anschließenden Mulde bot sich die Möglichkeit zur Konstruktion einer so gleichmäßig und unter dem entsprechenden Neigungswinkel ansteigenden Aufwegrampe, daß sie für Wagen befahrbar war. Beim Südwesttor war man dagegen infolge des Anschlusses der alten Stadtmauer und der unmittelbar hinauf in die Oberstadt führenden Straße nicht frei beim Planen so raumbeanspruchender Konstruktionen. Als drittes gab es schließlich noch im südlichen Abschnitt der Burgmauer auf der Westseite eine Pforte, an die sich innen ein Treppenaufweg anschloß, der zu den Terrassen emporführte, welche die vorzüglichsten Gebäude des Palastbezirkes getragen haben. Er diente dem unmittelbaren Fußgängerverkehr zwischen Burg und nördlicher Unterstadt, das heißt der Altstadt, vermittelte damit aber zugleich auch die kürzeste Verbindung zwischen der Burg und dem tief unter ihr im Norden liegenden großen Temenos mit dem Heiligtum des Wettergottes und der Sonnengöttin. Daß die Großkönige diesen Aufgang jemals bei offiziellen Verrichtungen in Anspruch genommen haben, wird man freilich nicht annehmen wollen.

Wie war nun das Innere der Burg architektonisch gestaltet, zu dem die eben geschilderten Tore und Pforten den Zugang bzw. die Zufahrt vermittelten? Nehmen wir es gleich vorweg: es ist keine typische, sich auch anderwärts wiederholende oder wenigstens verwandte Architekturanlage, die uns hier aufnimmt, sondern eine durchaus individuelle, die von der Eigenart des Baugrundes und den Unregelmäßigkeiten der Oberfläche des Felsberges abhängig ist, den es durch künstliche Terrassen auszugleichen und dadurch an mehr als an einer Stelle erst bebauungsfähig zu machen galt. Anders freilich steht es mit den einzelnen Gebäuden, die zu einem Ganzen vereinigt diese großkönigliche Residenz ausmachen (Abb. 64). Sie halten sich in Grundriß und Raumaufteilung – zum Beispiel die Bauwerke B, D, E, F, G, K und M – unverkennbar an alte traditionelle Bauformen Mittelanatoliens, wie wir sie in Hattuscha selbst, wenn auch in einfacheren Vertretern, bis in die Anfänge des 2. Jahrtausends v. Chr. zurückverfolgen können und im letzten Kapitel zurückverfolgt haben. Dazu treten dann andere, wie die Konstruktionen A, D, H, von denen man noch keine eindeutigen älteren Vorläufer kennt und deren ehemalige Bestimmung noch zu besprechen sein wird. Sie alle, die der älteren, traditionellen Gruppe wie auch die der neuauftretenden Typen bestehen aus Einzelhäusern, die nur in wenigen Fällen durch kurze Mauern beziehungsweise Wände oder durch schmale Trakte miteinander verbunden sind. Aber nur scheinbar, denn gerade diese, nur in den Fundamenten erhaltenen Trakte erweisen sich bei genauerer Beschäftigung als Baukörper eigener Funktion und unterstreichen damit nur den Einzelcharakter aller Bauwerke der Burg. Und doch sind diese einem höheren Baugedanken untergeordnet und mit Hilfe eines verbindenden Elementes zu einer Einheit zusammengeschlossen: durch die großen Höfe. Vier solche Höfe – oder vielleicht besser gesagt: Plätze –, die beim südwestlichen Tor an der tiefsten Stelle beginnen und sich hinteinander bis zum höchsten Punkte im Nordosten folgen, nehmen sich wie eine Längsachse des Palastgebietes aus, der alles zugeordnet ist. Leider sind ihre alten Namen nicht

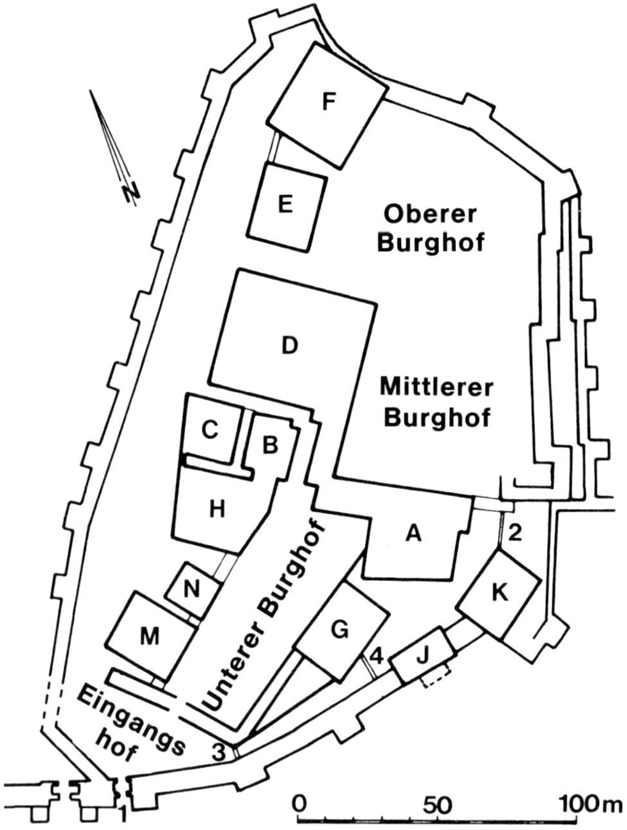

64 Büyükkale, die Bauten der Königsburg
1 Südwestliches Burgtor
2 südöstliches Burgtor
3, 4 die zwei Pforten konnten die gepflasterte Straße, die die Burgtore miteinander verband, abriegeln

überliefert. So ungleich sie nach Größe und Umriß sind, haben sie doch alle eine Eigenheit gemeinsam, daß sie nämlich auf mehr als einer Seite von offenen Pfeilerhallen eingefaßt waren. Beim oberen Burghof sind solche Hallen auf zwei Seiten in Form der in den Fels eingelassenen Bettungen für die Basen der Pfeiler erhalten. Beim mittleren Burghof weisen die langen schmalen Fundamente, die diesen Hof auf der Süd- und auf der Westseite begrenzen, auf solche Pfeilerhallen hin. Man darf die Rekonstruktion im genannten Sinne hier ohne weiteres wagen, denn der Befund entspricht dem des unteren Burghofes, wo auf der Südostseite im Verbande mit dem Gebäude G die schweren Kalksteinbasen für die Pfeiler bei und auf den Fundamenten aufgefunden worden sind. Der Rückschluß vom im unteren Burghof Gesicherten auf den mittleren Hof ist in Anbetracht der übereinstimmenden Konstruktion der Fundamente, welche diese Pfeilerreihen trugen, durchaus berechtigt.

Diese großen Höfe, mit den sie begrenzenden offenen Hallen verliehen dem großköniglichen Hoflager einen ganz ausgeprägten architektonischen Charakter, ja einen Zug von bemerkenswerter Monumentalität. Er wird sogar noch dadurch gesteigert, daß jeder Hof vom nächstfolgenden durch Pforten und Torbauten abwechselnder Gestalt und ungleichen Umfangs getrennt ist. Beim Durchschreiten dieser Portale, beim Eintritt vom einen Hof in den anderen öffneten sich daher immer neue Perspektiven.

Offene, einen Hof begrenzende Pfeilerhallen sind in der hethitischen Architektur dieser Jahrhunderte nichts Ungewöhnliches. Man kennt sie bei den Tempeln I–VI von Hattuscha auf einer beziehungsweise an zwei Seiten des Innenhofes; in einem besonders gut ausgeprägten Beispiel auch von Alaca Höyük und von der schon mehrfach erwähnten Palastanlage in Tabigga-Maşat. Aber in allen diesen Fällen sind sie nur Teil eines größeren Bauwerks, eingegliedert in dessen Gesamtstruktur. Hier aber in der hethitischen Königsburg sind sie nahezu eigenständige Baukörper, gewissermaßen die verbindenden und tragenden Glieder des Ganzen. Ihrer architektonischen hat zweifellos auch ihre funktionelle Bedeutung entsprochen. Darauf ist nunmehr einzugehen.

Der untere Burghof ist gegen das Südwesttor durch einen 55 m langen, aber nur 7 m breiten Hallenbau abgegrenzt, der zwar keineswegs in seinen Ausmaßen, die viel bedeutender sind, wohl aber in seinem Typus Verwandtschaft mit der Fassade des Tempels IV in der Oberstadt aufzuweisen scheint. Vom Südwesttor her kommend (s. Abb. 64) sah man sich nach Durchschreiten des Portals vom Hallenbau im unteren Burghof Gebäuden gegenüber, die entweder mit der Längsseite, so G, oder mit einer ihrer Schmalseiten, so M und N, an den Hof grenzten, und deren Fassaden organisch in die Pfeilerhallen eingegliedert waren. Über die ehemalige Bestimmung dieser Bauwerke, von denen G und M von respektabler Größe und mindestens zwei Stockwerke hoch waren, denn vor allem bei G ist ein Treppenhaus mehr als wahrscheinlich, wissen wir nichts. Bezeichnende Funde fehlen.

Der Torbau, der den Zugang vom unteren zum mittleren Burghof vermittelt, ist von bedeutender Größe, zwar nur in seinen Fundamenten erhalten, aber doch darin so typisch und den Portalen des Tempels I und dem Torbau in Yazılıkaya so nahe verwandt, daß er mit seinen Pförtnerlogen und seiner dreifachen Torhalle einwandfrei rekonstruierbar ist. Es ist mehr als wahrscheinlich, daß die Hethiter diese Architekturform mit ^{É}*Hilammar* bezeichnet haben. Die Größe des Torhau-

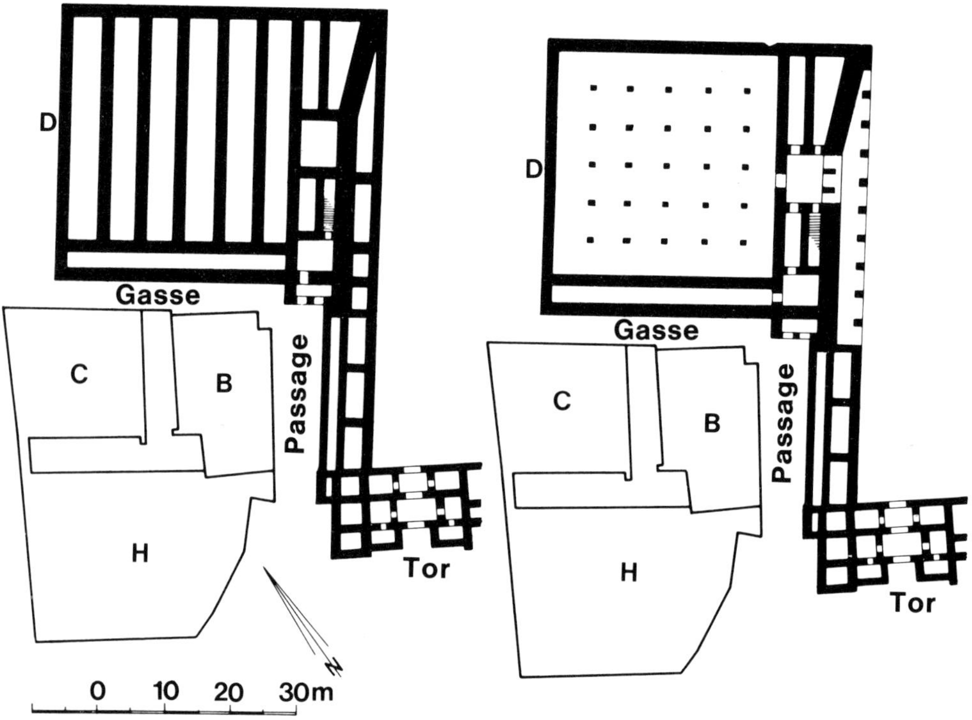

65 Büyükkale, Grundriß von Bauwerk D: links Untergeschoß mit Magazinräumen, rechts Obergeschoß mit Audienzhalle

ses stand sicher im entsprechenden Verhältnis zu seinem Zweck, denn es schied und verband zugleich den äußeren vom inneren Teil der Palastanlage. Zu den inneren Höfen, dem mittleren und oberen, konnte man aber auch auf einem direkten Wege vom südöstlichen Burgtor unter Vermeidung des unteren Burghofes gelangen. Man erreichte von diesem Tor aus den mittleren Hof in dessen südöstlicher Ecke. Es ist anzunehmen, daß dies der gewöhnliche Weg der Großkönige war, wenn sie zu Wagen ihre Residenz verließen beziehungsweise dorthin zurückkehrten.

Die Gebäude A, D, E und F sind auf die inneren Burghöfe bezogen und bildeten zusammen mit den nicht erhaltenen Anlagen auf der nördlichen und östlichen Hofseite den Kern des Palastes. Jedes dieser Bauwerke ist so groß, daß es für sich die Bezeichnung Palais verdient. Von allen kennt man jedoch nur das Untergeschoß, das in seiner Raumaufteilung nicht ohne weiteres mit dem Obergeschoß übereingestimmt haben muß. Die Mehrgeschossigkeit ist in allen vier Fällen beweisbar. Die Hanglage macht sie nämlich ohne Unterschied, selbst bei A, wo das nicht sogleich ins Auge fällt, zur Notwendigkeit. Man betrat diese Häuser vom oberen und mittleren Burghof aus und gelangte so niveaugleich unmittelbar in das Obergeschoß. Von ihm war dann durch Treppenhäuser, die in den Gebäuden D, E und F erkennbar sind, das Untergeschoß, das wir auf dem Plane sehen, nach abwärts betretbar. Die Auffassung, daß E und F betonte und bevorzugte Wohnpalais innerhalb des Palastes gewesen sind, bietet sich auch ohne unmittelbaren Beweis an, sie nehmen nämlich im innersten Teile der Königsburg eine hervorragende Position ein, und man hat von hier aus einen Blick, der sich meilenweit ins Land hinaus erstreckt. Das sind königliche Sitze.

Im größten Bauwerk D, das 39 : 48 m mißt, fand sich am westlichen Ende des schmalen Korridors im Untergeschoß eine Menge gesiegelter Tonbullae, darunter rund hundert mit Abdrücken oder doch Teilabdrücken von Siegeln der Großkönige des 14. und 13. Jahrhunderts bis hin zum letzten uns bekannten Dynasten. Ein kleinerer Teil war offensichtlich an Warensendungen befestigt, der größere vielleicht an Holztafeln, die ja nachweislich zum Beschreiben gedient haben. Aber Rudolf Naumann, der viele Jahre in Boğazköy als Architekt gearbeitet hat, rekonstruiert das Obergeschoß nicht entsprechend dem Untergeschoß mit den gleichen langen, parallel liegenden magazinartigen Gelassen, sondern als einen einzigen quadratischen Raum von nahezu 32 m Seitenlänge (Abb. 65). Danach

66 Büyükkale, Bauwerk D, Rekonstruktion des Fünfundzwanzig-Pfeiler-Saals, der sogenannten Audienzhalle

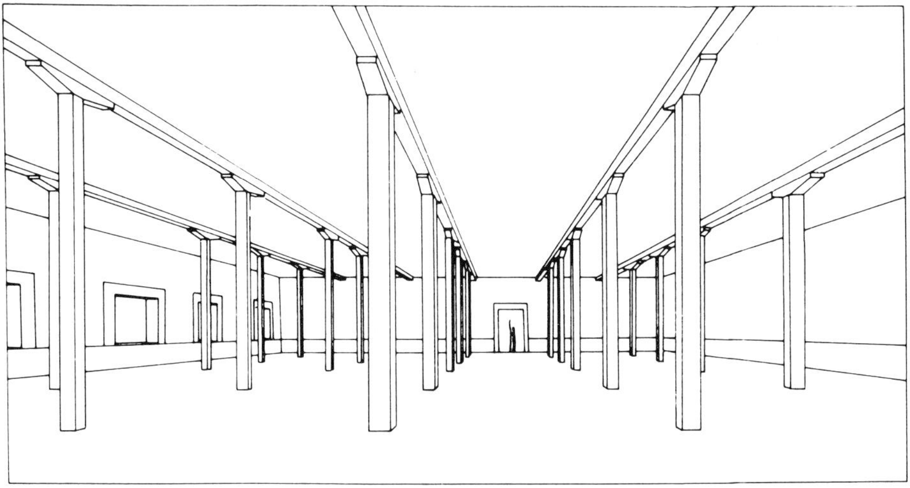

dienten die Trennwände der Gelasse im Untergeschoß als Unterzüge für fünf Reihen von je fünf hölzernen Pfeilern im Obergeschoß, welche die Decke zu tragen hatten, also ein sehr weiträumiger Fünfundzwanzig-Pfeiler-Saal, eine imponierende Halle (Abb. 66). Diese Deutung hat inzwischen allgemeine Zustimmung gefunden. Die Meinung, daß es sich um die Audienzhalle der hethitischen Großkönige handle, wird noch in gewissem Sinne durch eine andere Beobachtung gestützt. Man konnte nämlich in der linken rückwärtigen Ecke des unteren Burghofes durch eine Pforte in eine Passage gelangen, die hinter dem Bauwerk B und tiefer als der mittlere Burghof auf einen seitlichen Eingang des Gebäudes D stieß, zu dessen Obergeschoß man dann in einem Treppenhaus hinaufging, das in dem der Hof-Fassade des Gebäudes eingegliederten Vestibül der Audienzhalle mündete. Paßt das nicht zu der Vorstellung, daß der Großkönig diese Halle unmittelbar vom mittleren Burghof, vom Innenhof des intimeren Palastteiles, betrat, während die, denen Audienz gewährt wurde, seien es einheimische Würdenträger oder Gesandte auswärtiger Mächte, den Weg vom südwestlichen Burgtor, durch den unteren Burghof und durch die genannte Passage unter Vermeidung der inneren Palastbezirke zu nehmen hatten? Und spricht nicht gerade die doppelte Orientierung dieses Gebäudes D, sein Bezug sowohl zum inneren Teil des Palastes als auch nach außen, dafür, daß die wegen des architektonischen Befundes naheliegende Deutung als Audienzhalle mehr als wahrscheinlich ist?

Das Gebäude A diente der Aufbewahrung eines der großköniglichen Archive (Abb. 67), ein zweites fand sich im Untergeschoß von E. In beiden Fällen ist es jedoch nicht sicher nachweisbar, in welchem Stockwerk die Tafeln einst auf ihren

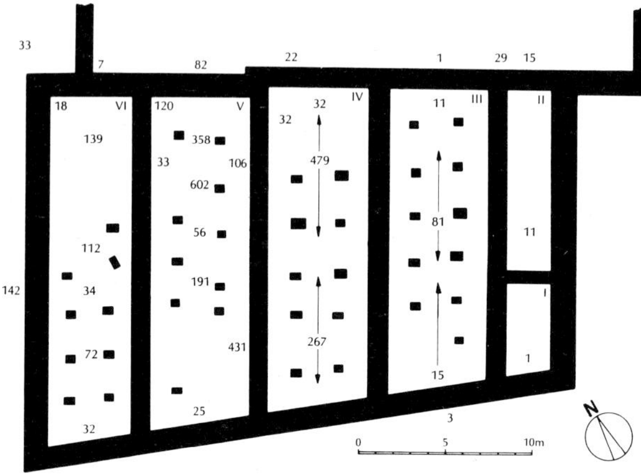

67 Büyükkale, Bauwerk A, das der Aufbewahrung eines der großköniglichen Archive diente

Holzborden standen, obwohl bei A die Wahrscheinlichkeit, daß die ursprünglichen Bibliothekszimmer die beiden mittleren, mit doppelten Pfeilerreihen ausgestatteten langen Räume gewesen sind, sehr groß ist. Im Gebäude E waren dagegen die Tafeln offenbar im Obergeschoß deponiert und sind bei der Zerstörung der Königsburg, als die Holzdecken verbrannten, in das Untergeschoß und auf den anschließenden Hang von Büyükkale hinabgestürzt. Ein kleines Archiv, ein drittes also, ist 1957 im mittleren Raum des Bauwerkes K gefunden worden. Die Art dieses Archivraumes und die Aufstellung und Ordnung der dort untergebrachten Dokumente ist schon im ersten Kapitel beschrieben worden (s. S. 23f.). Es darf nicht unerwähnt bleiben, daß diese drei Tontafelsammlungen – in den Gebäuden A, E und K – vielleicht mit Ausnahme der jüngsten Texte ihre Verteilung auf drei Örtlichkeiten der Königsburg möglicherweise erst der Reorganisation des Bibliothekswesens unter Tuthalija IV. (ca. 1250–1220) verdankten und daß sie vorher in einem einzigen Gebäude vereinigt gewesen waren, das der Bautätigkeit dieses Königs, über die wir noch hören werden, weichen mußte.

Das Gebäude C (Farbt. 6) ist eine Konstruktion sehr eigentümlicher Art mit nur sechs Räumen, von denen einer, von den anderen umgeben, in der Mitte liegt. Er ist 5,2 : 6,0 m groß und hat aus großen Kalksteinblöcken konstruierte Wände, deren bearbeitete Seiten dem Rauminneren zugekehrt sind. Sein Fußboden lag mindestens 2,3 m unter dem der angrenzenden Gelasse und erwies sich bei der Ausgrabung als mit Schlamm- und Sandschichten bedeckt, in denen sich zahlreiche kleine Votivvasen, auch ganze Nester von ortsfremden Muscheln fanden. Ein kleiner Kanal führt an der Nordecke ins Freie. Man muß wohl diesen mittleren Raum unbedeckt, ohne Dach rekonstruieren, mit Stützen auf den vier Seiten der jeweils dem Becken zu offenen Räume. Es gibt, wenn ich recht sehe, bis jetzt in der hethitischen Architektur nichts im einzelnen Vergleichbares, was diesem Gebäude entspräche. Daß seine Bestimmung in der sakralen Sphäre lag, ist sehr wahrscheinlich. Der zentrale, nach oben offene Raum hat zu der Vermutung beigetragen, es könne sich um eine Regenkultanlage gehandelt haben. Das ist nicht unmöglich, doch scheint mir eine zur Hofhaltung gehörige Kapelle wahrscheinlicher, deren Voraussetzungen auf anderen sakralen Vorstellungen beruhten. Es ist wohl kein Zufall, daß vor der Westwand des zweiten Raumes dieses Gebäudes, freilich nicht mehr aufrecht stehend, eine Stele aus Kalkstein gefunden worden ist, die laut Inschrift von Tuthalija IV. stammt. Ihr Zusammenhang mit dem Bauwerk C liegt nahe. Auch das langgestreckte, im Umriß unregelmäßige Wasserbecken zwischen dem Bauwerk A und dem merkwürdigen, in die Burgmauer hineingebauten Gebäude J ist offenbar nicht nur für einen rein praktischen Zweck bestimmt worden. Es sei denn, man wollte gelten lassen, daß bei einem so stark religiös gebundenen Volke wie bei den Hethitern, Profanes und Kultisches häufig ineinandergehen konnten. Das Becken hat sauber aus Kalkstein verlegte, geböschte Wände, eine Treppe, die zum Beckenboden hinunterführt, und ist an seinem schmalen, westlichen Ende einmal verkürzt worden. Auch hier war das Innere mit Schlick gefüllt, in dem eine Menge von Votivgefäßen, aber auch große Stücke von Obsidian und Teile eines Möbelstückes aus Elfenbein lagen. Man fühlt sich in diesem Falle ebenfalls gedrängt, nicht nur an einen gewöhnlichen Teich zu denken, um so mehr als seine verkürzte Südseite genau so lang ist wie die Fassade des Bauwerkes J und ihr in schmalem Abstand nahezu parallel verläuft. Gebäude und Wasserbecken scheinen eine Einheit gebildet zu haben. Aber es muß offen bleiben, worin sie des Genaueren bestand.

So sehr wir Unsicherheiten in Kauf zu nehmen haben, so deutlich ist doch das Bild im Ganzen, das man sich auf Grund der Ausgrabungen von der Königsburg in Hattuscha machen kann. Nicht ohne Absicht ist an den Anfang dieses Kapitels der sogenannte MESCHEDI-Text gestellt worden (s. S. 89). Die Bauwerke, Einrichtungen, Chargen, Handlungen, Zeremonien gewinnen Leben und Farbe, wenn man sie auf dem Hintergrund der Palastanlage von Büyükkale sieht. Gewiß, es darf nicht verkannt werden und ist ja auch entsprechend hervorgehoben worden, daß dieser Text nicht ausdrücklich auf den Palast in Hattuscha zu beziehen ist. Aber ich möchte trotzdem hervorheben, daß er auf ihn – wie immer seine eigentliche Bestimmung gewesen sein mag – sicherlich nicht schlecht paßt. Auch der MESCHEDI-Text verlangt ja, wenn man ihn wörtlich nimmt, nicht ein Palais als Einzelbau, sondern einen ganzen Komplex. Das Tor mit der Pförtnerkammer, den Hof mit der Leibwache, das Torhaus des *halentuua*-Hauses, dieses Haus selbst, in dem König und Königin aus- und eingehen, mit seinem Hofe, glaubt man in der Königsburg, wie sie auf Büyükkale wiedergewonnen ist, geradezu greifen zu können. Und auch die anderen Einrichtungen, wie Kultraum, Magazine für Vorräte, Küche und Wirtschaftsteil, die in der MESCHEDI-Tafel erwähnt werden, finden im Ausgegrabenen ohne Schwierigkeiten ihren Platz. Fast möchte man annehmen, daß dem Redaktor dieser Tafel die Königsburg von Hattuscha wenigstens als Leitgedanke vor Augen gestanden hat.

Die MESCHEDI-Tafel ist in der erhaltenen Form spät innerhalb der hethitischen Urkunden, in der zweiten Hälfte des 13. Jahrhunderts v. Chr. niedergeschrieben worden. Damit ist sie ungefähr gleichzeitig mit dem Bauzustand des hethitischen Königspalastes, wie er eben beschrieben worden ist. Das ist ein Endstadium.

1 Hattuscha, Treppenaufgang am westlichen Hang der Südfront

2 Hattuscha, der Große Tempel (Tempel I) ▷

3 Hattuscha, grüner, bearbeiteter Stein im Magazin des Tempels I

4 Ausgrabungen auf dem Büyükkale mit roter Brandschicht

6 Büyükkale, Gebäude C ▷

5 Die Ton-Stiere vom Büyükkale in Fundlage

7 Büyükkale, Gesamtansicht von Südwesten

8 Nişantepe, Inschriftfelsen

9 Büyükkale, Terrassenmauer

10 Yenicekale

11 Sarıkale, am höchsten Punkt Yerkapı

12 Hattuscha, Tor (Königstor) auf der Ostseite der Stadtmauer

14 Hattuscha, die oberen Tempel (im Vordergrund Tempel III) ▷

13 Hattuscha, Löwentor der Stadtmauer

15 Blick auf Yazılıkaya

16 Yazılıkaya, Blick auf die Westseite der Hauptkammer

17 Yazılıkaya, Relief Tuthalijas IV. in der Hauptkammer

18 Keilschrifttafel mit einem akkadischen Text König Hattuschilis I., Höhe ca. 28 cm

Verdankt er diese Gestalt dem Willen eines einzigen Bauherrn oder ist er nicht in einem Zuge, sondern im Gange schrittweiser Erweiterung entstanden? Das ist eine Frage, die nach Antwort verlangt, wenn diese auch nur schwer und bei weitem nicht im erwünschten Umfang gegeben werden kann.

Was das relative Altersverhältnis der einzelnen Teile betrifft, gibt, denke ich, schon ein Blick auf den Grundrißplan (Abb. 64) in gewissem Sinne Antwort auf die eben gestellte Frage. Der obere und mittlere Burghof mit den angrenzenden Gebäuden A, D, E und F, vielleicht auch B und C, bilden mit ihrer nahezu gleichen Ausrichtung eine Einheit, während sich der untere Burghof mit den Gebäuden G, M, N und der Hallensüdwestwand wie ein jüngerer Annex ausnimmt. Dieser Annex setzt zudem die Existenz der südlichen Burgmauer voraus, denn die schräge Außenmauer, die sich südwestlich an G anschließt, nimmt ganz offensichtlich auf diese Fortifikation Bezug, ebenso der ganze, hier Annex genannte Teil auf das südwestliche Burgtor. Die auf der Innenseite der Burgmauer entlangführende gepflasterte Straße, welche das Südwest-Tor mit dem Südost-Tor verbindet und die an zwei Stellen durch schmale Pforten verschließbar war, ist eine ausgesprochene Verbindung für die Bediensteten des Palastes und ebenfalls nur im Zusammenhang mit dem Annex verständlich. Daß dieser tatsächlich jünger ist als die innere Palasteinheit, ließ sich stratigraphisch an den entscheidenden Nahtstellen nachweisen: das Gebäude G, das eine so betonte Rolle im Annex spielt, ist jünger als A, N und M, jünger als C und H, und die Pforten in der Straße gehören wie diese selbst erst zur jüngsten Bauphase der Burgmauer. Auch das Wasserbecken ist nicht älter als der Annex, das Bauwerk J sogar noch jünger, aber noch hethitisch.

Wenn wir an das zurückdenken, was eingangs über die Königsburg des 14. Jahrhunderts gesagt worden ist, das heißt über die Schichten Büyükkale IVb3 – IVa, könnte sich eine sehr naheliegende Erklärung anbieten: der obere Komplex ist alt, der Annex dagegen jünger, 13. Jahrhundert, und bezieht das Areal in den eigentlichen Palastbezirk ein, das vorher nur von untergeordneten Anlagen in Anspruch genommen gewesen war. Diese Deutung ist ebenso richtig wie falsch. Richtig, weil der obere Palastbezirk als solcher ursprünglich tatsächlich alt, der Annex jünger ist; falsch, weil das, was vom oberen Bezirk faktisch erhalten ist, mit einigen Ausnahmen kaum älter als der Annex ist, aber, was sich bei den Gebäuden D, mehr noch bei F, vor allem aber bei A und E ergab, in einem grundlegenden Wiederaufbau zerstörter Bauwerke besteht. Dieser Wiederaufbau erfolgte, soweit das noch kontrollierbar ist – und es ist nicht überall kontrollierbar –, unter erheblicher Wahrung des Vorausgegangenen. Wir haben also eine Palastanlage vor uns, die sowohl in ihrem traditionellen, älteren Teil als auch in dem, den wir Annex genannt haben, nach einer sehr einschneidenden Zerstörung des bisherigen Königspalastes auf dem oberen Burgplateau entstanden ist. Gibt es tragfähige Unterlagen, welche diese Vorgänge genauer zu datieren erlauben?

Man hat schon seit längerer Zeit darauf aufmerksam gemacht, daß die vorübergehende, aber von Muwatalli offenbar als definitiv geplante Verlegung des Hofes und des Regierungssitzes von Hattuscha nach *Tarhuntaschscha*, im Unteren Lande, worüber im ersten Kapitel gesprochen worden ist (s. S. 29), zu einer solchen Einbuße der Hauptstadt samt ihrer baulichen Einrichtungen geführt haben könnte, daß ein weitgehender Verfall der alten Königsburg verständlich sei. Das hat mir nie ganz eingeleuchtet, denn wo wäre eine Residenz, die in ihrem Bestande immerhin auf eine ganze Reihe von Jahrhunderten zurückblicken kann, jemals so ohne alle Aufsicht und ohne Unterhalt geblieben, daß sie weitgehend dem Verderb anheimfiel. Man muß sich ja dabei vergegenwärtigen, daß die Stadt als solche, in der die Königsburg lag, weiterbestand und die Palastanlage gewiß nicht gänzlich der königlichen Hand entglitt. Gerade Muwatalli hat einem Beamten namens Mittannamuwa »seine Huld geschenkt, ihn gefördert und ihm Hattuscha gegeben«, offensichtlich als Belehnung, als diese Stadt nicht mehr Residenz war, aber doch der Wartung bedurfte. Demgegenüber ließe sich schon eher die Möglichkeit in Betracht ziehen, die Stadt und mit ihr die Königsburg seien den Kaschkäern, den immer wachen Feinden im Norden des Reiches, zum Opfer gefallen, die die Verlegung der Hauptstadt und die damit verbundene Schwächung der Abwehr ausgenutzt hätten. Obwohl überliefert ist, daß Einbrüche dieser Art bis fast ins Herz Mittelanatoliens zu dieser Zeit stattfanden, ist doch von einer Einnahme und Plünderung von Hattuscha nichts bekannt. Später jedoch, nachdem Urhi-Teschup = Murschili III. die Residenz von Tarhuntaschscha nach Hattuscha zurückverlegt hatte, ist der Palast einer Feuersbrunst zum Opfer gefallen. Die wahren Ursachen kennt man nicht. Aber der Text, in dem davon die Rede ist (s. S. 30), enthält wohl doch eine Anspielung auf Geschehnisse, die sich zur Zeit der Kämpfe zwischen dem Großkönig und seinem aufsässigen Onkel, dem späteren König Hattuschili III., abgespielt haben. Dabei also, in einer gewaltsamen internen Auseinandersetzung, könnte der Palast mindestens zum Teil zugrunde gegangen sein. Das wäre um 1275 v. Chr. gewesen. Der Sieger in dieser Auseinandersetzung, der als Usurpator sich besonders betont an die Tradition hielt und gerade dem Kerngebiet des Reiches und seiner nördlichen Abschirmung größte Sorgfalt zuteil werden ließ, wird zum raschen Wiederaufbau geschritten sein in einem Bauvorgang, der dann unter seinem Sohn und Nachfolger Tuthalija IV. zur Vollendung der Königsburg,

68 Büyükkale, Inschrift Tuthalijas IV. über dem Portal zwischen unterem und oberem Burghof, ursprünglich 50 cm hoch, 80 cm breit

so wie wir sie kennengelernt haben, geführt hat. Die beiden einzigen unmittelbar zuweisbaren Monumente nämlich, die gefunden worden sind, stammen von dem zuletzt genannten Dynasten: die schon erwähnte Stele beim Gebäude C und ein Bruchstück einer monumentalen Königskartusche aus schwarzem Granit beim Torbau zwischen dem unteren und oberen Burghof, höchstwahrscheinlich von einer Bauinschrift über dem Portal (Abb. 68), die, wenn diese ursprüngliche Anbringung zutrifft, dieses wichtige Gebäude Tuthalija IV. zuweist. Dazu kommt, daß, wie wir hörten, in den Gebäuden A, E und K Archive entdeckt worden sind, deren Zusammenstellung auf Maßnahmen zurückgehen, die ebenfalls der Aktivität des gleichen Großkönigs zu verdanken sind. Zu seiner Zeit haben die betreffenden Bauwerke demnach gestanden und blieben bis zum definitiven Untergang der Königsburg intakt.

Der imponierende großkönigliche Palastbezirk, den wir kennengelernt haben, mit seinem regen Leben, mit seinem Heer von Bediensteten hohen und niederen Grades, mit dem Hofe selbst und dem Monarchen an der Spitze, mit den königlichen Kanzleien, den Boten und auswärtigen Gesandten, die kamen und gingen – das alles hat demnach so, wie es uns die Ausgrabung bot, nicht mehr als höchstens drei Viertel eines Jahrhunderts überdauert. Die letzten Urkunden, die im Archiv ihren Platz fanden, stammen von Schuppiluliuma II., der vielleicht noch das erste Jahrzehnt des 12. Jahrhunderts erlebt hat. Genau läßt sich das nicht sagen, denn es gibt von ihm keinen Synchronismus etwa mit Ägypten oder mit Assyrien. Sein Vater Tuthalija IV. war zum Teil Zeitgenosse von Tukulti-Ninurta I. von Assyrien und auch noch von Mernephtah von Ägypten, er selbst hat Staatsverträge mit Talmi-Teschup, dem Sohn des Ini-Teschup, Königs von Karkemisch, geschlossen, der ebenfalls schon ein Zeitgenosse seines Vaters Tuthalija IV. gewesen war. Auch diese chronologische Querverbindung verhilft uns demnach nicht zu einem präzisen Datum des Unterganges. Wohl aber sind seine untrüglichen Spuren überall in der Königsburg gefunden worden. Kein Gebäude blieb verschont, und oft bedeckten dicke Schichten aus verbranntem Holz und rotgeglühten Lehmziegeln die Oberfläche der Straßen und Plätze (Farbt. 4). Wir wissen nicht einmal, durch welcher Feinde Hand die Stadt Hattuscha fiel, wer dem Königspalast den Untergang bereitete. Eine Periode innerer Schwäche dürfte der Katastrophe vorausgegangen sein, doch sind die Belege dafür nicht ganz eindeutig. Ich meine, daß es im Gegensatz zu den südlichen Reichsteilen, wo die sogenannten Seevölker gewiß – wie zum Beispiel in Kilikien und an der nordsyrischen Küste, aber dort auch bis weit ins Binnenland hinein – zum Untergang der hethitischen Machtstellung mit beigetragen haben, hier im Norden die alten inneren und äußeren Feinde, vor allem die Kaschkasch, gewesen sind, welche die Stunde nutzten. Diesmal aber nicht zu einem vorübergehenden Einfall, der, wie so viele zuvor, abgewehrt werden konnte, sondern als Vollstrecker, welche das Schicksal der Hauptstadt und des Königspalastes endgültig besiegelten.

4 Das hethitische Felsheiligtum von Yazılıkaya, seine Deutung und Datierung

Im Sommer 1834 erreichte Charles Texier, Archäologe und Architekt, vor allem aber ein unerschrockener Reisender seiner Zeit, auf einer großen Tour in Kleinasien das Gebiet jenseits des mittleren Halys, also jenen Landstrich, der in der römischen Kaiserzeit zum östlichen Galatien gehörte. Dort, bei einem kleinen Dorfe namens Boğazköy, erblickte er als erster Europäer ausgedehnte, sichtlich hochaltertümliche Ruinen (s. Abb. 3). Er hielt sie für die Reste von Pteria, jener Stadt, die, wie Herodot im 1. Buche seines Geschichtswerkes erwähnt (I 76), von Kroisos in seinem Kriege gegen Kyros um die Mitte des 6. Jahrhunderts v. Chr. eingenommen worden ist. Die Bauern des türkischen Dorfes machten den französischen Reisenden außerdem auf eine Lokalität aufmerksam, die sie *Yazılıkaya* nannten, das ist zu deutsch »beschriebener Fels«. Sie versprachen, ihm dort ein Bild des Padischah zu zeigen, das heißt des Großherrn, des Sultans, der höchsten ihnen geläufigen irdischen Instanz. Denn daß ein Abbild jenseits der irdischen Sphäre liegen könne, diesen Gedanken verbot ihnen ihre Zugehörigkeit zur islamischen Welt. Nach einer Wegstrecke von nicht ganz einer halben Stunde aufwärts an dem ansteigenden Talhang, der das Becken von Boğazköy im Osten begrenzt, gelangte Texier zu einer größeren Felsgruppe und sah sich dort zu seiner Überraschung nicht nur einem einzigen Bilde, gewiß nicht dem des Padischah, sondern einer ganzen Serie, man kann sagen, einer ganzen Galerie von Reliefs gegenüber, die dort aus dem anstehenden Kalkfels ausgemeißelt sind (Abb. 69, 70). Texier brachte, unmittelbar gefolgt von dem Engländer Hamilton 1835, nach Europa die erste Kunde von diesem Monument, das inmitten einer dünn besiedelten großräumigen, baumarmen Landschaft auch heute noch einen starken Eindruck bei allen hinterläßt, die es selbst gesehen haben.

Schon bald nach der Entdeckung machte man sich Gedanken über die ursprüngliche Bestimmung und über die zeitliche Stellung dieser Felsreliefs. Texier meinte, es sei hier in zwei Zügen ein Treffen der Amazonen und Paphlagonier dargestellt.

69, 70 *Yazılıkaya, Blick auf die Hauptkammer der Felsgruppe; unten: das Hauptbild in der Felskammer A. Beide nach der Auffassung von Charles Texier (1834)*

Andere suchten die Deutung im kultischen Bereiche: Sandon und Mylitta, das heißt Herakles und Astarte, oder Baal und Astarte mit ihrem Kreis standen dabei so lange im Vordergrund als die Vorstellungen einer stark semitischen Komponente für jenes Gebiet Kleinasiens vorherrschten. Wieder andere glaubten, die Schaffung dieser Felsreliefs mit einem einschneidenden historischen Ereignis jener Gegend verbinden zu dürfen. WILLIAM HAMILTON und HEINRICH BARTH vertraten daher die Auffassung, es sei dort der Abschluß jenes Vertrages dargestellt und verewigt, den die Meder und Lyder mit der Festlegung des Halys als Grenze zwischen ihren Reichen geschlossen hatten. Oder man habe hier eine Darstellung der Hochzeit vor sich, die zwischen Aryenis und Astyages, den Kindern des Alyattes, Königs von Lydien, beziehungsweise des Kyaxares, Königs von Medien, eben zur Besiegelung jenes Vertrages stattgefunden hatte. Es ist sehr wohl zu begreifen, daß solche und ähnliche Hypothesen im Vordergrund standen, solange die von Texier entdeckte Stadtruine und die Felsreliefs in deren unmittelbarer Nachbarschaft aus sich selbst heraus keine genauere Zeitbestimmung und keine klare Vorstellung über ihre ehemalige ethnische Zugehörigkeit zuließen. Denn daß beides – Stadt und Felsbilder – in einer direkten Beziehung zueinander gestanden haben dürften, lag von Anfang an nahe, wurde im allgemeinen auch angenommen, blieb aber doch bis in die Zeit vor dem Zweiten Weltkrieg hinein manchen Zweifeln unterworfen. VICTOR CHRISTIAN, der Wiener Altorientalist, äußerte sich sogar noch 1933 in einer eindringlichen Arbeit dahin, daß die Felsreliefs ganz erheblich jünger seien als die benachbarte Stadt. Nachdem aber in den letzten Jahrzehnten sehr eingehende Untersuchungen der Felsbilder stattgefunden haben, kann an ihrer Zugehörigkeit zu dem hethitischen Hattuscha kein Zweifel mehr bestehen. Einige Königsnamen am Fels erlauben sogar, sie einem bestimmten Abschnitt innerhalb des 13. Jahrhunderts v. Chr. zuzuweisen. Doch gibt es unter den Tausenden in Hattuscha gefundener Keilschrifttexte nicht einen einzigen, der sich unmittelbar auf Yazılıkaya bezieht. Der alte Name des Felsheiligtums ist ebenso unbekannt wie der Bildhauer oder die Bildhauergemeinschaft, welche die Reliefreihe geschaffen hat. Es gilt daher, andere Wege zum Verständnis einzuschlagen, wobei den Möglichkeiten, die uns die archäologische und philologische Betrachtungsweise bietet, nach wie vor das Hauptgewicht zukommt.

Seit Texiers Tagen sind in Kleinasien in einem Raum, der im Westen durch das Hinterland von İzmir (Smyrna), im Osten durch den oberen Euphrat bestimmt ist, und der im Norden in den Südausläufern der pontischen Gebirgszone, im Süden durch die Küste des Mittelmeers seine Begrenzung findet, zahlreiche hethitische

Felsreliefs entdeckt worden, die jedoch sowohl in ihrem Umfang wie auch in ihrer Qualität Yazılıkaya erheblich nachstehen. Sie bilden nur Einzelbilder oder bestenfalls einzelne Bildgruppen, während man es in Yazılıkaya mit einem großen Bildzyklus zu tun hat, der nirgends im in Frage stehenden Raum seinesgleichen findet und wahrscheinlich auch niemals gefunden hat, der, mit anderen Worten ausgedrückt, das umfassendste, hervorragendste Monument seiner Art im hethitischen Kulturgebiet gewesen ist.

In den Jahren 1937, 1938 und 1939, dann wieder 1966 wurden in Yazılıkaya Ausgrabungen vorgenommen, die unsere Vorstellungen von der ursprünglichen Gestalt der Felsgruppe ganz wesentlich gefördert und damit zur Deutung des Monumentes beigetragen haben. Die Bemühungen um das Verständnis einzelner Reliefs gingen damit Hand in Hand. Wesentliche Station auf diesem Wege war die Erkenntnis, daß die Hauptgöttin, die in den Felsbildern dargestellt ist, einen hurritischen Namen trägt, nämlich den der Hepat. Einen ganz entscheidenden Fortschritt aber bedeutete die EMMANUEL LAROCHE gelungene Identifizierung der wesentlichen in Yazılıkaya dargestellten Gottheiten mit Göttern des hurritischen, nicht des hethitischen Pantheons, eine Erkenntnis, die durch den Vergleich mit den in der Schwurgötterliste der hethitischen Staatsverträge aufgeführten Gottheiten hurritischen Gepräges und einer fortgeschrittenen Lesung der sogenannten hethitischen Bilderschrift gelungen ist. Um zu verdeutlichen, in welchem Umfange uns heute das Verständnis für dieses Felsheiligtum erschlossen ist, müssen wir uns jedoch jetzt endlich dem Monument unmittelbar zuwenden.

Der Weg, der die hethitische Hauptstadt mit Yazılıkaya verbindet, ist durch die Gestalt des Geländes so vorgezeichnet, daß er mit ausreichender Sicherheit rekonstruiert werden kann, auch wenn keine sichtbaren Spuren einer künstlich angelegten und befestigten Straße erhalten sind. Er verließ die Stadt nahe dem nördlichsten Ende des bewohnten Gebietes in einem Stadtviertel, in dem der größte Tempel von Hattuscha liegt. Ein noch nicht ausgegrabenes, aber in seinen Trümmern deutlich erkennbares Tor markiert den Anfang des Weges, der erst ein Bachbett quert, dann jenseits steil, bald sanfter ansteigt und mitten durch ein mit größeren und kleineren Felsen besetztes Gebiet hindurchführt. In Nischen, Grotten und Spalten jener Felsen sind während des 17. bis 13. Jahrhunderts Bestattungen vorgenommen worden, sowohl Erdbestattungen als auch Beisetzungen von Urnen mit Leichenasche. Hier hat also mindestens eine der großen Nekropolen der hethitischen Hauptstadt gelegen. Es ist vielleicht nicht ohne Bedeutung, daß der die Stadt und das Felsheiligtum verbindende Weg mitten durch

71 Yazılıkaya, das Hauptbild: der oberste der Götter und die höchste der Göttinnen jeweils an der Spitze ihres Zuges (vgl. Abb. 70 und Abb. S. 138)

dieses Gräberfeld führt und daß die Grabfelsen beidseitig dieser Verbindungslinie, wenn auch nicht in fortlaufendem Zuge, so doch an einer Stelle in auffallender Häufung liegen. Weiterhin strebt der Weg fast gerade und in gleichmäßigem Anstieg einer Felsgruppe zu, die sich äußerlich gegenüber der näheren und ferneren Umgebung nicht wesentlich heraushebt (Farbt. 15, 16). Sie enthält jedoch im Innern zwei ungleich große natürliche Kammern und außerdem eine Reihe von kleineren Grotten und Felsnischen, die alle zusammen, möglicherweise verbunden mit dem Vorkommen in der Nähe auftretenden Wassers, die Wahl des Platzes als Felsheiligtum entschieden haben.

In der größeren der beiden Kammern ist ein Zug von 66 Gottheiten dargestellt, mit nur je einer Ausnahme aufgeteilt in männliche und weibliche, und zwar in der Weise, daß die männlichen vom Eintretenden links erscheinen, die weiblichen rechts (Abb. 72). Bei den meisten stehen die zugehörigen Namen in Bilderschrift unmittelbar vor ihnen über dem vorgestreckten Unterarm. Beide Züge schreiten in einer teils gemessenen, teils lebhafteren Bewegung auf die rückwärtige Wand der

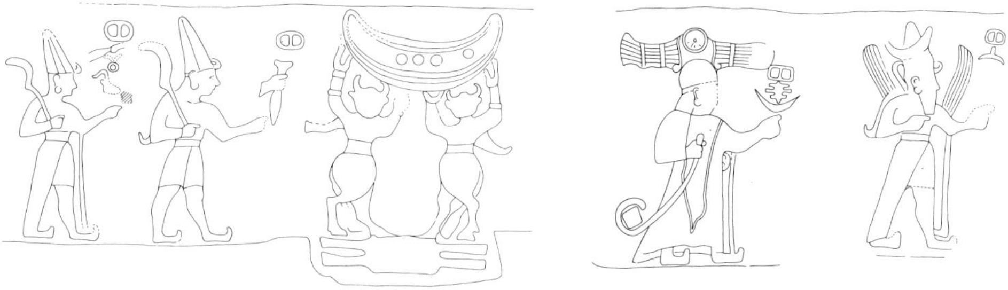

Kammer zu, die das Hauptbild trägt (Abb. 71). Hier stehen sich der oberste der Götter und die höchste der Göttinnen an der Spitze ihres Zuges frontal gegenüber. Mit Ausnahme des Hauptbildes sind alle gleich groß gebildet und erscheinen in jener Darstellungsweise, wie sie uns in der hethitischen Kunst ganz geläufig ist: die männlichen Gestalten im Profil mit Ausnahme des in die Vorderansicht gedrehten

71 a–d Yazılıkaya, S. 138 oben links: Pischaischaphi und Nergal (?) vor den göttlichen Stieren Scheri und Hurri, die auf der Erde stehen und den Himmel tragen; oben rechts: der Sonnengott des Himmels, über dem Kopf die geflügelte Sonnenscheibe, daneben der Mondgott mit Spitzmütze und Mondsichel. S. 138 unten: der Wettergott Teschup auf zwei Berggöttern stehend, vor ihm die Sonnengöttin Hepat auf einem Löwen; hinter Hepat Scharrumma mit einer Axt in der Linken, an der Leine führt er den Panther auf dem er steht; es folgen Alanzu, Tochter des Hauptgötterpaares, und eine Enkelin des Teschup (?) auf dem Doppeladler stehend. S. 139: das große Königsrelief: Tuthalija IV. mit Namenskartusche, stehend auf zwei Bergkegeln. (Nach: Boğazköy-Hattuša IX, Berlin 1975, Taf. 56–60)

Oberkörpers samt den Schultern, alle weiblichen Gestalten dagegen in strenger Seitenansicht (Abb. 72). Nur die obersten Gottheiten des Hauptbildes, sieben im ganzen, davon vier männliche und drei weibliche, sind sowohl durch ihre betonte Größe als auch durch die sie begleitenden Symbole über die Gottheiten niederer Ordnung bewußt vom Künstler herausgehoben. Sie stehen entweder auf kegelförmigen oder konisch gebildeten Bergen oder auf Tieren, wie Panther oder Löwe und Doppeladler, die ihrerseits wieder auf Bergen stehen können. Der Hauptgott jedoch steht mit seinen Beinen auf Göttern niederer Ordnung, die durch ihre Tracht und ihre Embleme als Berggottheiten charakterisiert sind (Abb. S. 138; vgl. a. Abb. 73), spitze Mützen tragen und deren Köpfe unter der Last des Hauptgottes schwer gebeugt erscheinen.

Während die weiblichen Gottheiten mit ihrem langen, meist senkrecht gefalteten Rock, dem breiten Hüftgürtel und dem hohen Polos so gut wie keine individuellen

72 Yazılıkaya, Relief der weiblichen Gottheiten in Kammer A, Felsabtreppungen

Unterschiede aufweisen, zeigen die männlichen Götter stärkere Differenzierungen im einzelnen. Die Mehrzahl ist mit einem bei den Hethitern typischen Leibrock bekleidet, der über den Knien endet. Sie tragen Schnabelschuhe an den Füßen und eine spitze, den Göttern eigene Mütze mit einem oder mehreren Hörnern an deren Vorderseite. Andere sind geflügelt, wobei in einem Fall diese Flügel, wenn auch in sehr einfacher Weise, als in starker Bewegung begriffen angedeutet sind. Man begegnet aber auch halbrunden kappenartigen Kopfbedeckungen. In der Bewaffnung bestehen ebenfalls Unterschiede, denn teils sind die Götter mit einem Sichelschwert, teils mit einer Keule bewehrt. Andere sind dagegen gänzlich unbewaffnet.

Auf der rechten Seite dieser Kammer befindet sich frei für sich, also nicht im unmittelbaren Verband der beiden Götterzüge, jedoch dem Hauptbild fast genau gegenüber, das nahezu 3 m hohe Relief eines hethitischen Großkönigs (Farbt. 17 u. Abb. S. 139). Er trägt einen großen, weit nachschleppenden Mantel, in der linken Hand einen am Ende in eine Spirale nach Art eines Lituus aufgebogenen Stab, eine eng anliegende halbrunde Mütze und über der rechten ausgestreckten Hand die aus hethitischen Bilderschriftzeichen bestehende Königskartusche, bekrönt von der geflügelten Sonnenscheibe. Der Name lautet auf den eines Großkönigs Tuthalija. Eine in der Königskartusche enthaltene Zeichengruppe, die sich wie ein auf einer Blüte links und rechts, also verdoppelt, stehender Dolch ausnimmt und mit der vermutlich der Titel Tabarna gemeint ist, beweist, daß das Felsbild den vierten hethitischen König dieses Namens zeigt (zwischen 1250 und 1220 v. Chr.).

Einige der in diesen großen Götterzügen dargestellten Gestalten sind heute mit Sicherheit zu identifizieren. Die große, auf dem Panther stehende Göttin ist, wie wir schon hörten und wie ihre syllabisch geschriebene Beischrift in Bildzeichen erweist, die Göttin Hepat (s. Abb. S. 138); ihr gegenüber ihr Gemahl, der große Wettergott von Hatti, mit dem ideographischen Zeichen für Teschup gekennzeich-

73 Elfenbeinstatuette einer Berggottheit, gefunden in Hattuscha, Höhe 36,8 cm

74 *Yazılıkaya, Sonnengott und Mondgott, Höhe 85 und 81 cm*

net. Der kleinere, eine Axt auf der Schulter tragende Gott hinter der Hauptgöttin, der seinerseits auf einem Panther steht, ist laut Beischrift Scharrumma, der Sohn von Teschup und Hepat. Die auf Bergen stehende Gestalt hinter Teschup (Abb. 70) ist der Wettergott der Stadt Hattuscha, also der hethitischen Hauptstadt selbst. In der Reihe der kleiner gebildeten Gottheiten stellt die geflügelte Gestalt mit spitzer Mütze, gefolgt von zwei weiblichen Gottheiten mit langem Rock, die hurritische Schauschga, die Ischtar als Kriegsgöttin dar, daher im männlichen Zuge der Gottheiten, begleitet von ihren Dienerinnen Ninatta und Kulitta. Dann folgen rückwärts der Mondgott und der Sonnengott (Abb. 74 u. S. 138), übrigens in einer für das hurritische Pantheon bezeichnenden Ordnung. Der eine ist charakterisiert durch die Mondsichel quer über der Mütze, der andere durch die geflügelte Sonnenscheibe unmittelbar über dem Haupt. Noch weiter rückwärts, durch vier Gottheiten vom Sonnengott getrennt, begegnen wir dann einer Darstellung, die sich in doppelter Hinsicht von allen anderen Reliefs in dieser Kammer abhebt.

Erstens erscheint sie betont in der Frontale und zweitens handelt es sich um Wesen, deren Körper einschließlich der Arme menschlich gebildet sind, die aber Stierköpfe und Stierbeine haben, demnach als Mischwesen gedacht sind (Abb. S. 138). Sie tragen ein boot- oder mondsichelförmiges Gebilde mit hocherhobenen Armen und stehen auf einem rechteckigen Podest, das unter die Bildfeldkante eingelassen ist und von dem beidseitig doppelte Stege ausgehen. Man weiß heute, was damit gemeint ist. Die beiden Stiermenschen tragen das Bilderschriftzeichen für Himmel; der Gegenstand, auf dem sie stehen, ist das Zeichen für Erde, die hier ganz sinngemäß unter das Bildfeld hinuntergreift, in die Unterwelt hineinreicht. Eine Darstellung also, die jene die untere mit der oberen Welt verbindenden Mächte wiedergibt, jener Welt, in der die Menschen zu leben gehalten sind.

Ohne daß es besonders betont worden ist, dürfte aus dem eben Ausgeführten deutlich geworden sein, daß der große Götterzug in Yazılıkaya sich aus Einzelfiguren bzw. aus Einzelmotiven zusammensetzt, die nur dadurch sich zum Ganzen fügen, daß sie in dem Felsbild in einer sinngemäßen und in einer strenger Rangordnung unterworfenen Reihung erscheinen. Über diese Reihung hinaus die einzelnen Figuren durch einen sichtbaren Bezug und durch künstlerische Hilfsmittel, die späteren Zeiten geläufig waren, in Beziehung zueinander zu bringen, hat der Bildhauer nicht angestrebt, wohl auch gar nicht vermocht. Aber selbst in dieser einfachen Reihung und in der einfachen Steigerung vom Niederen zum Höheren, wie es in den Größenverhältnissen bis hin zum Hauptbilde gegeben ist, bietet diese Galerie am Orte dem Beschauer ein höchst eindrucksvolles Bild, eindrucksvoll vielleicht nicht zuletzt deshalb, weil es mit so einfachen Mitteln erzielt ist.

Eine Folge von Einzelbildern und Einzelmotiven ist in der hethitischen Kunst vor Yazılıkaya in diesem Umfange ohne Beispiel, wenigstens soweit erhaltene Denkmäler ein solches Urteil zulassen. Man kann sich jedoch mit Recht fragen, ob man überhaupt eine Entwicklung hin zu Yazılıkaya unbedingt nur in Äußerungen monumentaler Kunst zu suchen habe oder ob Ansätze in dieser Richtung nicht in der Kleinkunst oder in der Wandmalerei vorgelegen haben könnten. Sicher ist, daß die Einzelfigur von Gottheiten, wie sie uns in Yazılıkaya begegnet, namentlich der männlichen Gottheiten, im Haupttypus mindestens bis in das 18. Jahrhundert v. Chr. belegbar ist. Das zeigen kleine Figürchen aus Blei von Göttern mit hoher Mütze, Leibrock und Sichelschwert, also genau einer in Yazılıkaya vertretenen Gruppe von Gottheiten entsprechend. Und daß mindestens im 16. Jahrhundert v. Chr. die Aufreihung von Einzelmotiven zu geschlossenen Darstellungen eines bestimmten Themas üblich war, beweisen polychrome Reliefvasen. Die eine ist in

Bitik nordwestlich von Ankara gefunden worden, eine zweite bei İnandık, unweit von Çankırı, dem antiken Gangra. Aber trotz solcher und ähnlicher Ansätze, die zu erkennen eine bis heute leider noch relativ geringe Zahl von Fundstücken ermöglicht, kann es doch nicht bezweifelt werden, daß im Zuge einer solchen Entwicklung Yazılıkaya die erste große monumentale Äußerung eines solchen Bildgedankens ist. Seine Verwirklichung setzte, bei aller Einfachheit im einzelnen, geübte – für uns leider anonyme – Bildhauer voraus, die mit dem bronzenen Meißel umzugehen verstanden und die mit der Struktur des Kalkfelsens vertraut waren. Es ist nicht abwegig, an eine Bildhauerschule zu denken, die sich in einem Atelier irgendwelcher Art erst erprobte, bis sie sich an ein so umfassendes Werk wagen konnte. Die Felsbilder sind auch ohne eine zuvor geschaffene zeichnerische Vorlage kaum denkbar, die es vor der Ausführung mit den am Fels verfügbaren oder erst noch zu schaffenden Flächen in Einklang zu bringen galt. Natürliche Risse und Löcher erforderten hier und dort spezielle Rücksicht und waren zum Beispiel dafür verantwortlich, daß die linke Seite des Hauptbildes viel weniger gedrängt ist als die rechte. In frischem Zustand müssen sich die Reliefs wie ein weißes Band von dem seit alters darüber und darunter grau patinierten Felsen leuchtend abgehoben haben. Sie drängten sich daher ganz anders in den Blick als heute.

Waren es hethitische, örtliche Bildhauer, die im Auftrage eines Großkönigs das Werk ausführten, oder Künstler ihrer Zeit, die von auswärts, möglicherweise sogar aus der Ferne zu diesem Zwecke nach Hattuscha berufen wurden? Daß man sich Künstler von Hof zu Hof auslieh, ist auch für die hethitischen Könige wenigstens in einem Beispiele bezeugt. In einem Briefe, den Hattuschili III. an Kadaschman-Enlil II., König von Babylon, vor 1258 gerichtet hat, heißt es:

> »(Bilder) will ich herstellen und im Familienhause aufstellen. Aber, mein Bruder, einen Bildhauer [.... sende mir. Sobald] er die Bilder beenden wird, werde ich ihn (zurück) senden und er wird (wieder) zu Dir kommen. [Habe ich etwa den früheren] Bildhauer nicht (zurück) gesandt... Habe ich da nicht wortgehalten (?) ? [Mein Bruder, den Bildhauer] enthalte mir nicht vor!«

Leider kann man daraus nicht entnehmen, ob mit den Bildern Statuen oder Reliefs gemeint waren. Auch bleibt unklar, was unter dem Familienhaus zu verstehen ist, in dem sie aufgestellt werden sollen. Dabei an einen internen Palastteil zu denken, ist nur eine Möglichkeit. So aufschlußreich diese Textstelle für temporär im

75 Yazılıkaya, Blick in die kleine Kammer; links (Ostwand) der Schwertgott und Scharrumma mit Tuthalija IV., rechts der Zug der zwölf Götter (s. a. Abb. 76, 77 u. 79)

76 Yazılıkaya, der Zug der zwölf Götter, Reliefhöhe ca. 82 cm

Ausland arbeitende Künstler ist, wird man doch bei Yazılıkaya schwerlich an Bildhauer denken dürfen, die außerhalb des hethitischen Kulturgebietes beheimatet waren. Das müssen schon Künstler gewesen sein, die mit dem Felsen umzugehen verstanden, was für Babylonien kaum zutrifft. Eher für Teile Syriens und ebenso für Ägypten. Aber Werke, die Yazılıkaya zeitlich vorausgehen, zeigen, daß man im Hattilande selbst auf einem Wege war, der schließlich zu Yazılıkaya führen konnte. Ich meine damit die Orthostaten von Alaca Höyük aus dem 14. Jahrhundert, die kleinere kultische Aufzüge bieten, und das Felsrelief von Sirkeli in Kilikien, das den Großkönig Muwatalli (1306–1282) allein darstellt, demnach etwas älter als Yazılıkaya ist, aber im Vergleich mit einem dort inhaltlich sehr eng verwandten Werk, dem auf Bergen stehenden Tuthalija IV., seine weitaus geringere Qualität verrät. Außerdem gliedert sich Yazılıkaya, wenn es auch das umfaßendste und vollendetste Werk ist, so unverkennbar in eine hethitische Kunstschule ein, zu der ich auch die Reliefs von *Gavûrkale* bei Ankara und das am *Karabel* im Hinterland von İzmir rechne, daß man bei ihren Schöpfern an Leute denken sollte, die als Künstler und Handwerker in Anatolien zu Hause waren. Das schließt nicht aus, daß sie im einzelnen Anregungen von außen zugänglich waren.

So sehr durch die Einflüsse von Wind und Wetter über eine sehr lange Zeit die Reliefs gelitten haben, wird doch beim Vergleich der besser erhaltenen ohne weiteres deutlich, daß man nicht das Werk eines einzigen Bildhauers vor sich hat, sondern daß mehrere Hände daran beteiligt gewesen sind. Die Wiedergabe der weiblichen Gottheiten zum Beispiel ist von sehr unterschiedlichem Rang. Das Hauptbild in der Großen Kammer dürfte dagegen in seiner Gesamtheit die Schöpfung eines einzigen Künstlers sein.

Was aber, so werden wir unmittelbar fragen, ist mit diesem großen Götterzug gemeint? Was spielte sich in der Kammer, deren Wände er einnimmt, ab? Mit

77 *Yazılıkaya, die Reliefs der Ostwand der kleinen Kammer*

anderen Worten: Welche Bedeutung hatte, unbeschadet der Identifizierung von einzelnen Göttern und Göttinnen, unbeschadet auch der Tatsache, daß wir es mit Gottheiten des hurritischen Pantheons zu tun haben, das Ganze?

Dabei ist es unerläßlich, zunächst noch einen Blick auf die kleine Kammer zu werfen. Man erreicht sie durch einen ursprünglich engen, jedoch in alter Zeit künstlich etwas erweiterten Felsgang, dessen Eintritt links und rechts von löwenköpfigen Dämonen, die ihre Pranken abwehrend hochhalten, beschützt wird. Jenseits dieses Durchganges befindet man sich in einer langgestreckten, ziemlich schmalen Kammer mit links und rechts sich senkrecht erhebenden Wänden, die wie künstlich geglättet wirken, tatsächlich aber ihre Gestalt einem natürlichen Spaltungsvorgang des Felsens in ferner Vorzeit verdanken (Abb. 75). In dieser Kammer sind rechts vom Eintretenden zwölf nach vorwärts schreitende Götter mit Spitzmütze und Sichelschwert dargestellt (Abb. 76), die jenen entsprechen, welche den Beschluß des Zuges der männlichen Gottheiten in der Großen Kammer bilden. Auf der Gegenseite bemerkt man ein gut erhaltenes, 1,7 m hohes Relief mit zwei Figuren, von denen die eine, größere, durch ihre Embleme als Gottheit charakterisiert ist, die andere, kleinere, in entsprechender Weise als Großkönig (Abb. 77, 79). Die beiden Gestalten fallen durch ihre starke Plastik, die sich ziemlich hoch über den Bildgrund erhebt, auf. Die Wiedergabe der unteren Partien des Gottes, namentlich das vorgestellte Bein mit seiner Muskulatur und der Fuß zeigen nahe Verwandtschaft mit dem Relief eines Gottes am sogenannten Königstor in der Oberstadt von Hattuscha (s. Abb. S. 2). Beide Figuren des Reliefs in Yazılıkaya schreiten nebeneinander, jedoch nicht teilnahmslos, sondern in einer Bindung, die der Künstler auf eine zwar einfache, aber doch eindrucksvolle Weise zur Darstellung zu bringen verstanden hat: Der Gott hat den linken Arm um die Schulter des Königs gelegt und hält den Herrscher an dessen linkem Handgelenk gefaßt, in einer Geste also, die in gleicher Weise den Schutz ausdrückt, den der Gott dem König zuteil werden, wie auch die Führung, die er dem Dynasten auf seinem Wege angedeihen läßt. Die Beischrift lautet auf Scharrumma und damit auf den gleichen Gott, der in der Großen Kammer hinter der auf dem Löwen stehenden Hauptgöttin zu sehen ist. Der Großkönig aber ist Tuthalija IV., also der nämliche König wie der in der Großen Kammer dargestellte, nur mit dem einzigen Unterschied, daß hier sein Name ideographisch geschrieben ist. Das bedeutet, daß sowohl in der Großen als auch in der Kleinen Kammer jeweils das einzige Relief, das im Unterschied zu allen anderen ein menschliches, kein göttliches Wesen wiedergibt, dem gleichen König gilt und sich den Jahrzehnten unmittelbar nach der Mitte des 13. Jahrhunderts v. Chr. zuweisen läßt. An derselben Felswand, links von diesem

Königsrelief, befindet sich eine merkwürdige Darstellung (s. Abb. 75 u. 77), deren Deutung zu stark voneinander abweichenden Meinungen Anlaß geboten hat. Man sieht einen menschlichen Kopf, der durch die spitze Mütze, die er trägt, als der eines Gottes gekennzeichnet ist. Unmittelbar darunter folgend zwei Löwenprotome mit den Köpfen und den erhobenen Vorderpranken links und rechts, darunter zwei antithetische vertikale Löwen im Sprung und schließlich zuunterst, mit den eben genannten Löwen verbunden, eine zweischneidige Klinge mit einem starken Mittelgrat. Wie die Abarbeitungsspuren deutlich zeigen, stieß diese Klinge einst an das Kalksteinpflaster, das den Boden dieser Kammer bildete, aber längst ausgeraubt ist. Es ist kein Zweifel, daß mit dieser Darstellung ein in die Erde gestecktes Schwert gemeint ist, bestehend aus dem oberen Teil der Schwertklinge, dem in Form der Löwen figural ausgestalteten Schwertgriff und dem Schwertknauf, der mit dem Kopfe eines Gottes gebildet ist. Das Schwert, demnach als der Sphäre der Götter zugehörig ausgewiesen, könnte demnach Emblem eines bestimmten Gottes sein.

Links von diesem »Schwertgott« befindet sich an der gleichen Felswand eine Figur, die nur in ganz roher Bosse angelegt und über die ersten Anfänge hinaus nicht weiter bearbeitet worden ist. Welches Bild diese Stelle einnehmen sollte, ist daher nicht auszumachen. Doch zeigen solche Spuren deutlich genug, daß zumindest in diesem Teile Yazılıkayas weitere Reliefs vorgesehen waren, deren Ausführung aus irgendeinem Grunde, vielleicht infolge des Unterganges von Stadt und Felsheiligtum, unterblieb. Noch weiter links folgt dann ganz für sich stehend und ohne jede unmittelbare Verbindung mit einer weiteren Darstellung abermals der Name von Tuthalija IV. in der uns schon geläufigen Form mit der geflügelten Sonnenscheibe, welche die Zeichengruppe krönt. Dieser Großkönig ist also als einziger in Yazılıkaya verewigt, und zwar nicht weniger als dreimal. Das lenkt unsere Überlegungen bei der Frage nach der Deutung und der Zeitbestimmung des Felsheiligtums entschieden auf ihn.

Die Reliefs in dieser Kleinen Kammer weichen demnach von dem Bildzyklus in der Großen Galerie inhaltlich stark ab. Zudem handelt es sich durchaus um Einzelmotive, die für sich zu stehen scheinen, keine sinnfällige Ordnung aufweisen, und die von den Bildhauern in keinen für uns ohne weiteres faßbaren Bezug gebracht sind. Lediglich in einer Hinsicht bekunden sie ihre Zusammengehörigkeit: sie sind mit Ausnahme des zuletzt genannten Königsnamens alle von Süden nach Norden orientiert, sowohl in ihrer Bewegung, nämlich die zwölf Götter auf der westlichen Kammerseite, wie auch in ihrer Blickrichtung, darin nicht nur Götter und Großkönig, sondern ganz folgerichtig auch die Bilderschriftzeichen.

Man hat daher nicht zu Unrecht geschlossen, daß alle diese Felsbilder Bezug auf ein Monument oder ein Symbol hatten, das im Norden dieser Kammer aufgestellt gewesen sei, und das vielleicht einem Ahnen, einem gleichnamigen Ahnen jenes Königs Tuthalija gehörte, den wir im Felsbild mit seinem Schutzgott Scharrumma kennengelernt haben (Abb. 79).

Eben auf dieses Relief müssen wir noch einmal kurz zurückblicken, denn es ist ein besonders guter Beleg für die Umsetzung von Einzelmotiven der Kleinkunst in die monumentale Bildkunst. In der gleichen Weise wie hier im Felsbild erscheinen hethitische Könige auch auf großköniglichen Siegeln, also in der Glyptik. Ein in Boğazköy gefundener Abdruck eines Siegels des Königs Muwatalli aus der Zeit um 1300 gehört in diesen Zusammenhang (Abb. 78a, b). Ein noch eindrucksvolleres Beispiel kennt man auf einer Keilschrifttafel von Ras Schamra, dem alten Ugarit in Nordsyrien, auf deren einer Seite in der Mitte ein Siegel von Tuthalija IV. abgedrückt ist, der Großkönig geführt und beschützt von seinem persönlichen Gott, in diesem Falle jedoch Gott und König in gleicher Tracht. Indirekt ist dieses Motiv sogar seit langem dadurch bekannt, daß in der ägyptischen Version des im 21. Jahre Ramses' II., das heißt um 1270 v. Chr., mit dem hethitischen König Hattuschili III. abgeschlossenen Staatsvertrag, der aus Karnak und – in Fragmenten – aus dem Rameseum in Oberägypten bekannt ist, das Siegel der Vertragsurkunde mit den Worten beschrieben ist:

78a, b Abdruck eines Siegels des Königs Muwatalli auf einer Bulla, gefunden in Boğazköy, Durchmesser ca. 5,5 cm

79 Yazılıkaya, Relief der Ostwand: der Gott Scharrumma mit König Tuthalija IV.

»Was in der Mitte der Tafel aus Silber ist. Auf der Vorderseite: eine Figur, die aus dem Bilde des Seth besteht, der ein Bild des großen Fürsten von Hatti umarmt, umgeben von einem Band mit den Worten: das Siegel des Seth, des Herrschers des Himmels, das Siegel des Vertrages, den Hattuschili machte, der große Fürst von Hatti, der Mächtige, der Sohn des Murschili, des großen Fürsten von Hatti, des mächtigen.«

Das ist zweifellos ein Siegel gewesen, das in seinem Bildteil den erwähnten Abdrücken aus Hattuscha und Ras Schamra ebenso entsprach wie dem Relief in der Kleinen Kammer von Yazılıkaya, das man früher irrtümlich Hattuschili III. zugewiesen hat, was verständlich war, solange man nur die ägyptische Beschreibung kannte. Inzwischen haben wir nun aber gelernt, daß diese Darstellung des den Großkönig umarmenden und führenden Schutzgottes mindestens seit der Zeit um 1300 v. Chr. typisch für das große hethitische Staatssiegel gewesen ist und daß das gleiche Motiv, wie Yazılıkaya zeigt, seine Stellung in der Monumentalkunst unverändert im 13. Jahrhundert eingenommen hat.

Bei diesem Stande unserer Betrachtung empfiehlt es sich, die folgenden Gegebenheiten festzuhalten: Die Reliefs in den beiden Kammern unterscheiden sich nicht in ihrem Stil und in ihrer Form, zeigen vielmehr deutlich genug, daß sie dem gleichen Kunstkreise angehören. Wohl aber distanzieren sie sich in der Art, wie sie an den Felswänden angebracht sind:

a) In der Großen Kammer hat man es mit einem fortlaufenden Aufzuge männlicher und weiblicher Gottheiten zu tun, die sich an der Spitze, vertreten durch die jeweiligen höchsten Wesen, begegnen. In der Kleinen Kammer dagegen sahen wir in sich geschlossene, je für sich stehende Felsbilder, die ohne äußerlich sichtbaren Bezug angebracht sind.

b) Außer den Göttern ist zweimal der Großkönig Tuthalija IV., selbst was die Physiognomie betrifft, gewiß nicht in individueller Wiedergabe, sondern in einem stereotypen Bilde dargestellt. Noch stärker betont wird die Singularität gerade dieses Königsnamens in Yazılıkaya dadurch, daß in der Kleinen Kammer eine Kartusche, die ohne zugehöriges Bild ist, ebenfalls auf Tuthalija lautet. Man hat daher mit Recht geschlossen, Yazılıkaya sei als Ganzes zur Zeit dieses Königs geschaffen worden und habe nur noch die letzten Jahrzehnte des hethitischen Großreiches erlebt, das um 1200 v. Chr. zugrunde gegangen ist.

Schon vor längerer Zeit ist mehr als einmal die Vermutung geäußert worden, die Felsgruppe von *Yazılıkaya* (Abb. 80) könnte schon, ehe sie mit Reliefs versehen

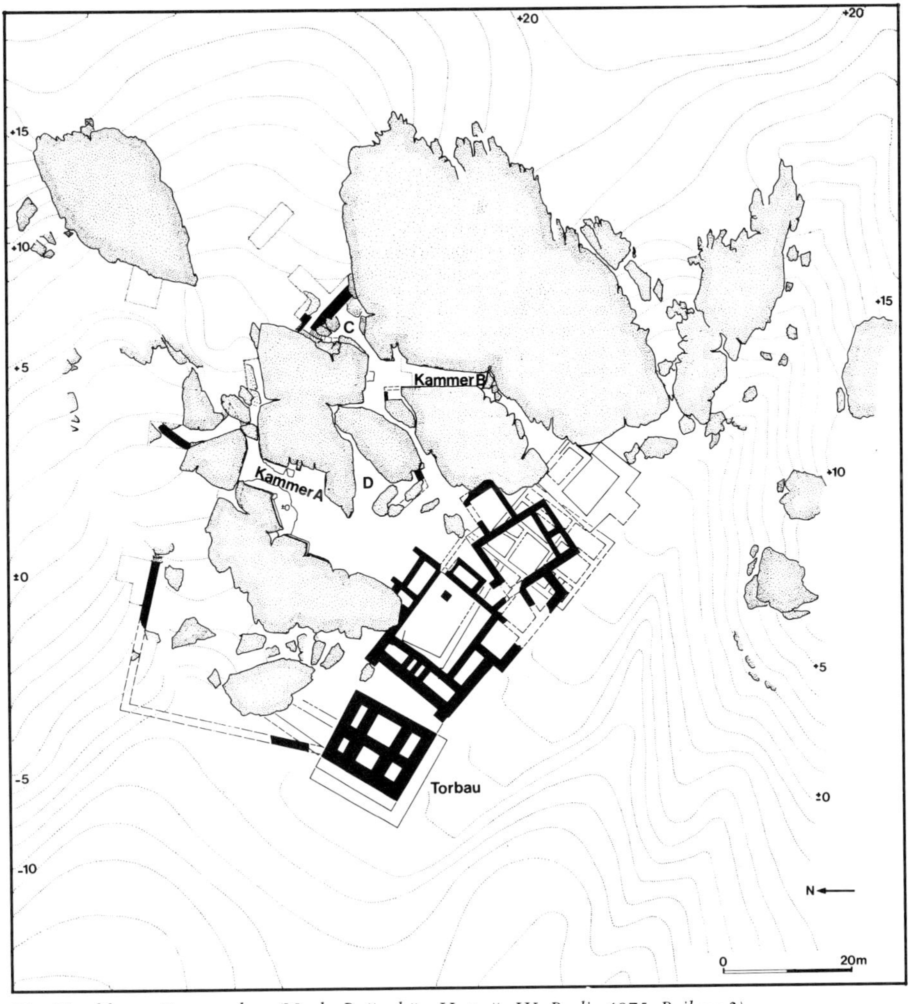

80 Yazılıkaya, Gesamtplan. (Nach: Boğazköy-Hattuša IX, Berlin 1975, Beilage 3)

worden ist, für einen Ort gegolten haben, in dem sich das Walten überirdischer Mächte offenbarte. Bei den Ausgrabungen hat sich das dann in gewissem Sinne bestätigt. Ob die Kammern und einzelne Felsspalten schon in der frühen Bronzezeit, also im 3. Jahrtausend v. Chr., aus dem – von noch älteren des Chalkolithikums abgesehen – Funde in nicht geringer Zahl vorliegen, für Handlungen kultischer Art gedient haben, ist allerdings fraglich. Objekte, die eindeutig in diese

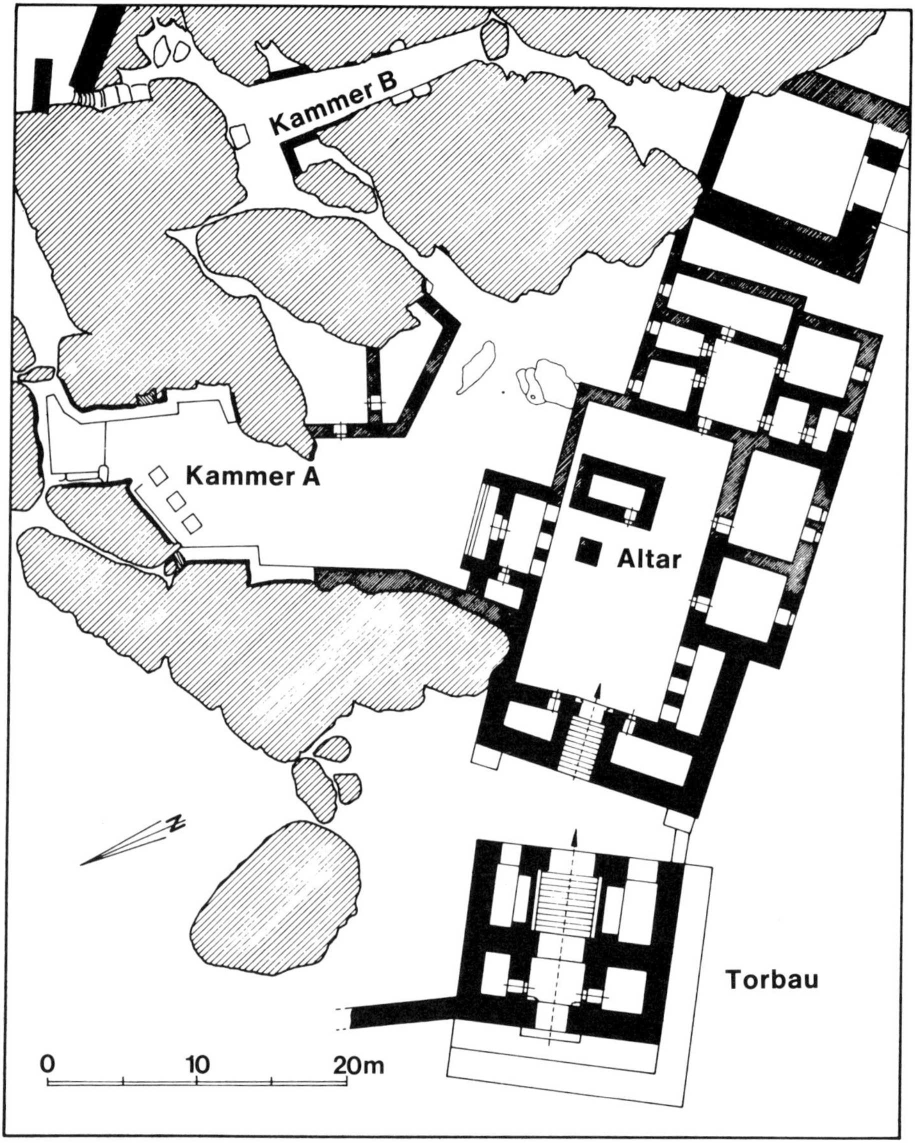

81 Yazılıkaya, Plan der Architekturanlagen vor dem Felsheiligtum; Kammer A = große Kammer, Kammer B = kleine Kammer

Richtung weisen, fehlen. Aber von etwa 1500 ab darf mit einem Heiligtum gerechnet werden. Von ungefähr dieser Zeit an gibt es nicht nur zahlreiche hethitische Keramik, sondern auch eine der Großen Kammer vorgelagerte Mauer, die sowohl einen Abschluß nach außen garantierte als auch eine nicht unerhebliche innere Terrasse begrenzte, die unmittelbar vor der Kammer einen geräumigen Vorhof bildete, der für die Versammlung einer Kultgemeinde geeignet war (Abb. 81). Erst im 13. Jahrhundert wurde dann dieses einfache Heiligtum, bei dem die von der Natur gegebenen Voraussetzungen durchaus vorherrschten, zu einem Felstempel großen Stils, indem die Felsgruppen und Felskammern mit umfangreicheren Architekturanlagen verbunden, die das Ganze in einen umfassenden Kultbezirk einbezogen, und indem die Felswände in den Kammern mit Reliefs versehen wurden. Der Kultbezirk war von der Außenwelt abgeschlossen. Umfassende Bauanlagen schlossen sich auf der Südseite den Felsnischen an. Man betrat, wenn man auf dem zu Eingang dieses Kapitels erwähnten hethitischen Prozessionswege von der Stadt her zu dem Heiligtum hinaufzog, zunächst einen großen, für sich stehenden Torbau, in dem man über eine Treppe auf eine höher gelegene Terrasse gelangte. Dann erreichte man durch einen kleineren Torraum einen rechteckigen Hof, der auf zwei Seiten von kleinen Gelassen umgeben war und in dessen rückwärtigem Teil das Fundament eines Altars und ein einräumiges Bauwerk lagen, das vielleicht für die Vornahme kultischer Waschungen bestimmt war. Durch eine Wendung um neunzig Grad nach links gelangte man dann durch einen weiteren Torbau auf einen Vorplatz, von dem aus sich der Zugang sowohl zu der Großen Kammer mit dem Götterzug als auch durch die spezielle Felspassage zur Kleinen Kammer öffnete. Diese demnach ziemlich umfangreiche Architekturanlage, die einen älteren Vorgänger in einer gewinkelten Mauer hatte, welche die Große Kammer lediglich nach außen abschloß, hält sich in allen wesentlichen Bauteilen – Propylon, Hof, Haus für Lustrationen, Ordnung dieser Teile in eine ungefähre Längsachse – durchaus an das, was wir auch sonst an gleichzeitiger sakraler hethitischer Architektur kennen, wobei sich als beste Beispiele die großen Tempelanlagen der benachbarten Hauptstadt bieten. Der Unterschied besteht nur darin, daß beim, wie wir vielleicht sagen dürfen, normalen hethitischen Tempel das Adyton, also das Allerheiligste, im rückwärtigen Teil, hinter dem Hofe, wenn auch aus der Längsachse etwas nach links oder rechts gerückt liegt, während es hier, vertreten durch die Felskammer mit dem großen Götterzug, im rechten Winkel zu den genannten Bauteilen steht. Diese Abweichung war ganz offensichtlich durch die Terrainverhältnisse in Yazılıkaya bedingt, welche die sonst übliche Aufreihung vom Propylon bis hin zum Adyton hier nicht zuließen (Abb. 82).

82 *Yazılıkaya, Schaubild von Süden. (Nach: Boğazköy-Hattuša IX, Berlin 1975, Abb. 111)*

Die Architektur, die den Felskammern vorgelagert ist und die sie zu einem Tempel im eigentlichen Sinne macht, hat im Laufe ihres Bestandes, wenigstens in ihrem rückwärtigen Teil, jenseits des Hofes, insofern eine einschneidende Veränderung erfahren, als dort die durch einen Brand, dessen Ursachen wir nicht kennen, zerstörten Räume neu errichtet worden sind, und zwar in stark veränderter Achsenstellung und unter erheblicher Verminderung der Zahl der Gelasse. Offenbar ist dieser Neubau in betonterer Weise auf den Felsgang zur Kleinen Kammer bezogen worden.

So sehr demnach Yazılıkaya mit Ausnahme der Felskammern selbst, die niemals überdeckt, sondern nach oben offen gewesen sind, dem hethitischen Tempelbau angeglichen ist, erfordert dieses Urteil eine nicht unerhebliche Einschränkung. Während die hethitischen Tempel, so weit wir sie bis heute aus dem Reichsgebiet kennen, sich durch eine sehr stabile Bauweise, vor allem durch mit großer Sorgfalt gelegte Fundamente, auszeichnen, sind hier mit Ausnahme des Propylons die Mauern kaum je bis zum gewachsenen Fels hinuntergeführt, sondern ruhen gewöhnlich auf Erde oder Schutt. Die Auswahl des Steinmaterials, auch beim aufgehenden Sockel der Wände erfolgte ohne besondere Ansprüche, die Verwendung von Spolien kommt vor, auf den Fugenschluß der einzelnen Quader wurde geringer Wert gelegt. Es ist daher ziemlich sicher, daß man hier, im Gegensatz zu den Stadttempeln, bei denen wenigstens Teile mehrgeschossig waren, nur mit einer einstöckigen Konstruktion rechnen darf. Sogar die Möglichkeit ist in Betracht zu ziehen, daß die Bauausführung sich nach der Bestimmung richtete, nämlich danach, daß dieses Felsheiligtum nur besonderen, zeitlich begrenzten Anlässen während des Jahres gedient hat.

Es muß indessen eingeräumt werden, daß diese vom Baubefund ausgehende Vermutung vielleicht nicht mit solcher Bestimmtheit ausgesprochen würde, wenn sie nicht zugleich in eine Richtung ginge, auf die auch andere, schon lange geltend gemachte Hinweise, was die Deutung des Götterzuges in der Großen Kammer betrifft, hinzielten. HEINRICH ZIMMERN hat bereits 1918, freilich nur mit einem Satz und ohne Begründung, die Meinung vertreten, Yazılıkaya könne ein »Neujahrsfesthaus«, ein *bīt akītu*, wie man es auch in Babylonien und Assyrien kennt, gewesen sein. WALTER ANDRAE und BENNO LANDSBERGER sind ihm darin gefolgt, ohne freilich diese Vermutung mit bestimmten Hinweisen stützen zu können. Durch einen Text, den HEINRICH OTTEN veröffentlicht hat, ist jetzt jedoch immerhin erwiesen, daß der Beginn des neuen Jahres auch von den Hethitern als Fest besonderer Prägung begangen worden ist. Es heißt da:

> »Dem Wettergott wurde zum Jahresanfang ein gewaltiges Fest des Himmels und der Erde gefeiert. Alle Götter versammelten sich und traten in das Haus des Wettergottes. Ein jeder Gott, der in seiner Seele Ärger (?) hegt, der soll den bösen Ärger (?) vor seiner Seele verjagen. Nun eßt bei diesem Feste, trinkt! Sättigt Euch und stillt Euren Durst. Des Königs und der Königin Leben sprechet! Des Himmels und der Erde Leben (?) sprechet! Des Getreides Leben sprechet aus!«

Andererseits hat die Bearbeitung des großen Rituals über die AN.TAH. SCHUM-Pflanze durch HANS G. GÜTERBOCK ergeben, daß von den beiden großen hethitischen, jahreszeitlichen Festen, dem Frühlings- und dem Herbstfest, dem zuerstgenannten insofern besondere Bedeutung zukam, als bei diesem Feste die Feierlichkeiten außerhalb der Stadt stattfanden, das heißt in der freien, unbesiedelten Natur. Da der Jahresanfang auch in diesem Kulturbereiche im Frühling lag, Neujahrs- und Frühlingsfest also wohl zusammenfielen beziehungsweise identisch waren, ist damit zwar kein unmittelbarer Beweis gegeben, daß Yazılıkaya der Festort dieser Zeremonien gewesen sei, aber die Wahrscheinlichkeit, daß man in ihm ein Neujahrsfesthaus sehen darf, jenes Haus des Wettergottes, in dem sich zum Jahresanfang alle Götter, so wie es die Reliefs am Felsen zeigen, versammelten, ist sehr groß. An den damit verbundenen Zeremonien und Festesfreuden kann zwar im unmittelbaren Umkreis eine größere Volksmenge teilgenommen haben, in das Innere des Felstempels aber hatten gewiß nur die unmittelbar den Kult Ausübenden Zutritt, denn auf sie allein war der verfügbare Raum berechnet.

Diese Deutung kann zwar für die Tempelanlagen vor der Großen Kammer und für den großen Götterzug in dieser selbst in Anspruch genommen werden, nicht aber zugleich für die in sehr wesentlichen Zügen so anders gestaltete Kleine Kammer.

Nun hat es sich bei den Ausgrabungen gezeigt, daß das Felsheiligtum auch sepulkralen Zwecken gedient hat. In zwei tiefreichenden Felsspalten auf der nördlichen Außenseite wurden Bestattungen gefunden, die freilich in späterer Zeit sehr gestört worden sind, aber sich doch durch die Keramik, die als Beigaben bei den Toten lag, eindeutig in die Zeit des hethitischen Großreiches datieren lassen. Dazu fanden sich in den gleichen Felsspalten merkwürdige Pflasteranlagen in verschiedenem Niveau übereinander, die darauf hindeuten, daß hier im Gange fortschreitender Aufhöhungen sukzessive Opferhandlungen vorgenommen worden sind. Bestattungen sind aber auch im Innern des Felsheiligtums in einer Grotte gefunden worden, die sich zwischen der Großen Kammer und dem zur Kleinen Kammer führenden Gang in den Felsen hinein erstreckt, in einen Felsen, dessen linker Ausläufer ein durch Witterungseinflüsse sehr mitgenommenes Relief eines Gottes und einer Göttin zeigt, die sich an einem kleinen Tischchen gegenübersitzen. Die hieroglyphischen Beischriften sind leider so schlecht erhalten, daß sie zur sicheren Benennung dieser Gottheiten nicht ausreichen.

Im Verlauf des oben erwähnten Frühlingsfestes wird am 11. Tage des zu erfüllenden Rituals der Totentempel aufgemacht. Es heißt:

> »Der oberste der Palastbeamten bringt das Jahr in den Totentempel, gefolgt vom Könige.«

Unter »Jahr« ist hier eine bildlich-symbolische Darstellung dieses Begriffes gemeint. Bei den Reliefs der Kleinen Kammer stehen nun, was in diesem Zusammenhang von ausschlaggebender Bedeutung ist, gerade Unterweltgottheiten im Vordergrund.

Wir kennen bereits die merkwürdige Darstellung des sogenannten Schwertgottes mit einer Klinge, deren Griff in Form von Löwen figural ausgestaltet ist. Man hat schon lange die Vermutung geäußert, dieses Motiv gehe, wenn auch nicht in der spezifischen Form, wie sie uns hier entgegentritt, aber doch in der Idee, die es verkörpert, auf die hurritische Kunstübung Nordsyriens und Nordmesopotamiens zurück. Das ist um so wahrscheinlicher, seit man ein Bronzeschwert kennt, das anscheinend im Gebiete von Diyarbakır, also am oberen Tigris, gefunden worden ist. Sein Griff ist links und rechts von zwei hängenden, antithetischen Löwen begleitet, und seine Klinge trägt eine Keilinschrift, die dieses Stück in altassyrische Zeit verweist und die besagt, daß das Schwert als Votivgabe – dem entspricht die für den praktischen Gebrauch ungenügende Machart – in einen Tempel des Gottes Nergal, das heißt des Unterweltgottes, eingebracht worden sei. Lenkt dieses für eine kultische Handlung bestimmte Schwert infolge seiner immerhin nicht fernen Gestalt unsere Gedanken auf den Schwertgott in Yazılıkaya und damit auf die Möglichkeit, daß wir es auch dort mit einer Darstellung zu tun haben könnten, die mit einer Unterweltgottheit verknüpft ist, so unterstützt ein von HEINRICH OTTEN veröffentlichter Text diese Vermutung erheblich. Ebenfalls in einem Ritual werden acht Gottheiten, die überwiegend hurritische Namen tragen, der Vorzeit genannt, die vom herrschenden Wettergott in die Unterwelt verbannt worden sind. Durch Anrufung und Opfergaben von seiten der Beschwörungspriester sind sie dort als magisch-richtende Mächte erreichbar. Es heißt dann im Ritual vom Beschwörungspriester:

> »Er macht diese Götter aus Ton. Er macht sie als Schwerter und steckt sie in die Erde.«

Wer dächte angesichts dieser Stelle nicht an das in der Kleinen Kammer von Yazılıkaya bildlich in der Erde steckende Schwert, das durch den Götterkopf zuoberst als einer Gottheit eigen ausgewiesen ist. Ja, mehr noch: HANS G. GÜTERBOCK hat uns mit einem Ritual bekanntgemacht, in dem die »Bronzeschwerter des Nergal, des blutbefleckten Nergal, und die zwölf Götter der Wege-Gabel« nebeneinander genannt werden. Zwölf Götter des hethitischen Pantheon erscheinen nur an dieser mit Nergal verknüpften Stelle. Gerade zwölf Götter aber in enger gegenseitiger Beziehung, denn sie überschneiden sich und sind dadurch als in sich geschlossene Gruppe charakterisiert, befinden sich, wie schon erwähnt worden ist, genau gegenüber jenem Schwertgott an der Felswand der Kleinen Kammer. Die Hinweise auf die Unterweltgottheit, auf den Unterweltgott schlechthin, sind also hier so stark, daß mit einem hohen Grade von Wahrscheinlichkeit die ursprüngliche Bestimmung des rückwärtigen Teiles von Yazılıkaya in dieser Richtung gesucht werden darf. Der Gedanke, daß die Kleine Kammer ein Totentempel, und zwar ein Totentempel für einen König namens Tuthalija, gewesen sei, drängt sich geradezu auf.

Die letzten Ausgrabungen dort haben, so meine ich, nahezu den Schlußpunkt zu dieser Deutung gesetzt, soweit das durch Bodenuntersuchungen überhaupt noch möglich war. Sie führten jenseits der isolierten Königskartusche (s. S. 149) zur Auffindung einer weiteren, bis dahin unbekannten Kammer, die nur kleinen Ausmaßes ist und einen Annex zum Vorraum bildet. Auf ihrer Rückseite ist sie durch eine Mauer aus mächtigen, nahezu kyklopischen Blöcken abgeschlossen, während in der einen Ecke eine sehr schmale, zweimal abgewinkelte Treppe aus der Kammer hinauf in das Vorgelände der Felsgruppe führt. Dieser Treppengang kann seinen Ausmaßen zufolge nicht für zeremonielle Zwecke, sondern nur für dienendes Personal bestimmt gewesen sein, das für das Einbringen der in der Kammer benötigten Materialien zu sorgen hatte. Worin aber die zeremoniellen Vorgänge selbst bestanden, ließ der Befund deutlich erkennen. Von einem Altar fand sich inmitten des Raumes noch die Basis, und von den Brandopfern, die hier dargebracht worden sind, rührten zahlreiche Lagen feiner Holzasche, welche die Kammer um die Altarbasis ausfüllten.

Der isolierte Königsname an der Felswand, die sich hier zum Durchgang in die zuletzt entdeckte dritte Kammer öffnet, dürfte damit eine Erklärung gefunden haben. Man brachte ihn lange – und bringt ihn zum Teil noch jetzt – mit einer postulierten, verlorenen Königsstatue in Verbindung, die als eigentlicher Bezugspunkt aller übrigen Reliefs am Nordende der Kleinen Kammer gestanden haben könnte. Das ist nicht unmöglich, wenn man auch den Königsnamen viel eher auf einer Basis oder an einer sonstigen unmittelbar mit einem solchen Bildwerk verbundenen Stelle erwarten würde als an der 3 m entfernten Felswand. Mir scheint viel wahrscheinlicher zu sein, daß sich dieser Königsname auf den direkt daneben liegenden Zugang zur dritten Kammer bezieht und damit auf jenen innersten und wesentlichsten Teil des Totentempels, wo dem verstorbenen König Tuthalija die vorgeschriebenen Totenopfer in regelmäßigem Zyklus dargebracht worden sind. Das bedeutet aber auf ganz Yazılıkaya bezogen, daß im Gegensatz zur Großen Kammer, die unter Tuthalija IV. zusammen mit dem Felstempel geschaffen worden ist, die Kleine Kammer und die dritte erst nach dem Tode dieses Monarchen ihre heute noch erkennbare Ausgestaltung erfahren haben, durch die Fürsorge von dessen Sohn und zweitem Nachfolger, Schuppiluliuma II., nicht lange vor 1200 v. Chr.

Yazılıkaya ist nach dem Untergang der nahen hethitischen Hauptstadt, zu der es gehörte und die im Zusammenbruch der hethitischen Macht durch Plünderung und Feuer der Vernichtung anheimfiel, nicht ganz zugrunde gegangen. Gewiß, die Bauanlagen verfielen und vergingen, weil sie nur im hethitischen Kult, der nicht fortbestand, ihren Sinn im Verbande des Ganzen hatten. Aber die Götterbilder blieben. Offenbar ist keines an den Felswänden in alter Zeit einer absichtlichen, gewaltsamen Zerstörung anheimgefallen, obwohl hier mit dem Sturz des Hatti-Reiches politisch wie ethnisch vollständig andere Zustände eingetreten waren, die Tradition weitgehend abgerissen war. Phrygische Funde, so etwa eine Vase des 6. Jahrhunderts v. Chr., Bestattungen der Zeit um 500 v. Chr., belegt durch die Beigabe eines der in Kleinasien so seltenen achämenidischen Rollsiegel, einige Stücke aus der Zeit der Zugehörigkeit dieses Landstriches zum hellenistischen und römischen Galatien bezeugen jedoch, daß die Felskammern auch damals noch aufgesucht, gelegentlich sogar benutzt wurden. Anscheinend verloren die aus dem Fels gemeißelten, von ihren Schöpfern für die Ewigkeit bestimmten Gestalten ihre Kraft nicht ganz, wenn sie sich auch in einer anderen Sprache, gewiß unter anderen, uns freilich unbekannten Namen, in einer veränderten Welt den Epigonen mitteilten. Und teilen sie sich nicht auch uns heute noch mit, dann nämlich, wenn wir bereit sind, uns ihrer Wirkung nicht zu entziehen? Wer, der dies erlebt hat, vermöchte den Ort mit seiner Stille inmitten einer großartigen, herben Natur, wer die Gegenwart der Götter, die uns dort umgibt, vergessen!

5 Das Hethiter-Reich und Ägypten im Lichte der Ausgrabungen und der Archive von Hattuscha

In Boğazköy ist 1931, also gleich zu Beginn der neueren Ausgrabungen, in der Burg der hethitischen Großkönige eine hohe schlanke Vase aus Alabaster gefunden worden. Das Gefäß ist am Rande beschädigt, sonst aber außer einigen Sprüngen intakt. Material und Form sprechen entschieden dafür, daß die Vase nicht lokaler Herkunft, sondern nach Anatolien importiert ist, entweder aus dem während der 18. und noch während der frühen Abschnitte der 19. Dynastie stark unter ägyptischen Kultureinfluß stehenden syrischen Gebiet oder aus Ägypten selbst.

Der Fund überraschte damals nicht, weil man durch die ägyptische Überlieferung des Vertrages zwischen Ramses II. und Hattuschili III., durch einige der in Tell el-Amarna gefundenen Briefe, von denen zwei vom hethitischen Großkönig Schuppiluliuma I. stammen, und durch eine Anzahl der von Hugo Winckler 1906 und 1907 in Boğazköy gefundenen Keilschrifturkunden wußte, daß zwischen Hethitern und Ägyptern im 14. und 13. Jahrhundert v. Chr. Beziehungen bestanden haben, die über nur vorübergehende Berührungen weit hinausgingen. Daß im Gange dieser Verbindungen auch Güter aller Art hin- und hergegangen waren, durfte als gegeben angenommen werden. Zudem stand die genannte Alabastervase als ägyptisches Importstück zur Zeit ihrer Auffindung in Anatolien nicht allein. Schon 1882 war in Adana im Südosten dieses Landes eine Statuette aus schwarzem Granit ausgegraben worden, die eine kniende Frau namens Sitsneferu darstellt und in das Mittlere Reich, höchstwahrscheinlich in die Zeit Sesostris' II., das heißt 1897–1879 v. Chr., gehört. Es ist richtig, daß das Stück bei seiner Auffindung nicht »in situ« lag, sondern wiederverwendet in späterem Mauerverbande. Aber das ist kein Grund, deshalb Verschleppung in jüngerer oder jüngster Zeit aus Ägypten anzunehmen. Man wird vielmehr damit rechnen dürfen, daß die Statuette zur Zeit des Mittleren Reiches nach Kilikien aus Syrien gelangt ist, wo Ägypten in Gubla-Byblos und auch im an der nördlichen Küste gelegenen Ugarit-Ras Schamra festen Fuß gefaßt hatte. In das Mittlere Reich gehört auch eine Statuette aus schwarzem Basalt, die laut der Inschrift einen Mann mit Namen Keri zeigt und die 1926 in

Kırıkkale, 55 km östlich von Ankara, entdeckt worden ist. An diesem Ort gibt es einen großen Burg- und Stadthügel mit einer starken Befestigungsmauer und Streufunden, die bis in das 3. Jahrtausend v. Chr. zurückreichen. Leider ist diese alte Stadtanlage, wohin die ägyptische Statuette ursprünglich importiert worden sein muß, obwohl sie in einem spätantiken Grabe wiederverwendet wurde, niemals genauer untersucht worden, weil sie völlig durch moderne Industrieanlagen überbaut und umbaut ist. Kırıkkale mit der Statuette des Keri liegt, anders als Adana, nicht Syrien zugekehrt jenseits des Taurusgebirges, sondern diesseits im Herzen Anatoliens, im alten hethitischen Kerngebiet und genau 100 km in der Luftlinie von Hattuscha entfernt. Dazu kommt aus dem nur 25 km nordnordwestlich von Boğazköy gelegenen *Alaca Höyük* eine Bes-Figur aus Bein, die nach Stil und Einzelheiten ebenfalls ein Werk aus der Zeit des Mittleren Reiches ist und nach der Aussage der Ausgräber »in der tiefsten Schicht der hethitischen Periode gefunden« worden ist. Aus Alaca Höyük gibt es außerdem noch ein zweites einschlägiges Fundstück: ein Knochenplättchen mit der eingeritzten Darstellung des Osiris-Symbols, des sogenannten Ded-Pfeilers. Die mit ihm zusammen gefundene Keramik verweist diesen Fund – nicht was die Zeit seiner Entstehung, sondern was die seiner Deponierung betrifft – in das 18. Jahrhundert v. Chr. Er gehört in die gleiche Periode wie die der Schicht I b im *kārum* Kanisch am Kültepe und der Schicht 4 in der nördlichen Unterstadt von Boğazköy (s. S. 54).

Diese Funde ägyptischen Ursprungs aus der Zeit des Mittleren Reiches haben wahrscheinlich von syrischen Kulturzentren aus ihren Weg nach Mittelanatolien genommen. Bei der Bes-Figur und dem Ded-Pfeiler von *Alaca Höyük* ist die Übertragung ungefähr zur gleichen Zeit, jedenfalls nicht lange danach erfolgt, denn das zeigt ihre Schichtlage am Fundort. Die Statuette des Keri von *Kırıkkale* dagegen, die nicht im originalen Schichtverband lag, könnte auch erst zur Zeit der Aktionen der hethitischen Könige in Syrien, also im späteren 15., im 14. und im 13. Jahrhundert, aus einer syrischen Stadt oder aus dem Palast eines syrischen Fürsten, wo sie lange aufbewahrt worden war, als Geschenk oder als Beutestück nach Mittelanatolien gelangt sein. Wie dem auch sei, auf jeden Fall ließen diese Streufunde und die schon genannte Alabastervase aus Boğazköy selbst erwarten, daß die Ausgrabung von *Büyükkale,* das heißt der Palastanlage der hethitischen Großkönige, Funde ergäbe, welche die aus anderen Quellen bekannten Beziehungen zwischen Ägypten und Hatti, seien sie direkter oder indirekter Art, durch ägyptische Importstücke verdeutlichen. Heute, nachdem Büyükkale, soweit überhaupt möglich, ausgegraben ist, muß man jedoch sagen, daß die Erwartungen in dieser Richtung sich nicht erfüllt haben. Hier und in den übrigen Teilen der Stadt, die bis jetzt untersucht worden sind, kamen neben einigen unbedeutenden Skarabäen, die wir hier beiseite lassen können, nur zwei Fundstücke ägyptischer Herkunft ans Licht, die Erwähnung verdienen. Das eine ist ein kleines Bruchstück einer Stele aus rotem Granit mit dem Rest einer Hieroglypheninschrift (Abb. 83). WOLFGANG HELCK nimmt an, daß das Fragment zu einer Königsstatuette gehört hat. Das Stück stammt aus der 19. Dynastie und fand sich im Schutt jenes Gebäudes innerhalb der Palastanlage, in dem wir eine Audienzhalle sehen (s. S. 110). Damit ist aber nicht gesagt, daß die Statuette einst in dieser Halle aufgestellt war. Das zweite Fundstück stammt nicht von der Königsburg, sondern ist 1960 bei der Ausgrabung des sogenannten Hauses am Hang südlich vom Großen Tempel (Tempel I) gefunden worden. Leider ist es nicht schichtbestimmt, denn es lag in nichtstratifiziertem Schutt. Das Bruchstück gehörte zu einer Vase aus Obsidian, also aus vulkanischem Glas, und trägt den Namen eines Königs Chian (Abb. 84). Die Güte und die Feinheit der erhaltenen Schriftzeichen lassen keinen Zweifel daran, daß die Vase ein ägyptisches Erzeugnis und dort mit dem Königstitel versehen worden ist. Chian war einer der bedeutendsten Hyksos-Herrscher der 15. Dynastie, die nur sechs Könige hatte, jener Hyksos, »Herrscher der Fremdländer«, die, von Vorderasien kommend, sich Ägyptens bemächtigt hatten, deren genauere Herkunft und ethnische Zugehörigkeit nicht eindeutig feststehen, sondern immer noch ein eifrig erörtertes Problem bilden. Chian kann mit einem der sechs von MANETHO überlieferten Namen der Hyksos-Herrscher noch nicht identifiziert werden. Sicher ist es jedoch, daß er zeitlich vor Apophis, dem vierten

83, 84 *Fragment einer ägyptischen Granitstele der 19. Dynastie, Höhe 5,7 cm, Breite 4 cm; rechts: Bruchstück einer Obsidianvase mit dem Namen des Hyksos-Königs Chian, ergänzt, Höhe 2,9 cm, Breite 5,9 cm*

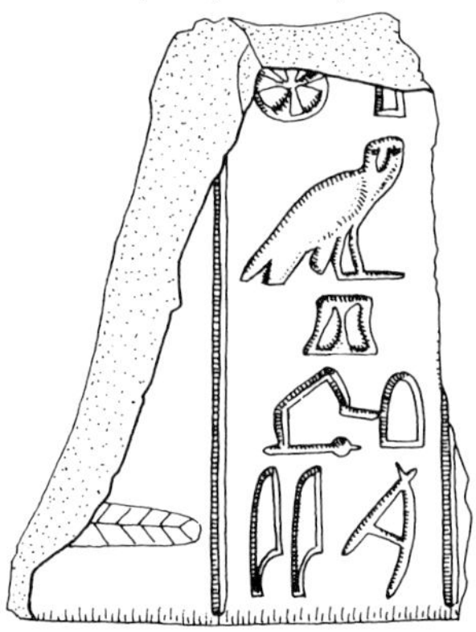

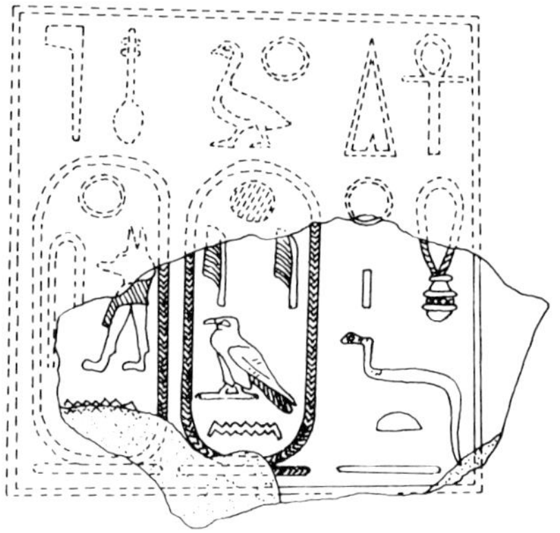

Hyksos Manethos, anzusetzen ist. Unter Apophis sind nämlich die Thebaner von den Hyksos abgefallen, Chian hat aber noch über Gebelên geherrscht und dort auch gebaut, das südlich von Theben liegt. Er muß also vor Apophis und damit vor dem beginnenden 16. Jahrhundert v. Chr. regiert haben.

Unter den Hyksos-Königen ist Chian der einzige, von dem Zeugnisse außerhalb Ägyptens, wenn man von Skarabäen absieht, gefunden worden sind. Sein Name erscheint auf einem kleinen Deckel aus Kalzid, den Evans in den Fundamenten des durch Erdbeben zerstörten zweiten Palastes von Knossos auf Kreta fand, und auf einem Basaltlöwen, der im Handel in Baghdad aufgetaucht ist. Ob das zweite Stück in alter oder in neuerer Zeit nach dem Osten gelangt ist, mag dahingestellt bleiben. Aber der Deckel von Knossos, der zu einem Salbtöpfchen gehörte, und die Obsidianvase aus Hattuscha, die vergleichsweise als Parfümgefäß zu deuten ist, sind authentische Fundstücke der Hyksos-Zeit aus Orten außerhalb des ägyptischen Bereiches. Beide einfach als »verschleppt« zu bezeichnen, wie es gelegentlich geschehen ist, scheint mir nicht zulässig zu sein. Was würden wir darum geben, zu erfahren, auf welchen genaueren Wegen ein solches, mit dem Namen eines Pharao der 15. Dynastie gezeichnetes, kostbares Stück nach Hattuscha gelangt ist! An Handelsbeziehungen wird man nicht denken wollen, denn königlicher Besitz war wohl kaum jemals ohne Not Handelsobjekt. Aber als Geschenk kann die Vase an den Hof eines auswärtigen Dynasten gekommen sein, kaum unmittelbar nach Hattuscha, das damals, soweit wir wissen, keine direkten Beziehungen mit dem Pharaonenhof hatte, viel eher an eine syrische Residenz eines Dynasten hurritischer Abkunft. Es ist möglich, daß das Obsidiangefäß dort als Erbstück lange aufbewahrt und erst zur Zeit des hethitischen Großreiches, sei es als Geschenk, sei es als Beutegut, in die hethitische Residenz gebracht worden ist. In Ägypten selbst wurden zwar die Namen der Hyksos-Könige auf den Monumenten nach der Befreiung von der Fremdherrschaft gründlich getilgt. An einem syrischen Hofe jedoch ist damit nicht unbedingt in gleichem Maße zu rechnen. Andererseits ist es aber ebensogut möglich, daß das Gefäß mit dem Namen des Chian viel früher seinen Weg von Syrien nach Boğazköy gefunden hat, etwa in den Jahren der hethitischen Könige Hattuschili I. und Murschili I., die beide in Nordsyrien aktiv waren und die beide dort bedeutende Städte eingenommen haben, dieser *Alalah-Tell Açana*, jener *Halpa-Aleppo*. In welchem Umfang bei solchen Gelegenheiten Beute nach Hattuscha gebracht worden ist, davon gibt uns der große Feldzugbericht, der von Hattuschili I. erhalten ist, eine deutliche Vorstellung (s. S. 9). Die Zwischenstation der Vase in Syrien wäre in diesem Falle nicht von sehr langer Dauer gewesen.

Die Zahl von Funden ursprünglich ägyptischer Herkunft ist im hethitischen Gebiet Kleinasiens, zumal in der Hauptstadt des Reiches, demnach sehr gering. Diese Tatsache, die dem heutigen Forschungsstande entspricht, spiegelt jedoch den einstigen Sachverhalt keineswegs wider. Das zeigen uns die Texte, die eine Fülle von Gegenständen nennen, die verloren, geplündert, zerstört, auf jeden Fall nicht erhalten geblieben sind. Import und Export beruhten im 14. und 13. Jahrhundert auf Gegenseitigkeit, wenn auch während dieser langen Zeit keineswegs stets in gleichem Umfang. Gefäße aus Gold gingen von Ägypten an den hethitischen Hof, Silbergefäße in umgekehrter Richtung, Gewänder in beiden Richtungen, Möbel von Ägypten nach Hatti, um nur einige Beispiele zu nennen. Aber wie diese Importwaren aussahen, erfahren wir des genaueren nicht. Wenn in einem von Schuppiluliuma I. an Amenophis IV. (1365–1347) gerichteten Brief von »1 BIBRU (Rhyton) aus Silber in Hirschform zu 5 Minen Gewicht, einem weiteren aus Silber in Widdergestalt von 3 Minen Gewicht« die Rede ist, die er nach dem pharaonischen Hof sendet, ist das sicher nur ein verschwindend kleiner Ausschnitt der einst hin- und hergegangenen Geschenksendungen. Solche lakonische Beschreibungen ersetzen die Originale nicht. Erst sie würden uns zu wirklicher Kenntnis des gegenseitigen Austausches und zur Einschätzung des möglichen Einflusses, den der Import hier und dort auf das einheimische Kunsthandwerk ausgeübt haben mag, verhelfen. Daß es solche Beeinflussungen gab, geht daraus hervor, daß in einem Text von »1 Kasten mit einer in ägyptischer Manier gearbeiteten Vorderseite in Gold und Lapislazuli« gesprochen wird, den ein kleinasiatischer Absender nach Hattuscha schickte. Von alldem ist bis jetzt nichts wiedergefunden worden.

Die Ausgrabungen während der letzten Jahrzehnte in der hethitischen Hauptstadt haben dagegen einen beträchtlichen Zuwachs an Texten beschert, die das bisherige Bild der Beziehungen zwischen dem hethitischen und dem ägyptischen Königshause in politischen und auch in persönlichen Belangen ganz erheblich erweitern und vertiefen. Das gilt weniger für das 14. Jahrhundert, in dem das Verhältnis zwischen den beiden Ländern oft sehr schwankender Art war, und schon gar nicht für die Zeit um und kurz nach 1300, als sie sich ausgesprochen feindlich gegenüberstanden, was das Fehlen von Korrespondenz verständlich macht. Für einen bestimmten Zeitabschnitt aber, nämlich für den, der einerseits durch die Regierung Hattuschilis III., andererseits durch die Ramses' II. gegeben ist, ist dieses Bild jetzt von einer kaum erwarteten Eindringlichkeit und Dichte. Ehe wir uns dieser Seite der Funde von Hattuscha zuwenden, ist eine kurze Schilderung der historischen Voraussetzungen unumgänglich.

Ägypten hatte während des sogenannten Mittleren Reiches, besonders während der 12. Dynastie zwischen 1991 und 1792, weit nach Vorderasien ausgegriffen, und zwar bis hinauf zum Libanon, der Ägypten das nötige Bauholz lieferte. Dort war vor allem das an der Küste gelegene *Byblos* eng mit Ägypten verbunden, nahezu eine ägyptische Stadt. Weiter nördlich, in *Ugarit,* ist starker ägyptischer Einfluß durch Denkmäler Amenemhets III. (1842–1797) erkennbar, weniger deutlich im Binnenland, wie etwa in *Qatna* nicht weit von Hama und in *Nairab* im Gebiet von Aleppo durch Monumente aus der Zeit desselben Pharao und auch Amenemhets II. (1929–1895). Wieweit mit der Aufstellung königlicher Denkmäler, besonders von Sphingen, die ja Abbild des Herrschers sind, der Anspruch ägyptischer Oberherrschaft verbunden war, ist mangels präziser Quellen unsicher. In den Briefen des 18. Jahrhunderts aus *Mari* am mittleren Euphrat jedenfalls, in denen eine Anzahl binnenländischer Orte Syriens, darunter gerade Qatna, vorkommen, ist von Ägypten nicht die Rede. Aber der Handel an der Küste und in den küstennäheren Zonen muß den erhaltenen Denkmälern zufolge sehr rege gewesen sein. Diesem Handel und seinem Schutz in erster Linie galten die ägyptischen Stützpunkte in Byblos und wohl auch in Ugarit. All dies ging jedoch verloren, besonders als die vorderasiatischen Hyksos, zu denen jener Chian gehörte, den wir vorhin durch ein Fundstück aus Boğazköy kennengelernt haben, sich Ägyptens bemächtigten.

Die Gegenreaktion gegen die Fremdherrschaft setzte um die Mitte des 16. Jahrhunderts, von Oberägypten ausgehend, ein. Die Pharaonen der 18. Dynastie gewannen, namentlich durch die Feldzüge Tuthmosis' III. (1490–1436) Palästina und Syrien und sicherten auf diese Weise die östlich an Ägypten angrenzenden Länder. Sie banden, teils durch ägyptische Besatzungen, teils durch Verträge, die Fürsten der kleinen syrischen Staaten an sich und machten sie zu Vorposten gegen die Völker des weiteren Vorderasiens, unter denen sich die Hethiter gerade zu jener Zeit anschickten, ihre Macht zu erweitern und über das Taurusgebirge nach Süden zu drängen. Das war nicht ihr erstes Auftreten in diesen Gebieten, die wohlhabende Städte in sich schlossen und die so etwas wie einen Drehpunkt in der damaligen Welt bildeten. Schon die Könige Hattuschili I. und Murschili I. hatten, wie wir bereits erwähnten, im 16. Jahrhundert dort operiert, aber nicht mit dauerndem Erfolg, denn Hantili, der Nachfolger von Murschili, scheiterte im Kampf mit den Hurritern vor *Karkemisch* am Euphrat. Die Hethiter sahen sich infolgedessen wieder auf die anatolischen Gebiete diesseits des Taurus begrenzt, während der Mitanni-Staat sich in Obermesopotamien und Nordsyrien konstituierte. Das Hethiter-Reich machte eine Periode großer innerer Schwäche durch, die nahezu hundert Jahre währte und kein nachhaltiges Eingreifen von dieser Seite in Syrien erlaubte. Aber ein hethitischer König, entweder Zidanta oder Huzzija, hat 1471 Thutmosis III. Tribut geschickt und diese Sendung acht Jahre später wiederholt. Das ist ganz verständlich, denn der ägyptische König hatte die Truppen Mitannis in die Gebiete ostwärts des Euphrats zurückgeworfen und damit indirekt dem von dieser Seite bedrängten Hatti Luft verschafft. Später ist auch ein Abkommen zwischen den beiden Höfen über eine Umsiedlung von Bewohnern der nordanatolischen, vielleicht im Flußgebiet des Iris zu suchenden Stadt Kuruschtama auf ägyptisches Territorium geschlossen worden, ein für uns nach Ursache und Umfang recht dunkler Vorgang.

Gegen Ende des 15. Jahrhunderts, unter dem Großkönig Tuthalija III., griff Hatti erstmals wieder unmittelbar in Nordsyrien ein, besiegte die Mitanni und schloß einen Vertrag mit Aleppo. Das war nicht zuletzt dadurch möglich geworden, daß sich Ägypten unter Amenophis II. aus seinem bisherigen nordsyrischen Einflußgebiet zurückgezogen hatte. Das Auftreten in diesem Raume brachte aber naturgemäß Ägypten und Mitanni näher zusammen, was schließlich zu ausgesprochen freundschaftlichen Beziehungen zwischen diesen beiden Staaten führte. Diese neue Konstellation hatte einen abermaligen Zusammenbruch der hethitischen Machtposition südlich des Taurus zur Folge, begleitet von Aufständen in Anatolien und von feindlichen Einfällen in das anatolische Reichsgebiet. Dann aber bestieg mit dem König Schuppiluliuma I. (rd. 1370–1335) eine Persönlichkeit den Thron von Hattuscha, die der inneren und äußeren Schwierigkeiten Herr wurde, den Mitanni-Staat ausschaltete und sich in Syrien so nachhaltig zur Geltung brachte, daß Hatti und Ägypten zu unmittelbaren Nachbarn wurden. Er nutzte die Vernachlässigung der ägyptischen Belange in Syrien seitens des alternden Amenophis III. und noch mehr die völlige Inaktivität von dessen Nachfolger Amenophis IV. Echnaton nach Kräften aus. Zwar hat er mit beiden Pharaonen korrespondiert, Amenophis IV. sogar in der üblichen Weise jener Zeit zur Thronbesteigung geschrieben, aber die Beziehungen waren kühl, und die Korrespondenz mit dem ägyptischen Hof scheint nach dem dritten Brief an Echnaton aufgehört zu haben. Schuppiluliuma führte zwei erfolgreiche Kriege in Syrien, nahm *Karkemisch* am Euphrat ein, brachte das weiter westlich liegende *Aleppo* in den Zustand der Vasallität und machte diese alten großen Städte zu Außenposten des Hatti-Reiches, konspirierte aber auch mit Fürsten im mittleren und südlichen Syrien, die durch Verträge zur Loyalität gegenüber Ägypten verpflichtet waren. Dies mußte früher oder später zu einem ernsten Konflikt mit diesem Lande führen. Tatsächlich zeigen unsere Quellen eindeutig, daß von dieser Zeit an Hatti und

Ägypten in eine direkte Beziehung gerieten, die durch wachsende Spannungen gekennzeichnet ist und schließlich noch unter Schuppiluliuma selbst zu bewaffneten Zusammenstößen führte. Wir wollen Geschichte, Entwicklung und Ausmaß dieser Beziehungen vorwiegend unter Verwendung der in Hattuscha-Boğazköy bei den Ausgrabungen gefundenen Urkunden schildern und nur gelegentlich ägyptische Quellen zur Ergänzung beiziehen.

Ein schon von Hugo Winckler gefundener und seitdem oft behandelter Text, der aber durch das von uns ausgegrabene Archiv A auf *Büyükkale* in Boğazköy (s. S. 110) wichtige Ergänzungen erfahren hat, die sehr zum vollen Verständnis beitragen, ist an die Spitze zu stellen. Merkwürdigerweise ist er von einem Ereignis bestimmt, das man in diesem Zusammenhang nicht ohne weiteres erwarten würde. Es fällt in eine Zeit, als Schuppiluliuma *Karkemisch* belagerte, Amenophis IV. und seine beiden Nachfolger Semenchkare bzw. Tutenchamun, die nur vier bzw. neun Jahre regiert hatten, gestorben waren. Den hethitischen Großkönig erreichte bei der Belagerung von Karkemisch ein Brief, den ihm die ägyptische Königin durch einen Boten senden ließ. Es war die eben Witwe gewordene Gattin des Tutenchamun. Der Text lautet:

> »Mein Mann ist gestorben. Einen Sohn habe ich nicht. Dir aber sagt man viele Söhne nach. Wenn Du mir einen Deiner Söhne geben würdest, so würde er mein Gatte werden. Einen meiner Diener möchte ich keinesfalls aufnehmen und ihn zu meinem Gatten machen.«

Der Vorgang kann nur aus der ganz ungewöhnlichen Situation heraus, in welche die Königinwitwe versetzt worden war, einigermaßen verstanden werden. Mit ihrem Manne erlosch praktisch die herrschende Dynastie, die 18. Ägyptens. Prätendenten waren auf dem Plan, so daß die Witwe, um die Geltung und den Einfluß ihres Hauses zu wahren, sich zu dem in ägyptischen Augen höchst gewagten Schritt bewogen fühlte, sich einen ausländischen Prinzen zum Gatten zu erbitten, damit er aus ihrer Hand den Thron Ägyptens erlange, dazu einen Prinzen eines Landes, das zu jener Zeit mit Ägypten in einem keineswegs normalen Verhältnis stand. Man kennt die Reaktion des hethitischen Königs aus einer Tontafel, die 1937 in Boğazköy gefunden worden ist. Die Stelle lautet wie folgt:

> »Da entbot er die Großen zu einer Ratsversammlung und sagte: ›Eine Sache dieser Art ist mir in meinem ganzen Leben noch niemals vorgekommen‹. Und dann entsandte er den Hattuscha-ziti, den Geheimsekretär, nach Ägypten, um zu erkunden, was an der Sache mit der Frau Wahres sei.«

Aus der Äußerung des hethitischen Königs, daß ein solches Ansinnen ohne Vorgang sei, wird besser als durch viele Worte deutlich, wie sehr der König durch diese Bitte, die in schroffem Gegensatz zu der sonst streng gewahrten exklusiven Haltung des ägyptischen Hofes stand, überrascht und wie sehr sein Mißtrauen geweckt war. Im folgenden Frühjahr erhielt er in Hattuscha durch einen ägyptischen Abgesandten namens Hani einen zweiten Brief der Königinwitwe, in dem sie ihm seinen Mangel an Vertrauen vorwarf und ihre Bitte nachdringlicher wiederholte:

> »Ich habe in kein anderes Land geschrieben, nur Dir habe ich geschrieben! Man sagt, Du habest viele Söhne: so gib mir einen davon. Mir wird er Gatte sein, in Ägypten aber wird er König sein.«

Schuppiluliuma gab endlich nach und sandte einen Prinzen namens Zannanza, der aber an der Grenze Ägyptens sein Leben verlor, weil dort inzwischen eine andere Dynastie, die 19., die Herrschaft an sich gebracht hatte. Daß dieses Ereignis das Verhältnis der beiden Staaten nur noch zu verschlechtern geeignet war, versteht sich von selbst. Schuppiluliuma unternahm einen Vergeltungszug gegen ägyptisches Land, worüber sein Nachfolger, Murschili II., vermerkt:

> »Mein Vater aber ergrimmte, und er zog nach dem Land Ägypten und überfiel das Land Ägypten. Auch die Truppen (und) Wagenkämpfer des Landes Ägypten schlug er.«

Daß damit das asiatische Vorfeld des Pharaonenlandes gemeint ist, bedarf keiner Hervorhebung.

Die Entscheidung um den syrischen Besitz unter Einsatz der Machtmittel reifte heran, als die ägyptischen Könige der 19. Dynastie, erst Haremhab und dann vor allem Ramses II., sich anschickten, diesen Raum wieder energisch an sich zu binden und dem Ausdehnungsdrang der Hethiter nach Süden Grenzen zu setzen.

Die Auseinandersetzung wurde beidseitig vorbereitet. Der hethitischen Seite kam dabei wohl zugute, daß der Großkönig Muwatalli in seiner neuen Residenz *Tarhuntaschscha* (s. S. 29) dem syrischen Operationsgebiet und den dort zu vollziehenden Vorbereitungen näher war, ohne daß dies der eigentliche Anlaß der Verlegung des Königssitzes von Hattuscha dorthin gewesen sein muß. Als Grund zum hethitisch-ägyptischen Kriege diente der Abfall des Landes Amurru, westlich vom Orontes, von Hatti. Tuthalija IV. sagt darüber im Vertrage mit König Schauschgamuwa von Amurru, das heißt rund fünfzig Jahre später:

»Als aber Muwatalli, der Bruder des Vaters Meiner Sonne, König wurde, da brachen ihm die Leute von Amurru die Treue, und dies da ließen sie ihm sagen: ›Aus freien Stücken sind wir Vasallen gewesen. Jetzt aber sind wir Deine Vasallen nicht mehr!‹ Und sie traten in die Gefolgschaft des Königs von Ägypten ein. Da haben der Bruder des Vaters Meiner Sonne, Muwatalli, und der König von Ägypten miteinander um die Leute von Amurru gekämpft.«

Der Zusammenstoß der beiden Heere erfolgte im 5. Regierungsjahre Ramses' II., wahrscheinlich 1285 v. Chr., bei *Kadesch*, nicht weit entfernt von Homs, also im mittleren Teile Syriens. Dank der großen Reliefs, wie sie an mehreren Tempelwänden Ägyptens, vor allem im Ramesseum, in *Luxor* und in Abu Simbel, erhalten geblieben sind, und aus literarischen, sogar poetischen Schilderungen läßt sich das Geschehen dieser Schlacht ziemlich genau rekonstruieren. Allerdings nur, wie es sich nach ägyptischer Auffassung zugetragen hat. Wir sehen da den Zusammenprall der Streitwagenkontingente und der Fußtruppen, erkennen den angsterfüllt zurückblickenden hethitischen Großkönig auf seinem Kampfwagen, aber auch Ramses II., der nach seiner Schilderung praktisch allein, nur mit seiner Leibgarde, aber von seinen übrigen Truppen verlassen, die schon nahezu verlorene Schlacht in einen ägyptischen Sieg verwandelte. In der hethitischen monumentalen Kunst, die sich thematisch ganz im Kultischen hält und Darstellungen des profanen Lebens kaum kennt, hat dieses entscheidende Ereignis keinen Niederschlag gefunden. Wohl aber spielen einige in *Hattuscha* gefundene Texte darauf an, die erst in jüngerer Zeit in ihrem richtigen Zusammenhang erkannt worden sind. Man wußte demnach am hethitischen Hofe, daß Ramses II. sich und seiner Leibgarde ganz allein ohne direkte Beteiligung der Heere den angeblichen Sieg zuschrieb, denn in einer Urkunde, die mehrere Jahrzehnte später ausgetauscht worden ist, muß der hethitische König Hattuschili etwas ironisch darauf angespielt haben. Ramses antwortete ihm in einem erhaltenen Briefe wörtlich:

»Was Du in bezug auf meine Heere sagst: ›Waren wirklich keine Heere dort‹, so ist darauf zu sagen: ein Heer von mir befand sich inmitten des Landes Amurru, ein anderes Heer im Lande ... und noch ein anderes Heer im Lande Taminta, fürwahr!«

Ein weiterer in *Boğazköy* gefundener Text aber schildert in kurzer und lapidarer Form den Vorgang, wie er sich in hethitischen Augen bot und wie er sich durch die unmittelbaren Folgen der Schlacht als zutreffend erweist:

> »Zur Zeit, als der König Muwatalli den König von Ägypten bekriegte, als er den König von Ägypten besiegte, da ging der Ägypterkönig zurück nach dem Lande Aba. Dann aber besiegte der König Muwatalli das Land Aba, marschierte daraufhin ins Land Hatti zurück, ich aber blieb im Lande Aba.«

Der Text stammt aus der Zeit Hattuschilis. Ihn hat demnach sein königlicher Bruder als Verwalter des neu gewonnenen Landes Aba, das ist das Gebiet um und nördlich von Damaskus, zurückgelassen. Es geht daraus hervor, ebenso aber aus den unmittelbar an die Schlacht von Kadesch anschließenden Machtverhältnissen, daß die Ägypter keinen Sieg davongetragen haben können, sondern sich im Gegenteil gezwungen sahen, bis weit in das mittlere Syrien hinein ägyptisches Interessengebiet aufzugeben, in dem sich die Hethiter zunächst behaupten konnten.

Zu einem weiteren Zusammenstoß ist es zwar nicht mehr gekommen, aber die Spannung dauerte noch während langer Jahre an. Das Verhältnis zwischen den beiden Ländern litt zusätzlich noch dadurch, daß Murschili III. = Urhi-Teschup, der Neffe von Hattuschili III., den dieser, sein Onkel, gewaltsam entthront und in die Verbannung geschickt hatte, von seinem Verbannungsort nach Ägypten geflohen war. In einem Briefe Hattuschilis an den König Kadaschman-Enlil von Babylon heißt es:

> »Als ich ihm [das heißt: Ramses] schrieb: schicke mir meinen Feind!, da sandte er ihn mir nicht und deswegen zürnten ich und der König von Ägypten miteinander.«

Endlich jedoch, im 21. Regierungsjahre Ramses' II., 1269, wurde nach langen Vorbereitungen und Verhandlungen zwischen ihm und dem hethitischen Großkönig Hattuschili III. ein Vertrag abgeschlossen, der zu einem stabilen Verhältnis zwischen den beiden Mächten führte, u. a. den gegenseitigen Besitzstand garantierte und Heeresfolge im Falle einer auswärtigen Verwicklung der beiden Vertragspartner zusicherte. Im Archiv von Boğazköy ist eine in sich geschlossene Gruppe von Briefen erhalten geblieben, die auf dieses Ereignis und auf die unmittelbar folgenden Geschehnisse Bezug nehmen. Nicht nur die beiden Herrscher beteiligten sich an dieser Korrespondenz, sondern auch die beiden Hauptfrauen, der König des einen Staates mit der Königin des anderen Staates und umgekehrt. Ja, sogar die Mutter des Ramses, Tuja, und sein Sohn Schutahapschap, Kronprinz Ägyptens, erscheinen wenigstens je einmal unter den Briefschreibern. Zahlreiche Briefe hat Ramses in diesem Zusammenhang an Hattuschili, den hethitischen Großkönig, geschrieben, viele auch an dessen Gattin Puduhepa. Sie sind im Tenor insofern alle gleich, als sie deutlich machen, welche Erleichterung dieser Friedensschluß zwischen den beiden mächtigsten rivalisierenden Staaten bedeutete, welcher Druck von den Beteiligten genommen war. Den Vertragsinhalt, der in den ausgetauschten Urkunden in akkadischer, das heißt in babylonischer Sprache, deren man sich damals im internationalen diplomatischen Verkehr bediente, abgefaßt war, kennen wir sowohl aus Ägypten, wo er in Hieroglyphen umgesetzt, aber als Übersetzung der in babylonischer Sprache verfaßten hethitischen Version, an mehreren Tempelwänden angebracht worden ist, wie auch in einer keilschriftlichen Ausfertigung als Übersetzung der ägyptischen Fassung aus der hethitischen Hauptstadt. Die zwischen den Staatskanzleien ausgetauschten

85 Relief an der südlichen Terrasse vor dem Felsentempel von Abu Simbel: Hattuschili III. führt seine Tochter dem Pharao zur Hochzeit zu

Exemplare waren demnach nicht auf Ton, sondern auf silbernen Tafeln geschrieben. Das Siegel, das darauf zu sehen war, entsprach nach der ägyptischen Beschreibung ziemlich genau dem großen hethitischen Staatssiegel, das man von Originalabdrücken kennt (vgl. Abb. 78), ebenso wie einer Darstellung im Relief der kleinen Kammer des Felsheiligtums von Yazılıkaya (s. S. 150).

Dreizehn Jahre später, im 34. Regierungsjahr Ramses' II., wurde dann der Friedensschluß der beiden Länder durch ein Ereignis gekrönt, das in einem ägyptischen Relief dargestellt ist, nämlich durch die Heirat von Ramses mit der ältesten Tochter des hethitischen Großkönigs. Vor dem berühmten Felsentempel von *Abu Simbel* in Nubien, der vor einigen Jahren verlagert worden ist, befindet sich eine aus dem Felsen gemeißelte Terrasse, an deren Rückseite sich die gewaltigen Kolosse Ramses' II. anschließen, zwischen denen sich der Zugang zum Felsentempel öffnete. Auf der die Terrasse auf der Südseite begrenzenden Wand sieht man ein durch Wind und Wetter sehr mitgenommenes Relief, das links den ägyptischen König zwischen zwei Göttern unter einem Baldachin sitzend zeigt, dem sich von rechts her zwei Gestalten mit erhobenen Armen, das heißt mit der Geste verehrungsvoller Unterwürfigkeit, nähern (Abb. 85). Die vordere Gestalt ist weiblich, die zweite, mit einem langen Mantel und einer hohen Spitzmütze bekleidete, männlich. Die Tracht kennzeichnet sie eindeutig als unägyptisch, was durch den beigeschriebenen hieroglyphischen Text bestätigt wird, der ausführlich sagt, daß der hethitische Großkönig Hattuschili nach Ägypten gekommen sei, um seine Tochter dem Pharao zur Hochzeit zuzuführen. Die hethitische Prinzessin erhielt den offiziellen Titel »des großen Königs Gattin, Herrin der beiden Länder, Mat-nefrure, Tochter des großen Fürsten von Hatti«. Dem Relief in Abu Simbel zufolge hat also der hethitische Großkönig seine Tochter nach Ägypten begleitet, und zwar laut der Beischrift auf einer mühsamen Reise, die während der Wintermonate erfolgte. Das Ziel war bestimmt nicht Abu Simbel. Hier im fernen Nubien ist das Ereignis nur deshalb gleichfalls im Bilde festgehalten worden, weil es so allgemeines Aufsehen und so allgemeine Befriedigung ausgelöst hatte, daß seine Verewigung im Bilde an mehreren Orten der Ramessidenzeit Ägyptens geboten war. Die tatsächliche Begegnung und Hochzeit dürften sich im östlichen Delta, in der Ramses-Stadt beim heutigen *Kantir,* vollzogen haben, wo der große König der 19. Dynastie seine eigentliche Residenz hatte und gewöhnlich Hof hielt.

Diese Verschwägerung der beiden Höfe bildete den Schlußstein der langen Auseinandersetzung der beiden Mächte. Auch über diesen Vorgang sind wir durch in *Boğazköy* gefundene Briefe mit einer seltenen Eindringlichkeit unterrichtet. Boten der beiden Höfe gingen hin und her, um die Aufnahme der hethitischen

Prinzessin in den Harem des ägyptischen Königs vorzubereiten, wo ihr nicht eine der vielen im »Frauenhaus« zu sein, sondern wo ihr der Rang einer Hauptfrau bestimmt war. Schließlich wird verabredet, daß ägyptische Gesandte nach Hattuscha reisen, um im Namen des Pharaos das Verlöbnis zu vollziehen und die königliche Braut einzuholen. In einem Briefe, den Ramses II. an Puduhepa, also an die Mutter der Braut, gerichtet hat, heißt es:

> »Ich habe die Tafel gesehen, die meine Schwester mir hat bringen lassen, und ich habe alle Angelegenheiten gehört, über die die Großkönigin von Hatti, meine Schwester, mir in sehr, sehr schöner Weise geschrieben hat. So sprich zu meiner Schwester: ›Siehe, der Großkönig, der König von Hatti, mein Bruder, hat mir so geschrieben: Lasse Leute kommen, um gutes Feinöl aufs Haupt meiner Tochter zu gießen, und möge man sie ins Haus des Großkönigs, des Königs von Ägypten bringen!‹. So hat mein Bruder mir geschrieben. Siehe, sehr, sehr gut ist dieser Beschluß, über den mein Bruder mir geschrieben hat; der Sonnengott hat ihn veranlaßt und der Wettergott hat ihn veranlaßt; die Götter Ägyptens und die Götter von Hatti haben veranlaßt, daß dieser schöne Entschluß gefaßt wurde, um diese zwei großen Länder auf ewig zu einem einzigen Lande werden zu lassen.«

Die Prinzessin bricht auf unter der Obhut eines speziell zu diesem Zweck nach Hattuscha gegangenen Gesandten. Ihr königlicher Vater gibt ihr eine ihrem Range entsprechende Mitgift auf den Weg mit, die nicht nur in Kostbarkeiten, sondern auch in Herden, Rindern und Schafen besteht. Schutztruppen begleiten sie auf der weiten Landreise. Durch Amurru in Mittelsyrien erreichte man auf ägyptischem Territorium zwei »Städte des Ramses«, deren Statthaltern die Erfüllung der ihnen dabei zukommenden Pflichten besonders ans Herz gelegt wird.

Aus diesen Texten geht aber an keiner Stelle hervor, daß die Prinzessin von ihrem Vater begleitet war. Man neigte daher stets dazu, die Darstellung des Reliefs von Abu Simbel so aufzufassen, daß hier der Hethiterkönig gewissermaßen zur Erhöhung des Ruhmes Ramses' II. in den Augen der Angehörigen seines eigenen Landes dargestellt sei, der fremde Fürst wie ein Vasall und Tributär des Ägypters erscheinen soll. Die Bearbeitung der einschlägigen, von uns in Boğazköy entdeckten Urkunden von ELMAR EDEL hat jedoch ergeben, daß diese Auffassung nur zum Teil zutreffen kann. Es handelt sich um zwei Bruchstücke eines Briefes, den Ramses an Hattuschili geschrieben hat, und zwar lange nach dem Abschluß des Friedensvertrages, auf den ausdrücklich Bezug genommen wird. Der Brief ist nur

Teil einer längeren Korrespondenz, deren Anfang man lediglich aus Bezügen auf Schreiben ergänzen kann, die nicht erhalten geblieben sind. Danach hat Ramses den hethitischen König zu einem Besuch in Ägypten eingeladen. Die Antwort fiel merkwürdig kühl aus, denn der Hethiter entgegnete:

> »Mein Bruder möge mir schreiben, was wir dort in Ägypten eigentlich machen sollen!«

Daraufhin wird Ramses deutlicher und wiederholt die Einladung in eindringlicher Form. Zunächst nimmt er Bezug auf das Schreiben, das er vom hethitischen Hof erhalten hat, und äußert sich etwas beleidigt:

> »Was hat mein Bruder da bloß gesagt!«

Dann fährt er fort:

> »Der Sonnengott und der Wettergott werden meinen Bruder seinen Bruder sehen lassen, und mein Bruder möge ausführen den guten Vorschlag, zu gehen, um mich zu sehen, und einer möge dem anderen ins Antlitz schauen, an dem Orte, wo sich der König auf seinem Thron befindet. Ich will ins Land Kinahhi [also Kanaan] gehen, um meinen Bruder zu sehen, um in das Antlitz meines Bruders zu schauen und um ihn inmitten meines Landes zu empfangen.«

Ob der hethitische König die weite Reise wirklich ausgeführt und mit Ramses in dessen Residenz im östlichen Delta zusammengekommen ist – denn daß der ägyptische König in das Land Kanaan kommen will, bedeutet ja lediglich, daß er seinem königlichen Bruder entgegenzugehen, ihn einzuholen gesonnen ist –, wissen wir nicht. Vielleicht sind in der Darstellung des Reliefs von Abu Simbel zwei Ereignisse, die zeitlich nacheinander erfolgt sind, zusammengezogen. In diesem Falle hätte der Besuch des hethitischen Großkönigs wirklich stattgefunden. Wie es sich damit aber auch verhalten mag, die Beziehungen waren ohne Zweifel so, wie sie Ländern, zwischen denen nach der damaligen Terminologie Freundschaft bestand, angemessen war. Hattuschili hat von Ramses mehr als einmal um die Überlassung von Heilmitteln (»Sende gute Arzneien für meine Augen«), aber auch um die Entsendung von Ärzten nach Hattuscha gebeten. Das war nichts Ungewöhnliches, denn der gleiche Vorgang ist auch für den hethitischen und den babylonischen Hof zur Zeit des Muwatalli und dann des Hattuschili bezeugt, wobei auffällt, daß man wie bei den Bildhauern, die wir S. 144 zu erwähnen hatten, stets besonders darauf drang, den Entsandten ja rechtzeitig zurückzuschicken, was nachweislich auf schlechten Erfahrungen beruhte. Überblickt man die in der ägyptischen Reliefkunst vorkommenden Wiedergaben von Hethitern, so ist die wachsende Ähnlichkeit mit hethitischen Darstellungen unverkennbar, nicht im Stil, sondern in der Art, wie man die Hethiter in Ägypten sah. Es hat vermutlich zahlreiche persönliche Begegnungen gegeben, so daß man sich immer besser kennenlernte. Gerne wüßte man, wie sich Ägypter, deren Weg nach Hattuscha und damit in eine strukturell und klimatisch gegenüber ihrer Heimat völlig andere Umgebung führte, dort bewegten, was sie dort empfanden.

Aus der Zeit nach Hattuschili III. sind in *Hattuscha* keine Briefe mehr gefunden worden, die für die Fortsetzung der Korrespondenz zwischen Hatti und Ägypten sprächen, obwohl Ramses seinen kleinasiatischen Partner lange überdauert und viele Jahre Zeitgenosse von dessen Nachfolger, Tuthalija IV., gewesen ist. Haben sich die Beziehungen wesentlich abgekühlt? Aber selbst wenn das für den persönlichen Bereich zuträfe, ist es für das Verhältnis zwischen den beiden Ländern kaum in gleicher Weise anzunehmen. Wer aus eigener langjähriger Anschauung die Fundumstände der Archive oder Bibliotheken in Hattuscha kennt und dabei immer wieder die durch spätere Eingriffe verschuldete erhebliche Streuung und Beschädigung der Archivbestände zu beobachten Gelegenheit hatte, wird aus dem Fehlen solcher Urkunden aus den Jahrzehnten nach rund 1250 nicht unbedingt schließen, daß es sie nicht einst gegeben haben könnte. Man kennt andere Belege, die für fortdauernde Kontakte sprechen. In einer großen Inschrift von Mernephtah (1223–1205), Nachfolger Ramses' II., heißt es: »Hatti ist in Frieden«, und derselbe ägyptische König hat dem Hethiterlande, das offenbar infolge einer anhaltenden Trockenheit in eine Hungersnot geraten war, durch Getreidelieferungen ausgeholfen. Der Vertrag zwischen den beiden Staaten war also im wesentlichen wohl doch von längerer Dauer und hat sich auch in Fällen bewährt, die im Vertragstext nicht ausdrücklich vorgesehen waren. Man muß sich vergegenwärtigen, was diese Annäherung über so lange Zeit bedeutete. Sie besagte im Grunde genommen, daß die beiden gewichtigsten Staaten ihrer Zeit in einem solchen Einvernehmen standen, daß sie vereint jeder von anderer Seite drohenden Gefahr zu begegnen vermochten. Im Laufe des 13. Jahrhunderts erstarkte im Osten langsam Assyrien, erzielte auch hier und dort vereinzelten Gewinn auf Kosten der Hethiter, vermochte sich jedoch westwärts des Euphrats nicht zur Geltung zu bringen. Hier bewährte sich offenbar die durch das ägyptisch-hethitische Bündnis gesicherte Linie.

Und doch erwies sich diese durch Verträge und freundschaftliche, ja verwandtschaftliche Beziehungen der Höfe scheinbar so gefestigte Welt als einem Schicksal unterworfen, das vorauszusehen gänzlich außerhalb ihrer Möglichkeiten lag. Barbarische und halbbarbarische Völker traten auf den Plan und fielen in die zivilisierte Welt ein. Sie kamen aus Bereichen, die außerhalb von deren unmittelbarem Gesichtskreis gelegen hatten, nämlich vom südöstlichen Europa, von der Balkanhalbinsel, und von den Inseln des Ägäischen Meeres, überschwemmten die ganzen Küstengebiete Vorderasiens und drangen unaufhaltsam und alles zerstörend bis vor die Tor Ägyptens. Ramses III., der sich ihrer in seinem 8. Regierungsjahr, 1191 v. Chr., mit Mühe erwehrte und ihnen durch eine See- und eine Landschlacht im südlichen Syrien den Einfall in das eigentliche Ägypten versperrte, hat dieses einschneidende Ereignis am zweiten Pylon des Tempels von *Medinet Habu* am Westufer von Theben in einer oft zitierten Inschrift verewigt. Es werden in diesem Text Länder und Städte genannt, die uns bereits begegnet sind: Karkemisch zum Beispiel, das eine hethitische Stadt war, vor allem aber Hatti selbst, worunter in diesem Zusammenhang mindestens die südlichen Küstengebiete des Hatti-Reiches zu verstehen sind, die später Pamphylien und Kilikien ausmachten. Ungefähr zur selben Zeit ist aber auch das hethitische Kerngebiet auf dem anatolischen Hochland mit der Hauptstadt *Hattuscha* zugrunde gegangen, wobei wahrscheinlich kleinasiatische Reichsfeinde von Norden und Westen her die entscheidende Rolle gespielt haben. Die Inschrift Ramses' III. ist jedoch die einzige authentische, freilich indirekte Nachricht, die wir bis heute über den Untergang eines Reiches besitzen, das unmittelbar zuvor noch seinen Rang als Großmacht behauptet hatte und das einen jähen Sturz erlebte, aus dem es keinen Wiederaufstieg gab.

6 Hattuscha – Boğazköy zur Zeit der Phryger und Perser

Wie in den vorausgegangenen Kapiteln schon mehrfach erwähnt wurde, sind in *Hattuscha,* der Hauptstadt des hethitischen Reiches, in der Zeit um 1200 v. Chr. alle offiziellen Bauwerke zerstört worden. Auch *Büyükkale,* die Palastanlage der Großkönige, wurde nach einer vorausgegangenen Plünderung durch Feuer gründlich vernichtet. Zudem sind einige Bildwerke, Torlöwen und Torstiere, auch die monumentale Inschrift des Königs Tuthalija IV., die wir kennengelernt haben (s. Abb. 68), absichtlicher Zerschlagung und dadurch der Ausschaltung der ihnen innewohnenden Kräfte anheimgefallen. Vor einiger Zeit ist die These aufgestellt worden, die hethitische Hauptstadt sei von ihren Bewohnern aufgegeben und verlassen worden, weil diese durch eine Hungersnot, hervorgerufen durch eine lange Trockenperiode, zur Auswanderung nach Südosten, das heißt nach Südostanatolien und Nordsyrien, gezwungen gewesen seien. Wenn es auch innerhalb des weiten Bereiches des Hatti-Reiches in gewissen Gebieten zu einer Hungerperiode gekommen sein kann (s. S. 177), so ist es mehr als fraglich, ob ein solches Ereignis sich bis in den Raum der Hauptstadt ausgewirkt hat und dort von einem Geschehen der vermuteten Art begleitet gewesen ist. Dafür gibt es nicht den geringsten Beweis. Im Gegenteil, die Belege für einen gewaltsamen Eingriff durch Feindeshand sind so eindeutig, daß sie nicht übersehen werden können. Die Einnahme, Plünderung und Brandstiftung in Hattuscha dürften sich etwa in einer Weise vollzogen haben, wie wir sie zwar nicht durch eine hethitische Darstellung – die hethitische Kunst kennt kaum Themen profaner Natur –, wohl aber durch eine sehr viel spätere assyrische des 7. Jahrhunderts v. Chr. aus Ninive kennen (Abb. 86). Hier ist die Einnahme der elamischen Stadt *Hamanu* durch die Truppen des assyrischen Königs Assurbanipal dargestellt. Der Vorgang entspricht etwa dem, was sich in Hattuscha zugetragen haben muß.

Urkunden des Großkönigs Schuppiluliuma II. sind die letzten datierbaren, die in den hethitischen Archiven Aufnahme gefunden haben. Das bringt uns in die Zeit um 1200 v. Chr. oder sehr kurz danach. Etwa gleichzeitig sind die südlichen Gebiete des hethitischen Reiches durch die sogenannten Seevölker heimgesucht worden, ein Ereignis, das aus ägyptischen Quellen bekannt ist (s. S. 178) und das ungefähr mit dem Aufhören der Urkunden in den Archiven von Hattuscha übereinstimmt. Das Großreich und die Hauptstadt haben daher offenbar annähernd zur selben Zeit ihr Ende gefunden. Das zentrale Anatolien und vor allem der Raum um Hattuscha versanken für eine lange Periode in einen Zustand ohne faßbare historische Überlieferung, demnach für uns in ein Dunkles Zeitalter.

Im mittleren Anatolien hat dieses Dunkle Zeitalter gut 300 Jahre gedauert. Erst aus dem 9. Jahrhundert v. Chr. kennt man wieder einige wenige historische Nachrichten, als dieser Teil Anatoliens in den Gesichtskreis von Assyrien getreten war. 837 und 836 huldigen 24 Könige von Tabal dem assyrischen König Salmanassar III. Hundert Jahre später zur Zeit Tiglatpilesars III. und dann vor allem Sargons II. ist dieses Tabal zu einem Staat unter der Herrschaft der Dynastie von Burutasch geworden. Tabal, das sein Zentrum im Gebiet von Kayseri und südwärts bis zum Taurus, also im Herzen von Anatolien, hatte, grenzte zur Zeit Sargons im Osten an Urartu, im Norden an Kaschku und im Nordwesten und Westen an Muschki. Es ist nicht unsere Aufgabe, hier die mehrfachen, friedlichen und kriegerischen Auseinandersetzungen zwischen Assyrern und Tabal oder zwischen diesem und den genannten anatolischen Ländern und Staaten zu behandeln. Für unsere Zwecke mag es genügen, hervorzuheben, daß sich Tabal durch die Verwendung von hethitischen Hieroglyphen bei monumentalen Inschriften und auch sonst durch einige Züge als Erbe luvisch-hethitischer Kultur ausweist. In unmittelbar benachbarten Gebieten gab es sogar Fürsten, bei denen die Tradition zum Vergangenen so weit ging, daß sie sich als Großkönige bezeichneten. Ein Potentat namens Hartapus bietet dafür das eindrucksvollste Beispiel. In einem Felsbilde auf dem *Kızıldağ*, nordnordwestlich von Karaman ließ er sich verewigen und seinen Namen mit den gleichen Zeichen wie die Könige der alten Zeit, sogar mit der geflügelten Sonnenscheibe darüber, schreiben. Die nördlichsten Stein-Inschriften aus diesen Jahrhunderten stammen von *Çalapverdi*, unmittelbar nördlich des Halys. Soweit sie ihrem Inhalt nach überhaupt verständlich sind, stammen sie aus dem ausgehenden 8. Jahrhundert v. Chr. Noch weiter nördlich, in Alişar, sind Siegel mit Bilderschrift der gleichen Art gefunden worden. Ob man aber deshalb Anlaß hat, das Land Tabal so weit nach Norden ausgedehnt zu denken, erscheint mir zweifelhaft. Der Halys in seinem dort im großen Ganzen ostwestlichen Lauf wird wohl im allgemeinen die Nordgrenze gebildet haben. Im Kult von Tabal hat offenbar die Göttin Kubaba nach Ausweis der zuweisbaren

86 Relief aus Ninive: Einnahme der elamischen Stadt Hamanu durch Assurbanipal

Quellen eine beträchtliche Rolle gespielt. Von ihrem alten Zentrum *Karkemisch* am mittleren Euphrat aus hat sich ihre Verehrung in diesem Teil Anatoliens ausgebreitet.

Von den Nachbarn dieses Tabal sind Kaschku und Muschki für uns von nicht geringer Bedeutung. Bei Kaschku hat man es zweifellos mit der gleichen ethnischen Erscheinung zu tun, die uns früher im Zusammenhang mit Geschehnissen des 2. Jahrtausends begegnet ist (s. S. 19 u.29). Wir lernten sie als damals gefährliche, nur zeitweise als befriedete Grenznachbarn des Hatti-Reiches im Norden kennen. Vom pontischen Gebiet aus unternahmen sie immer wieder Einfälle in hethitisches Territorium, haben mindestens einmal sogar die Hauptstadt eingenommen und wahrscheinlich auch, wie im 2. und 3. Kapitel ausgeführt worden ist, beim definitiven Untergang von Hattuscha ihre Rolle gespielt. Wenn wir sie jetzt im 8. Jahrhundert so weit nach Süden gerückt finden, und zwar etwa vom Halys-Knie im Westen bis zum oberen Euphrat im Osten, in einer Zone also, die immer das unmittelbare Ziel ihrer Bestrebungen nach Süden gebildet hatte, dürfen wir darin mit ziemlicher Sicherheit das Ergebnis ihrer erfolgreichen Mitwirkung am Untergang Hattis sehen. In ihrem alten Siedlungsgebiet des pontischen Berglandes hatten sie im 2. Jahrtausend eine lockere Gemeinschaft von Stämmen gebildet, die nicht unter Königen standen. Nur einmal zur Zeit des hethitischen Königs Murschili II. erscheint ein solcher namens Pihhunija, was aber ausdrücklich als Ausnahme bezeichnet wird:

»Nachdem in Kaschka die Herrschaft eines einzelnen nicht existiert hatte.«

Aus den Texten, die sich auf sie beziehen, gewinnt man den Eindruck, daß sie eine Lebensweise geführt haben, die man halbnomadisch genannt hat. Man sollte das aber wohl besser so verstehen, daß sie in der günstigen Jahreszeit von ihren Siedlungen auf die Sommerweiden gezogen sind. Ihre Gehöfte waren sicher aus keinem festen Baustoff, sondern vorwiegend aus Holz gefertigt. Solche Häuser pflegen, wenn sie nicht in Pfostenhütten bestanden, sondern auf Schwellbalken errichtet waren, kaum Spuren im Boden zu hinterlassen. Sie täuschen dann dem Archäologen eine scheinbare Siedlungsleere vor, ohne daß eine solche wirklich bestand. Sollten die Kaschkasch nach ihrer Südwärtsbewegung, das heißt nach 1200 v. Chr., ihre heimischen Gewohnheiten und ihre angestammte Bauweise auch im Gebiete des südlichen Halys-Bogens beibehalten haben, könnte die eben geschilderte Eigenart vielleicht dafür verantwortlich sein, daß deutliche Spuren ihrer Anwesenheit aus der Zeit der Wende vom 2. zum 1. Jahrtausend dort fehlen. Man hat aus diesem negativen Befund geschlossen, daß dieses Gebiet überhaupt Besitz von unsteten Nomadenstämmen gewesen sei, die hier ihr Weideland hatten. Ein so weitgehender Schluß ist wohl nicht ganz zu rechtfertigen. Auch die Beobachtung, daß gerade im Raume des Halys-Bogens, im Gegensatz zum südöstlichen Anatolien, kein Ortsname des 2. Jahrtausends die Katastrophe von 1200 überdauert habe, ist keine wirkliche Stütze dieser Deutung. Der Name *Hattuscha* mag zwar verschwunden sein, aber sonst kennen wir viel zu wenige lokalisierbare hethitische Ortsnamen im Raume nördlich des Halys, als daß darauf Schlüsse dieser Art gebaut werden könnten. Sollte das *Tonea* der römischen Kaiserzeit in der Gegend vom heutigen Alaca wirklich das alte hethitische Tawinija sein, was aber nicht beweisbar ist, könnte man sogar im Gegensinne argumentieren.

Fast mehr noch sind die Muschki, das heißt die westlichen und nordwestlichen Nachbarn von Tabal, geeignet, unsere Aufmerksamkeit in Anspruch zu nehmen. Daß sie mindestens von der Mitte des 8. Jahrhunderts an mit dem identisch sind, was wir als Phryger kennen und was seit HOMER auch in der griechischen Überlieferung unter dieser Bezeichnung auftritt, ist wohl nicht zu bezweifeln. Ebenso berechtigt ist die Annahme, daß Mita von Muschki, der sich zeitweise mit Urartu und Karkemisch verbündete und der mehr als eine teils kriegerische, teils friedliche Berührung mit Assyrien hatte, und zwar vornehmlich in Kilikien, mit dem Midas der Griechen identisch ist. Die Frage jedoch, ob unter den in den assyrischen Quellen begegnenden Muschki stets nur jene Phryger zu verstehen sind, die nach der griechischen Überlieferung von Makedonien und Thrakien nach Kleinasien eingewandert sind, und zwar vor oder nach dem Trojanischen Krieg, ist noch offen. Wäre sie positiv beantwortet, hieße das, daß diese Muschki-Phryger schon zur Zeit Tiglatpilesars I. (1115–1077) sehr weit nach Osten bis *Kummuh* innerhalb Anatoliens vorgedrungen wären und dort durch den Assyrer einen Rückschlag erlitten hätten. Wäre sie negativ beantwortet, bedeutete das, daß Muschki als eine Bezeichnung für nördliche Stämme unterschiedlicher Zugehörigkeit zu verstehen ist. Man dürfte dann in den Muschki, mit denen Tiglatpilesar zu tun hatte, nicht unbedingt Phryger sehen. Daß der Name Mita-Midas, der in Phrygien mehrfach vorkam, ein altkleinasiatischer, schon im 2. Jahrtausend belegbarer ist, steht fest.

Spätestens von der Mitte des 8. Jahrhunderts v. Chr. an war Phrygien nachweislich ein bedeutender Faktor. Midas, der Sohn des Gordios, operierte im Osten gegen und mit Assyrien, unterhielt aber auch Beziehungen zum Westen, denn er hatte eine Tochter des Königs vom äolischen Kyme zur Frau und war nach HERODOT der erste Barbar, der einen Thron als Weihgeschenk in das Apollon-

Heiligtum von Delphi sandte. Die Residenz dieser Dynastie war *Gordion* am mittleren Sangarios, der Ort von Ausgrabungen der Brüder GUSTAV und ALFRED KÖRTE im Jahre 1900 und viel später von sehr erfolgreichen Untersuchungen durch das University Museum in Philadelphia unter der Leitung von RODNEY S. YOUNG von 1947 bis 1976. Was sie erzielt haben, zeigt mit aller Deutlichkeit, daß das kulturelle Zentrum Mittelanatoliens zu jener Zeit Gordion gewesen ist, daß der Hof der altphrygischen Könige einen Mittelpunkt, wenn auch nicht mit so weitreichender Geltung, bildete, wie er ähnlich im 2. Jahrtausend östlich des Halys in *Hattuscha* bestanden hatte. *Gordions* Bedeutung hat offenbar durch den Einfall der Kimmerier Anfang des 7. Jahrhunderts und den dadurch bedingten Tod des Midas in dieser Hinsicht keine nachhaltige Einbuße erlitten, denn auch im 7. und 6. Jahrhundert ist seine Stellung nach Ausweis der Funde unbestritten.

Neben den assyrischen Quellen des 8. Jahrhunderts aus der Periode der Könige Tiglatpilesar III. und Sargon II. besitzen wir auch noch einen unmittelbaren Beleg für phrygische Einwirkung östlich und südöstlich des Halys. Fünf Inschriften unterschiedlicher Länge kennt man von *Alaca Höyük* nebst einer weiteren, kurzen bei dem sogenannten Felsaltar auf dem benachbarten Berggipfel *Kalehisar.* Dieser nördlichen Gruppe entspricht eine südliche, vertreten durch den sogenannten Schwarzen Stein von *Kilisehisar-Tyana,* auf dem der Name eines Midas vorkommt. Die Datierung dieser Inschriften steht nicht fest und ihr Inhalt bleibt dunkel, solange das Altphrygische für uns mit geringen Ausnahmen unverständlich ist. Aber bei dem Stein von Tyana ist die Wahrscheinlichkeit doch groß, daß er in die Zeit des großen Midas gehört, somit in die Periode phrygischer Aktivität im südlichen Kappadokien und an den Grenzen Kilikiens. Er wäre dann etwa gleichzeitig mit den ältesten phrygischen Inschriften aus Gordion.

Wie man sieht, ist die historische Überlieferung für die Jahrhunderte, die dem Sturz des Hatti-Reiches folgten, sehr dürftig. Auf eine lange Zeit, aus der wir überhaupt keine Urkunden besitzen, folgt ein mit dem 8. Jahrhundert einsetzender Abschnitt, der gegenüber dem 2. Jahrtausend eine gänzlich neue Verteilung der Territorial- und Machtverhältnisse erkennen läßt. In dem Raume, der uns hier angeht, sind Tabal im Süden und Muschki-Phrygien im Westen die tonangebenden Faktoren. *Boğazköy,* das alte Hattuscha, liegt im späteren 8. Jahrhundert gewissermaßen in der Grenzzone zwischen beiden. Mit welcher Zugehörigkeit für die darauffolgende Zeit zu rechnen ist, bleibt vorerst noch ganz dunkel. Haben die Ausgrabungsergebnisse dafür eine Antwort bereit, und, zutreffenden Falles, welche?

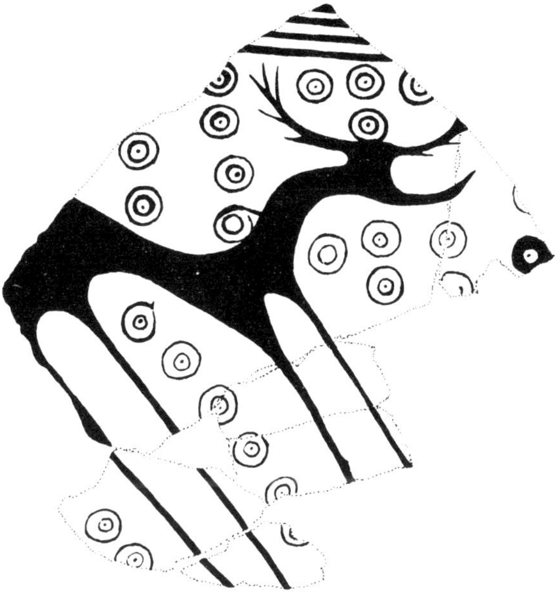

87 Vasenscherbe mit Hirschdarstellung im sogenannten frühphrygischen Stil, von Boğazköy

88 Büyükkale, Haus der Schicht II

In dem weiten Gebiet der zerstörten und verlassenen hethitischen Hauptstadt hat zuerst an zwei Stellen eine Wiederbesiedlung stattgefunden: auf dem Felshügel *Büyükkaya* östlich der Schlucht und auf *Büyükkale.* Die Siedlung von Büyükkaya ist, wie die Keramik zeigt, wahrscheinlich der von Büyükkale zeitlich um einiges vorausgegangen. Doch erlauben die zwei Ausgrabungsschnitte, die bis jetzt dort gemacht worden sind, noch kein genaueres Urteil. Anders Büyükkale, wo die Neubesiedlung mit Schicht II beginnt, die zwei, wenn nicht drei aufeinanderfolgende Straten aufweist. Die frühesten Anlagen erfolgten zu einer Zeit, als die hethitischen Ruinen noch oberirdisch sichtbar zutage lagen und sich über ihnen noch keine sterile, fundlose Zwischenschicht durch natürliche Sedimentationsvorgänge gebildet hatte. Diese Beobachtung erlaubt von sich aus selbstverständlich keine absolute Altersbestimmung, ist jedoch geeignet, zwischen dem Ende der hethitischen Königsburg und dem Beginn der Schicht II keine überlange Zeitspanne in Anschlag zu bringen. Vor allem im 2. Stratum dieser Schicht kommt ziemlich viel Keramik vor, die einer Gattung angehört, die EKREM AKURGAL frühphrygischer Vasenstil nennt und deren Hauptblüte in das 8. Jahrhundert gehört. Ob dieser Stil aber wirklich, wie angenommen wird, erst Mitte des genannten Jahrhunderts ausgebildet worden ist oder nicht ganz erheblich früher begann, ist eine noch offene Frage. Auch bin ich nicht überzeugt, daß die Bindung dieses Stils an Phrygien und an die Phryger heute schon als endgültig feststehend angesehen werden kann. Im Ornament und wohl auch in der Form enthält er so stark östlich bestimmte Elemente, daß mir seine Ausbildung in nichtphrygischem Zusammenhang viel wahrscheinlicher ist, wenn er auch im westlicheren Bereiche von Phrygern übernommen worden sein mag. Sein Vorkommen in *Boğazköy* (Abb. 87) und mehr noch in *Alişar,* von wo man besonders hervorragende Beispiele dieses Vasenstils kennt, kann man daher noch nicht als unbedingten Beleg für phrygische Zugehörigkeit des Gebietes innerhalb des Halys-Bogens im 8. Jahrhun-

89 Siegelstock aus Elfenbein mit Adlerfigur, von Boğazköy, Höhe 1,6 cm

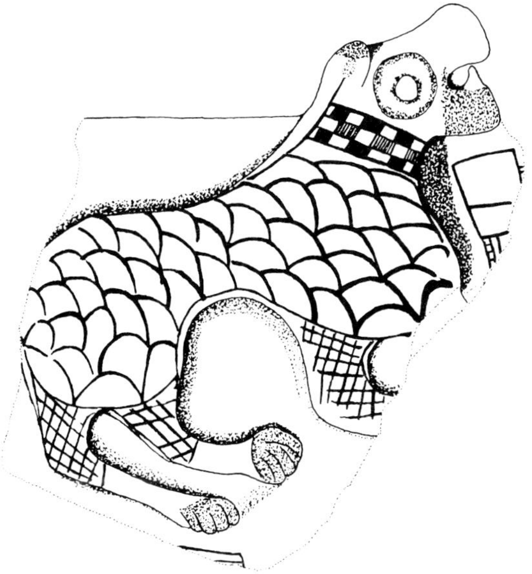

90 Bruchstück eines Gefäßes mit Löwenrelief, Länge des Löwen ca. 18 cm

dert anerkennen. Die Schicht Büyükkale II hat bis in das frühe 7. Jahrhundert gewährt, denn in ihr kommt noch schwarz auf rot bemalte geometrische Keramik vor, die im südlichen Teile Mittelanatoliens, im Gebiete um *Konya*, ihr Hauptverbreitungsgebiet hat. Aus dieser Zeit stammt auch das Elfenbeinsiegel Abb. 89.

Es ist kaum ein größerer Kontrast denkbar als der, der zwischen der hethitischen Königsburg des 13. Jahrhunderts und dieser Schicht II von Büyükkale besteht. Die unbefestigte offene Siedlung mit oft nur einräumigen Häusern (Abb. 88), die ohne erkennbare Ordnung angelegt sind und deren Untergeschoß häufig kellerartig in den Boden eingetieft ist, wobei senkrechte Balken als Stützen der Bruchsteinwände dienten, heben sich mehr als deutlich von dem unmittelbar unter ihnen liegenden Palast der Großkönige ab. Nirgends ist auch nur der Versuch gemacht worden, hethitische Mauern und Räume wiederherzustellen und sie zu mehr als einem willkommenen Steinbruch zu benutzen. Es ist eine Anlage von Leuten, die sich nach ihrer sehr einfachen Weise in dem alten Ruinenfeld einnisteten und die offensichtlich ganz ohne Bezug zur großen Vergangenheit dieses Ortes waren. Was wir vorhin zur Charakterisierung der Kaschkasch zu sagen hatten, mag für sie in gleicher Weise zutreffen, ohne daß wir damit freilich einer Identifizierung mit diesem ethnischen Element unbedingt das Wort reden möchten.

Im ausgehenden 8. Jahrhundert entstanden aber in der Ansiedlung auf *Büyükkale* einige Gebäude, die, gemessen am Vorausgegangenen, von besserer Ausführung sind. Ein Haus von 13 m Länge und 8 m Breite ist zweiräumig und annähernd rechteckig, besonders sorgfältig in der Bauweise und hat die Tür in der Mitte der südlichen Schmalseite. Eben dieser Seite ist ein mit Kalkstein gepflasterter Hof vorgelagert, der von einer niederen Brüstungsmauer begrenzt wird. In diesem Gebäude fand sich das Bruchstück eines großen, kesselartigen Gefäßes mit einem Löwen in ziemlich hohem Relief, dessen Kopf den Gefäßrand überragt (Abb. 90). Der Kessel hatte einen Durchmesser von ca. 32 cm, so daß zwei weitere Löwen, wohl in der gleichen Laufrichtung am Rande des Gefäßes ergänzt werden dürfen. Die Malfarben sind Gelb-Weiß für den Grund, Rot und Hellbraun beim Löwen. In einer Mauernische dieses Hauses lag ein assyrischer Siegelzylinder aus rosafarbigem durchscheinenden Achat mit der Darstellung einer Anbetungsszene, die links den Beter vor Ischtar und Sin zeigt. Das Siegel ist etwa in der Mitte des 8. Jahrhunderts geschaffen worden. Beide Fundstücke heben sich in ihrer Qualität sehr von allem anderen ab, was sonst aus dieser und der vorausgegangenen Zeit von Büyükkale vorliegt. Möglicherweise hängt das mit dem Gebäude selbst und seiner Bestimmung zusammen, die keine gewöhnliche gewesen sein kann. Dieses schon

91 Haus vom sogenannten Megaron-Typus in der Unterstadt von Boğazköy

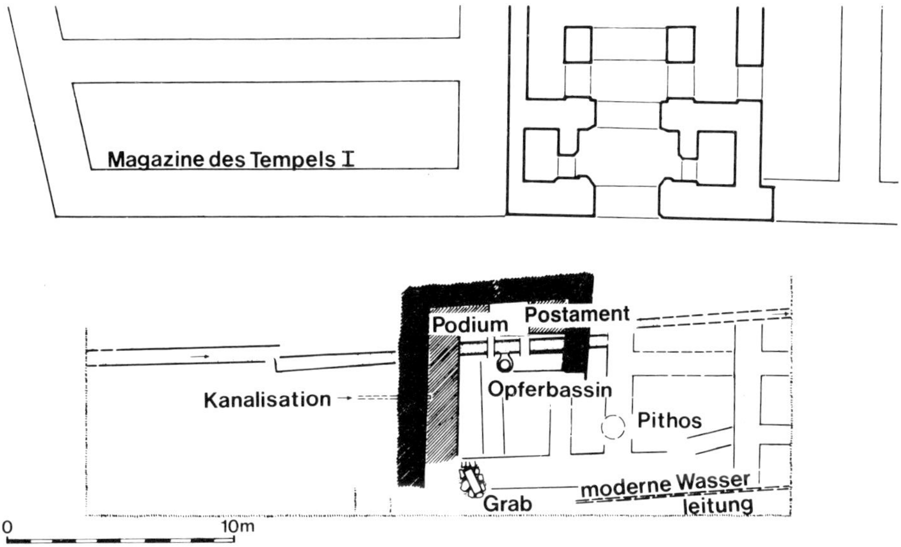

92 Nachhethitische Cella vor dem hethitischen Tempel I

in seinem Gundriß bemerkenswerte Bauwerk ist nämlich bis mindestens in die Zeit um 500 v. Chr. auch dann stehengeblieben, als ringsum neue Anlagen entstanden, ja Büyükkale ein ganz anderes Gesicht bekam. Vielleicht war es ein kleiner Tempel.

Außer Büyükkale und Büyükkaya war jedoch noch ein anderes Gebiet in der einst hethitischen Stadt im 8. und 7. Jahrhundert bewohnt. Im Raum des alten Tempels I sowie südwestlich und südlich davon bis zum nach Büyükkale aufsteigenden Hange (Stadtplanquadrate I–L/17–20) gab es zu dieser Zeit eine Ansiedlung, die in diesem ganzen Areal aus einer ziemlich dichten Bebauung mit kleinen für sich stehenden Häusern bestand. Im Unterschied zu Büyükkale ist hier gelegentlich von den noch sichtbaren hethitischen Ruinen Gebrauch gemacht worden, indem man deren Mauern wiederverwendete. Es sind überwiegend zweiräumige Rechteckhäuser mit einer gewöhnlich offenen Vorhalle auf der einen Schmalseite (Abb. 91). Damit gruppieren sie sich zum sogenannten Megaron-Typus, der im westlichen und südwestlichen Kleinasien eine viel ältere Geschichte hat und in *Gordion* im 8. Jahrhundert mit besonders monumentalen Beispielen vertreten ist. Neben dieser Hausform gab es auch einige mehrräumige Häuser in dieser Siedlung, deren Begräbnisplatz unmittelbar westlich und nördlich davon lag, wo eine Anzahl von Urnengräbern gefunden worden ist. Ebenso wie die

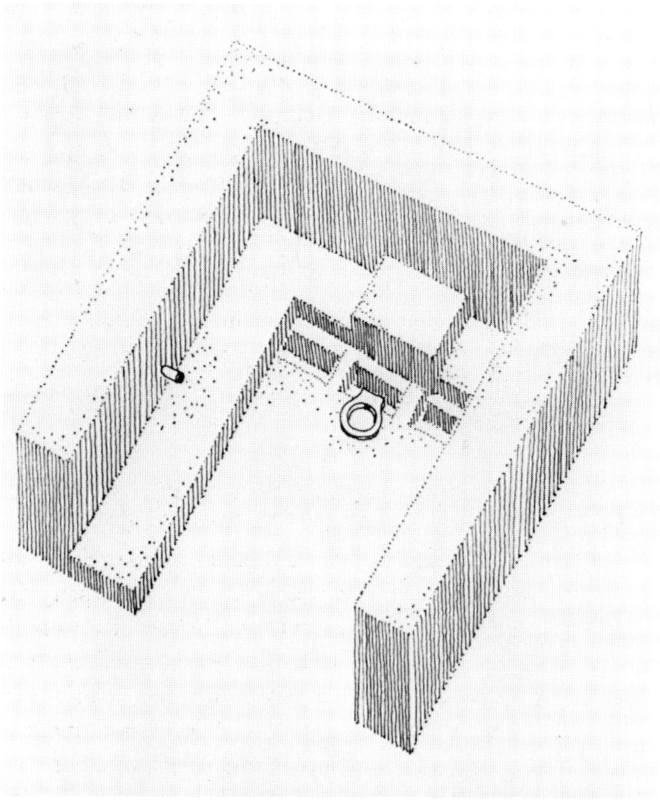

93 *Nachhethitische Cella vor dem Tempel I, Rekonstruktionszeichnung*

Siedlung dieser Zeit auf Büyükkale war auch die eben kurz beschriebene, die keine für uns sinnfällige innere Ordnung zeigt und die sich ihrem Inventar nach aus eingeschossigen, kombinierten Wohn- und Wirtschaftsgebäuden zusammensetzt, ohne einen schützenden Mauerring nach außen. Man sollte jedoch dieses Gemeinwesen, das gewiß nicht getrennt vom gleichzeitigen Büyükkale zu verstehen ist, nicht zu gering veranschlagen. In seinem Weichbild ist unmittelbar vor dem großen Propylon des Bezirkes des hethitischen Tempels I eine kleine Cella, eine Kapelle gefunden worden (Abb. 92 u. 93). Es mag sein, daß trotz der stark veränderten ethnischen und kulturellen Verhältnisse dieser Stelle doch immer noch etwas vom alten Sanktuarium anhaftete, dieses nicht ganz aus dem Bewußtsein geschwunden war. Der kleine, nur unvollkommen erhalten gebliebene Kultraum hat ein Podium an den Wänden, ein Altarpostament in der Mitte der Rückseite und ein Opferbekken nicht ganz im Zentrum des Raumes. Auf dem Postament lagen Schleuderkugeln, mehrere große Keulenköpfe, darunter eine große Votivkeule, nahe dabei zwei Lanzenspitzen aus Eisen bzw. Bronze, eine kleine Adlerfigur aus Stein, eine kreisrunde Bronzescheibe mit einem Löwen in Treibarbeit in der Mitte und ein Dreifuß-Ständer aus Ton mit einer aufgesetzten Vogelfigur. Eine der drei Schalen auf diesem Ständer hat am äußeren Rande eine plastische Leiste, die von vier Knebeln und zwei spulenförmigen Griffen gehalten wird. Das ist eine Tonnachahmung der Bronzeschalen mit sogenannten Rotellenhenkeln, wie man sie aus den Tumuli von *Gordion,* aber auch von solchen bei *Ankara* kennt. Dies wie auch andere keramische Funde, die in der Cella gemacht worden sind und unter denen sich ein großer, zweihenkeliger Krater mit geometrischer Bemalung befindet (Abb. 94, 95), zeigen, daß das kleine Heiligtum in das spätere 8. Jahrhundert gehört, als bescheidener Nachfahr des großen hethitischen Tempels, dessen Ruinen damals noch einen markanten Punkt gebildet haben müssen.

Wenn wir hier kurz Rückschau halten, muß man gestehen, daß *Boğazköy* bis jetzt zur Aufhellung der historischen Vorgänge während des Dunklen Zeitalters nichts Entscheidendes beigetragen hat. Es ist kein Fundstück aufgetaucht, das einwandfrei jenen Jahrhunderten zuweisbar wäre, die unmittelbar auf den Untergang der hethitischen Hauptstadt gefolgt sind. Weder kennen wir den Namen der Ansiedlung noch die Stammeszugehörigkeit ihrer Bewohner. Die Anfänge liegen noch ganz im Ungewissen, doch scheint es mir ziemlich wahrscheinlich, daß sie im 9. Jahrhundert zu suchen sind. Das erwähnte assyrische Siegel und manche Keramik, die im Gordion des Midas ihre Entsprechung hat, weisen in das 8. Jahrhundert, vor allem in dessen zweite Hälfte, als mittleres Datum für den Bestand des nicht allzu kleinen Orts.

94 Zweihenkliger Krater mit geometrischer Bemalung aus der Cella Abb. 93, Höhe 36 cm

95 *Vase des sogenannten frühphrygischen Stils aus der Cella Abb. 93*

Im älteren Abschnitt des 7. Jahrhunderts trat eine grundlegende Veränderung ein. Ob man darin eine Folge der Invasion der Kimmerier zu sehen hat, die nach EUSEBIOS 696/95, nach IULIUS AFRICANUS 676 erfolgte, ist nicht mehr als eine Vermutung. Auf jeden Fall wurde *Büyükkale* mit einer starken Befestigung versehen, die das Plateau des Felsberges umschloß. Der Innenraum erfuhr eine dichte Bebauung, die schrittweise, also nicht in einem Zug erfolgte und die schließlich dieses ganze Gebiet ausfüllte (Abb. 96). Im Laufe des späteren 7. und im 6. Jahrhundert griff dann die Besiedlung über Büyükkale hinaus und erstreckte sich in lockerer Bauweise auf den im Nordwesten anschließenden Hang, der ebenfalls befestigt wurde. Bei der Fortifikation dieses Raumes machte man im Süden von einer alten hethitischen Befestigungslinie Gebrauch, indem man sie einigermaßen herrichtete, während man im Norden eine neue, mit Türmen versehene anlegte, die sich in ihrer Bauweise an die Möglichkeiten dieser Zeit hielt. Es scheint, daß damals die sogenannte Südburg, die etwas oberhalb von Büyükkale liegt, in das befestigte Gebiet außerdem mit einbezogen worden ist. Die Untersuchungen sind dort zu einem endgültigen Urteil noch nicht weit genug vorangeschritten.

Wenn wir an *Boğazköy* denken, haben wir immer unwillkürlich die hethitische Stadt vor Augen. Die Siedlung des 7. und 6. Jahrhunderts, die uns jetzt beschäftigt, ist demgegenüber viel kleiner, jedoch nimmt sie sich ganz stattlich aus, wenn wir sie an Vergleichbarem ihrer Zeit nicht nur in Mittelanatolien, sondern auch im archaisch-griechischen Osten messen. Es sei nur an das äolische *Larisa* oder *Alt-Smyrna* oder an das ionische *Milet* des Kalabaktepe erinnert, neben denen das Boğazköy dieser Jahrhunderte die Bezeichnung Stadt durchaus verdient, sich sogar mit dem Flächenraum, den es in Anspruch nahm, mindestens gleichstellt. Diese

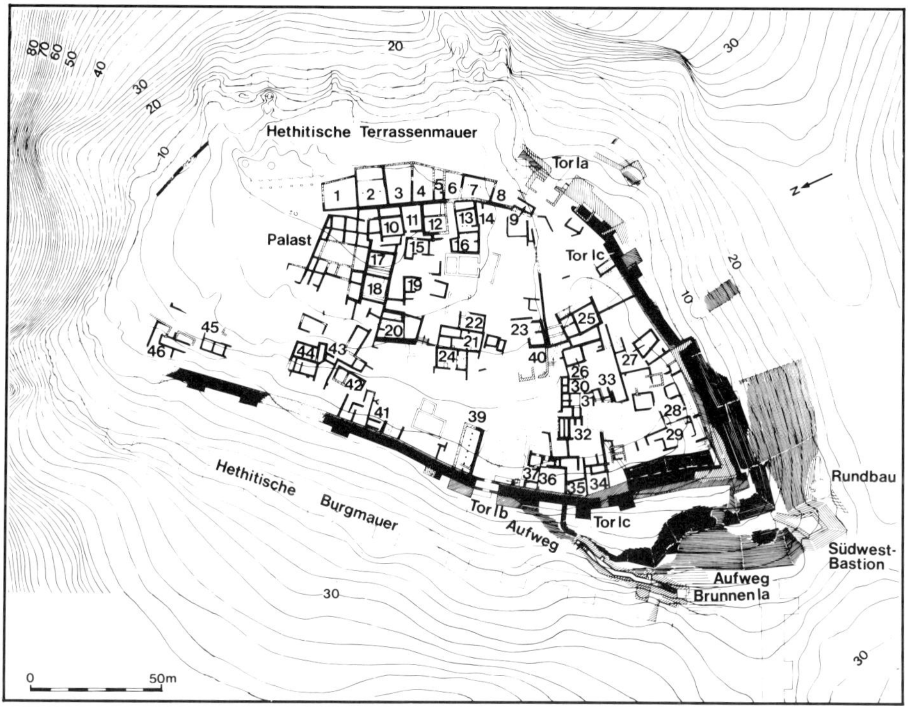

96 Büyükkale, Plan der Schicht I, phrygisch. (Nach: Boğazköy-Hattuša XII, Berlin 1982, Beilage 56)

Stadt ist im wesentlichen durch die phrygische Kultur gekennzeichnet. Die Keramik, auch manche Einzelheiten der Bauweise sprechen entschieden dafür, wenn auch gegenüber Phrygien westlich des Halys, vor allem gegenüber dem, was man von dem viel bedeutenderen *Gordion* kennt, einige Unterschiede nicht zu übersehen sind. Sie gehen vielleicht darauf zurück, daß die kulturellen Grundlagen hier im Osten von denen im Westen, im Gebiet des Sangarios, nicht unerheblich abwichen. Noch deutlicher zeigen Graffiti in phrygischer Schrift und Sprache, vor allem aber der Kult, soweit er aus entsprechenden Funden von Boğazköy greifbar wird und den wir noch des genaueren kennenlernen werden, eine so enge Bindung an Phrygien, daß der Schluß berechtigt erscheint, der maßgebende Teil ihrer Bewohner seien Phryger gewesen.

Für die Datierung sind in erster Linie solche Funde verwertbar, die aus importierter Keramik westlicher und vielleicht auch nördlicher Herkunft, das heißt aus griechischen Kolonien am Pontos, bestehen. Die in großen Mengen

97 Phrygische Vase mit Kriegerzug, Höhe des Frieses ca. 13 cm

gefundene einheimisch-phrygische Keramik widersetzt sich ja vorläufig noch in den meisten Fällen einer exakten Zeitbestimmung. Der Import ostgriechischer Herkunft besteht zwar nur aus wenigen Stücken, ermöglicht aber doch die Aufstellung einer ziemlich fortlaufenden Reihe. Er beginnt mit Protokorinthischem aus dem dritten Viertel des 7. und einem glasierten Fläschchen der zweiten Hälfte desselben Jahrhunderts. Dazu kommen Scherben des orientalisierenden Stils, darunter solche milesischer Herkunft. Ein großer Kessel einheimischer Fertigung (Abb. 97) bietet einen Kriegerzug in Malerei, der zwar ungeschickt, aber doch in deutlicher Anlehnung an Ostgriechisches der ersten Hälfte des 6. Jahrhunderts ausgeführt ist. Anderes unter den einheimischen Produkten läßt Anlehnung an ostgriechische Vorbilder des späteren 6. Jahrhunderts erkennen, namentlich in der Form. Jüngerer Import, etwa schwarzfigurige oder rotfigurige Vasen, fehlt jedoch gänzlich, was Zufall sein mag. Die bemalten phrygischen Gefäße einheimischen Stils zeigen zum Teil solche Auflösungserscheinungen in Ornament und Struktur, daß man ihnen ohne weiteres ein Fortleben in das 5. Jahrhundert hinein oder gar noch länger zuerkennen möchte. Es gibt einige Stücke, die im Ornament Tiere zeigen, bei denen man eigentlich Achämenidisches des 5. Jahrhunderts als Voraussetzung annehmen sollte. Das wäre nicht verwunderlich, befinden wir uns doch in einem Gebiet, das im 6. Jahrhundert, seit Kyaxares, erst zu Medien, dann zum Persien der Achämeniden gehört hat.

Sollte diese Stadt, die von bemerkenswerter Größe war, keine Rolle in der Geschichte Mittelanatoliens während jener Jahrhunderte gespielt haben, sollte nicht wenigstens ein Abglanz des alten Hattuscha auf sie übergegangen sein? Oder wenn wir dies verneinen müßten, sollte dann nicht wenigstens ihr Name, der einen

Rückschluß auf ihre politische Zugehörigkeit zuließe, überliefert sein? Diese Fragen werden uns noch beschäftigen. Zunächst gilt es, einen Blick auf einige Einzelheiten dieses Boğazköy der Spätzeit zu werfen.

Büyükkale war auch jetzt der Mittelpunkt des Ganzen, aber in einer Bauweise, die sich ebensosehr von der hethitischen abhebt, wie sie für uns wegen der raschen Baufolge, der vielfachen Veränderungen und der oft sehr nachlässigen Bauausführung schwer entwirrbar ist.

Die Befestigung folgte im Süden, Osten und Norden der alten hethitischen, soweit die erhaltenen Reste ein Urteil zulassen. Im Westen aber ließ man die tief am Hang liegende hethitische Burgmauer Büyükkales ungenutzt, weil man offenbar ihrer Wiederverwendung technisch nicht gewachsen war. Dafür zog man die mit Türmen besetzte eigene Mauer erheblich weiter oben und benützte als ihre Unterlage die starken Terrassenmauern der Gebäude E, S, G und H des 13. Jahrhunderts. Die Ausnützung dieses günstigen Baugrundes nötigte aber auch zur Verschiebung der Südwestecke nach innen. Der südwestliche Eckturm vom phrygischen Büyükkale liegt im äußeren Teil des unteren Hofes, also weit innerhalb des hethitischen Tores. In der älteren Phase gab es nur einen Zugang auf der Westseite mit einer ziemlich schmalen Durchfahrt, flankierenden Türmen und einem breiten Vorplatz. Im 6. Jahrhundert wurde dieses Tor aufgegeben und zugemauert, dafür nicht weit nördlich ein anderes angelegt, das im Typus nur darin abweicht, daß es eine sehr langgestreckte, schmale Torkammer hat mit zwei Verschlüssen. Noch später wurde dann ein weiteres Tor im Südosten gebaut (Abb. 98), das zuerst nur in einer breiten Toröffnung mit einem mächtigen flankierenden Turm an einer Seite bestand, dann aber in einem zweiten Bauvorgang mit einer breit gelagerten Torkammer und einem doppelten Verschluß versehen worden ist.

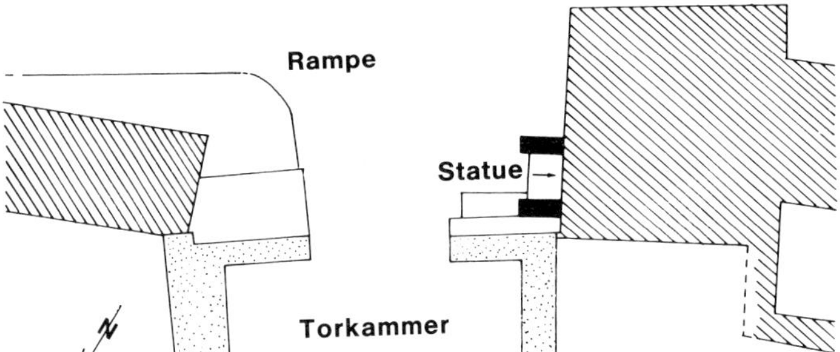

98 Büyükkale, Grundriß des phrygischen Südosttors

99 Büyükkale, phrygisches Kalksteinpflaster am Hang der Westseite

Der Platz davor und die Kammer selbst sind gepflastert, ein Angelstein der Türen fand sich noch an Ort und Stelle vor. Von den beiden Toren führten teils mit Pflaster, teils mit Kies belegte Straßen ins Innere. Alle Tore, die jeweils hoch am Hang lagen, erreichte man von außen, somit von unten, über schräg nach oben führende Rampen, die auf künstlich hochterrassierten Vorplätzen vor den eigentlichen Torbauten mündeten. Diese Portale ordnen sich in einen Typus ein, der in Assyrien, in Nordsyrien und bei den späthethitischen Städten Südostanatoliens zahlreiche Vertreter hat, der uns aber gerade hier in Boğazköy selbst in einem auffallend frühen Beispiel schon im 14. Jahrhundert begegnet ist (s. S. 95), das nur wenige Meter von diesen Toren phrygischer Zeit entfernt liegt.

Den ganzen Südhang und den südlichen Teil der Westseite von Büyükkale hat man mit einem Schrägpflaster aus Kalksteinen versehen (Abb. 99), das am Fuß der Böschung seinen Anfang nimmt und sich bis zu der Burgmauer hinauf erstreckt. Der Felsberg ist dadurch an seinen am meisten gefährdeten Flanken wie in einen steinernen Panzer eingehüllt, der dem Gegner den Anstieg erschweren, ihn gegenüber den Verteidigern exponieren, zugleich aber auch das Abschwemmen des Erdhanges durch heftige Regenfälle und Schmelzwasser verhindern sollte. Dieses Hangpflaster hat zahlreiche Reparaturen erlebt, aber auch Veränderungen dadurch erfahren, daß die Verlegung der Rampen zu den Toren auf der Westseite zu Neuanlagen zwang. Die letzte Veränderung war mit der Errichtung einer großen Bastion verbunden, die trapezförmig ist, sich an der Südwestecke der Burg bis zum Fuß hinunter erstreckte und zur Deckung der West- wie auch der Südflanke diente.

Diese Hangpflaster haben ihre Vorgeschichte. Im 14. und 13. Jahrhundert fanden sie auch bei den Hethitern Anwendung, wie man von *Alaca Höyük*, aber auch von *Hattuscha* weiß, wo der ganze Abhang vor der südlichen Stadtmauer vom sogenannten Königstor über Yerkapı bis zum Löwentor mit einem Schrägpflaster versehen war (s. Farbt. 1). In phrygischer Zeit hielt man sich also hier an Vorgänger, die wahrscheinlich zum Teil noch offen und sichtbar waren. Im 7. und 6. Jahrhundert, am Beispiel des *Göllüdağ* bei Niğde, also mitten im Lande Tabal, vielleicht auch schon im 8., wurden sie jedoch zu einer typischen Erscheinung der Befestigungskunst im mittleren und nördlichen Anatolien. Das zeigen die Beispiele von *Kerkenesdağ*, *Havuzköy* und *Akalan*, demnach in Kappadokien und Pontos. Wer sich der Burgen von *Toprakkale* in Kilikien, *Til Başer*, *Aleppo* und *Hama* in Syrien erinnert, weiß, daß die gleiche Technik, freilich vervollkommnet, auch im hohen Mittelalter zur Anwendung kam und dort sogar als Übernahme lokaler Vorbilder ein nicht zu übersehendes Element zahlreicher Kreuzfahrer-Burgen bildete.

Im 6. Jahrhundert, wahrscheinlich in dessen zweiter Hälfte, hat man auf der Westseite von *Büyükkale* in das Hangpflaster einen Treppengang eingebaut, der in gewundenem Lauf zu einem Brunnen am Fuß des Hügels führt (Abb. 100). Er hat senkrechte Wände und zwei Nischen an der bergwärtigen Seite. Die Treppe, deren Stufen sorgfältig verlegt sind, weist an zwei Stellen breitere Podeste auf. Die trapezförmige Brunnenstube (Abb. 101) lieferte kein Quellwasser, sondern Grundwasser, das jedoch selbst im Sommer, wie wir bezeugen können, hell, klar und vollkommen trinkbar aufsteigt. Es fließt aus dem Innern des Burgberges ab, wo es in der Tiefe über einer Tonschicht aufgestaut wird. In zwei der Wände der aus Stein konstruierten Brunnenstube sind horizontale Holzbalken eingelassen, die an der Stelle, wo die Treppe auf das Becken mündet, so über Eck gestellt sind,

100 Büyükkale, phrygischer Treppengang im Hangpflaster der Westseite, der zum Brunnen hinabführt ▷

101 Büyükkale, phrygische Brunnenstube am Hang der Westseite

daß ihr Zweck ohne weiteres erkennbar ist: sie dienten als Rost für einen Bretterbelag, für eine Bühne, auf die man von der Treppe aus beim Wasserschöpfen treten konnte. Der Mangel von fließendem Wasser im Innern der Burg und das nur saisonweise zur Verfügung stehende Regenwasser boten gewiß den Anlaß zur Erbauung der Treppe und des Brunnenhauses. Das bedeutete aber zugleich das Eingehen eines Risikos, denn die Wasseranlage lag außerhalb des schützenden Mauerrings, selbst außer der normalen Reichweite von Pfeilschützen auf den Plattformen der Türme. Um diesem Nachteil abzuhelfen, hat man weit unten neben der Treppe und nur wenig aufwärts von der Brunnenstube einen freistehenden, quadratischen Turm errichtet, der wohl nicht allzu hoch war, von dessen Plattform aus jedoch der Wasserweg und die Brunnenstube in Notzeiten gedeckt werden konnten. Wir glauben, in dieser der Wasserversorgung dienenden Anlage einen besonderen Hinweis auf die Zugehörigkeit zu phrygischen Gewohnheiten sehen zu dürfen. Dabei wird nicht verkannt, daß es Ähnliches, ja Verwandtes auch sonst und zu anderen Perioden gibt. Aber in diesem Fall stellt sich diese Konstruktion nach ihrer Lage am Berghang und nach ihrer Führung so nahe zu Treppen und Wasserstellen im eigentlichen Phrygien, wo die sogenannte Midas-Stadt, nicht weit vom Quellgebiet des Sangarios, besonders typische Beispiele bietet, daß mir ein Zusammenhang naheliegend zu sein scheint.

So klar sich bei den Ausgrabungen die Befestigungen, Tore, Türme, Bastionen und die Hangpflaster wiedergewinnen ließen, so gilt das leider nicht in gleicher Weise für den Innenraum. Hier war die Bautätigkeit eine so rege und rasch wechselnde, die Abtragung durch immer neue Eingriffe eine so geläufige Erscheinung, daß sich heute nur noch ein unvollkommenes Bild bietet. Wir können die Urheber der Abtragungen nicht einmal tadeln, denn es waren sparsame und ökonomisch denkende Leute. Sie waren auf gutes Baumaterial aus, auf sauber gearbeitete Quadern, die man aus den tiefer liegenden hethitischen Ruinen grub und die dann

102 *Büyükkale, phrygische Kultnische am südöstlichen Tor mit der Statuengruppe Abb. 103, Rekonstruktionsversuch*

in immer neuer Verwendung verschiedene Stadien phrygischer Bautätigkeit durchlaufen haben. Im großen freilich ist die ehemalige Aufteilung doch noch erkennbar. Das obere Plateau war gegen das untere im Süden und Westen durch Stützmauern abgetrennt. Von Westen her führte eine breite Treppe auf das obere Plateau hinauf, das im nördlichen Teil durch einen vielräumigen Komplex, offenbar mit einem viereckigen Hof im Innern, eingenommen ist. Es fällt schwer, dieses Bauwerk, in dem wir den Sitz des Herrn des phrygischen Boğazköy sehen dürfen, einem bestimmten oder gar bekannten Bautypus zuzuweisen. Zu diesem Bauwerk gehört im weiteren Sinne, denn es liegt noch innerhalb der südlichen Abschlußmauer, jenes Gebäude, das seit dem späteren 8. Jahrhundert bestehen geblieben ist und das wir fragend als Tempel bezeichnet haben (s. S. 189). Im Osten wird der ganze Bezirk, der in sich demnach durchaus eine Einheit bildet, durch eine lange, einmal abgewinkelte starke Mauer begrenzt. An deren Außenseite sind sieben große Räume angebaut, von denen zwei je einmal untergeteilt und zwei mit einer Reihe von je vier Pfeilern als Deckenstützen versehen sind. Wahrscheinlich waren es Vorratsräume, Magazine. Über eine Treppe konnte man sie direkt vom Osttor aus erreichen.

Sind wir berechtigt, in diesen Anlagen auf dem oberen Plateau das Zentrum der Stadt, die Residenz samt Zubehör eines Fürsten altphrygischer Zeit zu sehen, so wird man für die übrigen Teile, besonders für das untere Plateau, Behausungen untergeordneter Bedeutung annehmen dürfen. Freilich gibt es auch hier Anlagen von respektabler Größe. Ein langrechteckiges, einräumiges Haus hat nicht weniger als sieben Pfeiler in der Mittelachse, und ein anderes, nur wenig weiter südlich, das in gleicher Weise innen an die Umfassungsmauer angebaut ist, hat drei hintereinander geschaltete Räume, mit dem Eingang in der Mitte der Schmalseite. Beide zeigen somit einen Typus, den wir auch im oberen und damit inneren Teil der Burganlage begegnet sind.

Mehr als alles andere sprechen jedoch die Funde, die der kultischen Sphäre angehören, dafür, daß wir uns in einem Gebiet befinden, das zu dieser Zeit mit Phrygien nahe verbunden war. Am südöstlichen Tor stand eine Statuengruppe in einer Nische, die als jüngster Teil dieses Torbaues errichtet worden ist (Abb. 102, 103). Stufen führten zu der Nische hinauf, Steinbänke zum Niederlegen von Weihgaben befanden sich zu ihrer Linken. Eine weibliche Gottheit in der Mitte mit einem hohen Polos hat je eine jugendliche, männliche Gestalt zur Seite, die nur mit

◁ *103 Statuengruppe der Kubaba-Kybele mit zwei männlichen Begleitern, Höhe mit der Basis 1,34 m*

104 *Scheibenförmiges Idol aus Stein, gefunden im Nordflügel der Kammer des phrygischen Südosttors von Büyükkale, schematische Darstellung, Höhe ca. 30 cm*

kurzen Höschen bekleidet sind. Die eine spielt eine siebensaitige Kithara, die andere, die eine Mundbinde trägt, eine Doppelflöte. In der Göttin darf man sicher Kubaba-Kybele sehen, denn das Bildwerk trägt ausgesprochene Züge, die ebenso nach Osten wie nach Westen weisen. Im Osten, besonders in *Karkemisch*, war Kubaba zuhause, von dort hat sich ihr Kult über die Melitene und vor allem über Tabal nach Westen, nach Phrygien ausgebreitet, wo wir der Göttin dann als Kybele begegnen. Alles Wesentliche am Kultbild von *Büyükkale* ist östlichen Gepräges, aus der Heimat der Kubaba zu verstehen. Der Rock der Göttin jedoch, die Längsborte und vor allem die Art, wie der Rocksaum mit seinen bogenförmig liegenden Falten eingeschlagen ist, verraten eine gewisse Verwandtschaft mit der ostgriechischen archaischen Bildkunst, unter der als markantestes Beispiel die samische Hera des Cheramyes aus der Zeit um 560 zu nennen ist. Das verwundert nicht, denn von der sogenannten Midas-Stadt in Phrygien kennt man Bruchstücke von Gewandstatuen, die in viel höherem Maße Abhängigkeit von Ostgriechischem zeigen. Kultbilder der Kybele von Gordion, Ayaş westlich Ankara, und von Ankara selbst deuten den Weg an, den dieser Einfluß nach Osten genommen hat. Sie alle schließen sich mit der Plastik von Boğazköy zu einer bestimmten Gruppe von Kybele-Bildern zusammen, wenn auch im einzelnen Abweichungen vorliegen und in Boğazköy, somit jenseits des Halys, die östliche Komponente sich besonders stark fühlbar macht.

Die Göttin stand im Vorhof des Tores außerhalb der Burgmauer. Man darf in ihr, wie etwa in Hekate, eine Hüterin des Tores sehen, wobei auch dem eine ursprüngliche östliche Vorstellung zugrunde liegt, die freilich im Westen nicht

105 Phrygischer Dinos des 6. Jahrhunderts v. Chr. von Büyükkale, weibliche Gestalt, die ihre Hände über zwei Löwen hält

selten Aufnahme gefunden hat. Die 1,5 m breite und 1,7 m tiefe Nische besteht aus Bruchsteinmauern, in die vertikale und horizontale Holzbalken eingelassen waren. Die Position der Nische im Winkel zwischen Torwange und Turmfassade spricht dafür, daß man sich ihr Dach nicht flach, denn das hätte den Ablauf des Regenwassers sehr erschwert, sondern mit einem Giebel versehen vorzustellen hat. Das aber schließt das Kultbild noch mehr mit Phrygien westlich des Halys zusammen, wo die Kybele des Reliefs von Ankara in einer Ädicula mit typisch phrygischem Giebel steht, die von *Gordion* nach den erhaltenen Resten ebenfalls in einem solchen stand, und wo vor allem die mächtige Kultfassade von *Arslankaya* Kybele mit zwei aufgerichteten, die Göttin flankierenden Löwen in einer entsprechenden, nur ins Große gesteigerten Nische bietet.

Statuen der Kubaba-Kybele ähnlich der von Büyükkale haben gewiß im damals phrygischen Teile Kappadokiens eine Ausnahme gebildet. Daneben gab es andere Symbole der Göttin, die in ihrer Art im größten Gegensatz zu dem eben besprochenen Kultbild stehen. Sie halten sich noch durchaus an die Form alter Idole mit scheibenförmigem oder vierkantigem Kopf, abgesetzter Schulter und brettartigem Rumpf ganz ohne Glieder. Soweit wir sie kennen, sind sie aus Stein; viele werden aber aus Holz gefertigt gewesen sein und sind vergangen. Eine solche Stele (Abb. 104) fand sich im Nordflügel der Kammer des gleichen Tores, vor dem sich die Nische mit dem großen Kultbild befand. Mit dieser ist sie spätestens um 500 v. Chr. bei einer Zerstörung in den Brandschutt geraten, und mit dieser war sie also einst in unmittelbarer Nachbarschaft aufgestellt. Andere fanden sich mehrfach im Schutt des gleichzeitigen Büyükkale. Man kennt solche Stelen von Idolcharakter auch in hethitischer Zeit. Ein Beispiel stammt aus dem Areal des Tempels I im nördlichen Teil der Stadt. Es mag also eine alte, lokale Tradition bestanden haben, welche die Anerkennung solcher Eidola beförderte. Aber in der hier vorliegenden spezifischen Form haben sie ihre Entsprechungen im eigentlichen Phrygien: zahlreich in Gordion, in einem Beispiel vom Fahared Çeşme westlich Ankara und mindestens in drei Belegen von der sogenannten Midas-Stadt. Die zuletzt genannten – Fahared Çeşme und Midas-Stadt – sind Doppelidole, vielleicht Kybele und Attis. Manche dieser Stelen zeigen aufgerollte Locken zu beiden Seiten des Kopfes, kennzeichnen daher die Figur ausdrücklich als weiblich. Die gleichen Locken hat die Göttin des großen Kultbildes, und ebenso bemerken wir sie auch bei einer Darstellung auf einem bemalten phrygischen Dinos des 6. Jahrhunderts von Büyükkale (Abb. 105), wo eine weibliche Gestalt in langem, bis zum Boden reichenden Gewand die Hände über zwei antithetischen Löwen hält. Das ist inhaltlich nichts anderes, als was uns in dem riesigen Monument von *Arslankaya* begegnet ist. Es kann daher kein Zweifel sein, daß wir in allen diesen Bildern – primitiven, abstrakten und voll anthropomorphen – Kybele zu sehen haben. Das bedeutet aber, daß sich in Kult und Religion Boğazköy in dieser Zeit weitgehend an Phrygien angelehnt hat.

Außer dem Naiskos vor dem Tor und dem noch aus dem späteren 8. Jahrhundert stammenden und sorglich bewahrten Gebäude im Innern der Zitadelle, das wir vermutungsweise als Tempel deuteten, ist noch eine weitere Anlage gefunden worden, die wohl in den gleichen Zusammenhang gehört. Als eines der spätesten Bauwerke ist außerhalb von Büyükkale, aber unmittelbar östlich der Südwestbastion ein seltsamer Rundbau errichtet worden (Abb. 106, 107). Man hat an dieser Stelle das Hangpflaster entfernt, dann den Bau erstellt und ihm schließlich ein neu verlegtes Pflaster angeglichen. Es handelt sich um eine hohe Plattform, die nahezu kreisförmig, aus sauber geschnittenen Sandsteinen konstruiert ist und die schräg geböschte Außenwände besitzt. Eine Rampe führt von Osten her hinauf. Die obere Fläche mit 6,8 m Durchmesser hat eine ganz niedere Brüstung mit halbrunden Abdecksteinen. Der Eingang von der Rampe ist links und rechts mit Kalksteinquadern eingefaßt. An der dem Berge zugekehrten Seite der Plattform befindet sich ein ebenfalls aus Sandstein erstelltes Postament, das zweifellos als Basis eines Altars oder eines größeren Bildwerks gedient hat, von dem aber keine Spur übriggeblieben ist. Im Laufe seines Bestehens hat dieser Hochplatz einen Umbau erfahren, der aber an der Funktion des Ganzen nichts geändert hat. Keine ähnliche oder auch nur verwandte Anlage ist bekannt, die zur exakten Deutung beitragen könnte. Daß es

106 Rundbau am Südfuß von Büyükkale

107 Plattform des Rundbaus am Südfuß von Büyükkale

eine Kultstätte für Handlungen gewesen ist, die der Priester auf der offenen Plattform des Rundbaues vollzog, während die Kultgemeinde zu Füßen, in der Mulde südlich von Büyükkale versammelt war, scheint mir so gut wie sicher zu sein.

Das Boğazköy der ersten Hälfte des 1. Jahrtausends v. Chr. bietet sich uns demnach mit Ausnahme der älteren Periode in einiger Klarheit. Wir können noch nicht sagen, ob die Ansiedlung, welche durch Büyükkale II repräsentiert ist, die mindestens im 8. Jahrhundert, wenn nicht erheblich früher begann und bis in den älteren Abschnitt des 7. Jahrhunderts bestand, schon in phrygischer Hand war und phrygische Bewohner hatte. Beim derzeitigen Stand unserer Einsichtsmöglichkeiten, wobei wir uns nicht nur auf Boğazköy stützen, muß man auch die Möglichkeit in Betracht ziehen, daß in dieser Gegend Stämme und Stammesverbände noch tonangebend waren, die an der Auslöschung des Hatti-Reiches und am Untergang der Hauptstadt Hattuscha beteiligt waren. Dabei ist im Halys-Bogen besonders an die Kaschka zu denken, die nach der Zeit Sargons II. aus den assyrischen Quellen verschwinden. Vielleicht ist damit ungefähr der Zeitpunkt gegeben, zu dem sich hier östlich des Halys das phrygische Element – nach Vorspielen während des 8. Jahrhunderts – voll durchsetzte. *Boğazköy* des späteren 7., des 6. und wohl auch noch von Teilen des 5. Jahrhunderts ist auf jeden Fall nach Ausweis seiner Bauweise und seiner Keramik, vor allem aber, was mehr zählt, nach Ausweis des dort herrschenden Kults phrygisch gewesen. Dazu eine Stadt mit der Hofhaltung auf *Büyükkale*, die der Sitz einer dynastischen Familie von einigem Rang gewesen sein muß. War sie nur von lokaler Bedeutung oder reichte ihre Geltung über den näheren Umkreis hinaus? Und haben wir aus der antiken Überlieferung keinen Namen bereit, der für dieses vergleichsweise große Gemeinwesen in Betracht kommen könnte?

Im Verlaufe des 7. Jahrhunderts war das südöstliche Kleinasien aus dem Gesichtskreis Assyriens geschwunden, Tabal um die Mitte dieses Jahrhunderts, Kilikien rund ein Vierteljahrhundert später. Damit enden die Nachrichten von dieser Seite, wodurch Kleinasien abermals in ein Dunkles Zeitalter tritt, das nur durch wenige, teils aus babylonischer, teils aus der älteren griechischen Geschichtsschreibung überlieferte Daten erhellt wird: die Grenzziehung 585 am Halys zwischen Medien und Lydien, der Feldzug des Kroisos nach Kappadokien und seine Niederlage durch Kyros 547. Der Einfall des Kroisos in das Gebiet östlich des Halys ist das einzige Ereignis jener Zeit, von dem wir durch HERODOT (I 76) einige topographische Angaben erfahren. Der lydische König verwüstete östlich des Flusses das Land der Pterier, und eroberte die Stadt *Pteria*. Das Land der Pterier sei »der mächtigste Teil Kappadokiens und liege κατὰ Σινώπην«. Bei HERODIAN ist Pteria daher eine Πόλις Σινώπης καὶ Μήδων. Das κατά Herodots kann hier kaum bedeuten »in der Nähe von Sinope«, sondern viel eher »in der Linie von Sinope«, das heißt im Meridian dieser Stadt. *Sinope* liegt erheblich weiter westlich vom Unterlauf und von der Mündung des Halys. Eine Stadt und ein Gebiet östlich des Flusses können ihr daher gar nicht benachbart gewesen sein. Herodot hat offensichtlich Sinope deshalb angeführt, weil diese alte milesische Kolonie und ihre Lage bei den Griechen ein gangbarer Begriff war und daher sehr wohl als Richtungsweiser für ein Gebiet im Landesinnern, innerhalb des Bogens des weit nach Westen ausgreifenden Halys dienen konnte. Außerdem ist viel wahrscheinlicher, daß der Zusammenstoß im pterischen Land und die Schlacht zwischen Kroisos und Kyros, der im April 547 den Tigris zwischen dem oberen und unteren Zab überschritten hatte und dann westwärts marschiert war, nicht im fernen Küstenbereich des Pontos, sondern südlicher, mehr im Innern des Landes erfolgte. Eine solche Lage von Pteria entspricht ja auch der natürlichen Einfallstraße von Westen her, von Lydien aus, die Kroisos eingeschlagen hatte, viel besser. Man hat daher früher, als über das Alter der Ruinen noch keine genaueren Vorstellungen bestanden, *Boğazköy* mit *Pteria* gleichgesetzt. Als durch unbestreitbare Funde zu Anfang unseres Jahrhunderts sich der Ort als die Hauptstadt des hethitischen Reiches erwies, schied Pteria zunächst dafür aus. Versuchsweise suchte man es an anderen Orten. Amasia, Akalan, Kerkenesdağ, die Gegend von Alaca sind Anwärter, an die man dachte. Nur wenige Gelehrte hielten nach wie vor an Boğazköy fest. Ich habe mich nicht zu dieser Auffassung bekannt, weil mir der Ort während der entsprechenden Zeit zu unbedeutend gewesen zu sein schien. Aber die Ausgrabungsergebnisse der sechziger Jahre, die für das 7. und 6. Jahrhundert v. Chr. eine Stadtanlage von beträchtlicher Größe erwiesen haben, machen es doch wahrscheinlich, daß das alte Hattuscha in phrygischer und medischer Zeit den Namen *Pteria* geführt hat und mit der von Kroisos besetzten, dann in persische Oberherrschaft übergegangenen, bei Herodot überlieferten Stadt identisch ist.

Vielleicht hat dabei aber auch *Yazılıkaya,* die alte Galerie der hethitischen Felsbilder des 13. Jahrhunderts v. Chr., eine zwar indirekte, aber doch nicht unwesentliche Rolle gespielt. Im 4. Kapitel haben wir darauf hingewiesen, daß nach dem Untergang der dicht benachbarten hethitischen Hauptstadt die Architekturanlagen dort zwar zerfielen, die Reliefs der Götter aber nahezu unbeschädigt bestehen blieben. Trotz aller tiefreichenden Veränderung in politischer und wohl auch in ethnischer Hinsicht waren die Neusiedler im religiösen Bereich von ihren Vorläufern des 2. Jahrtausends nicht so weit getrennt, daß ihnen wenigstens die Hauptfiguren der großen Götterprozession nicht nach ihrer Weise hätten etwas bedeuten können. Funde zeigen, daß man in der Tat nicht aufgehört hat, die Felskammern aufzusuchen. So mögen es die zu den Menschen verschiedenster Zunge sprechenden und auf deren Vorstellungsvermögen einwirkenden Felsbilder gewesen sein, die mit dazu beitrugen, daß die Gegend von *Boğazköy* immer wieder ihre Anziehungskraft ausgeübt und zum Vorort sich neu bildender Zentren in vorhellenistischer Zeit geworden ist. Erst vom 5. Jahrhundert ab sank ihre Bedeutung. In der hellenistischen Periode wird die Geltung des Gebietes unmittelbar um Boğazköy durch andere Mittelpunkte verdrängt, die durch äußere und innere Umstände begünstigt sich den aus dem hellenistischen Westen erst langsam, dann rascher einströmenden Einflüssen zugänglicher erwiesen.

Chronologische Tabelle

Daten	Hattuscha *Könige*	*Königinnen*
	Pithana	
Vor 1700	Anitta	
	?	
um 1600	Hattuschili I.	Kadduschi
	Murschili I.	Kali
	Hantili	Harapscheki
	Zidanta	
	Ammuna	
	Huzzija I.	
nach 1500	Telipinu	Ischtaparija
	Alluwamna	Harapschili
um 1450	Huzzija II.	Schummiri
	?	
	Tuthalija II.	Nikalmati
	Arnuwanda I.	Aschmunikal
	[Tuthalija III.]	
1370–1335	Schuppiluliuma I.	Daduhepa Hinti Tawananna
1333–1305	Murschili II.	Gaschschulawija Danuhepa
1305–1282	Muwatalli	Danuhepa
1282–1275	Murschili III. (Urhi-Teschup)	
1275–1250	Hattuschili III.	Puduhepa
1250–1220	Tuthalija IV.	
	Arnuwanda III.	
um 1200	Schuppiluliuma II.	

Ägypten	Babylonien	Assyrien
Könige	*Könige*	*Könige*
		Schamschi-Adad I. 1749–1717
Chian		
	Samsuditana 1561–1531	
Amenophis III. 1402–1366		
Amenophis IV. (Echnaton) 1366–1347		Aschschur-uballit I. 1336–1330
Tutenchamon 1347–1338		
Haremhab 1334–1307		
		Adad-nirari I. 1308–1276
	Kadaschman-Turgu 1292–1274	
Ramses II. 1290–1223	Kadaschman-Enlil II. 1274–1258	Salmanassar I. 1276–1246
		Tukulti-Ninurta I. 1246–1209
Mernephtah 1223–1209		

Stratigraphische Tabelle
Korrelation der Schichten und Perioden von Hattuscha

<table>
<tr><th>Historische Perioden</th><th>Büyükkale (Plateau)</th><th>Büyükkale (Nordwesthang – 'Haus am Hang')</th><th>Unterstadt (J-K/20-21)</th><th>Hauptperioden der Stadtgeschichte</th></tr>
<tr><td rowspan="2">Vor-
hethitisch</td><td>Vg</td><td>9</td><td>5</td><td rowspan="2">Übergang von der Frühen zur Mittleren Bronzezeit (1)</td></tr>
<tr><td>f
e
d
Vc</td><td>8c–8d

8b</td><td></td></tr>
<tr><td>Assyrische Handels-
kolonien
(jüngere Phase)</td><td>b
Va

IVd</td><td>8a</td><td>4</td><td>Vorhethitisches Hattusch (2)</td></tr>
<tr><td>Althethitische Periode</td><td>3
IVc2
1</td><td>7</td><td>3</td><td>[Vor 1700]
Hattuscha, Hauptstadt des Althethitischen Reiches (3)</td></tr>
<tr><td>Hethiti-
sches
Groß-
reich</td><td>IVb
IVa
IIIb
IIIa</td><td>6
5</td><td>2

1b
1a</td><td>Hattuscha, Hauptstadt des hethitischen Großreiches (4)</td></tr>
<tr><td>Posthethitisch/
Phrygische
Periode
Phrygische
Periode</td><td>IIb
IIa

Ib
Ia
Bescheidene hellenistische und römische Besiedlung</td><td>4
3

2

1</td><td>Gräber

Gräber</td><td>[± 1200]
Eisenzeitliche Siedlung (5)

Pteria?</td></tr>
</table>

——— = Zerstörungsschichten

Bibliographie

Kapitel 1

Forschungsgeschichte

Texier, Charles: *Description de l'Asie Mineure* (Paris 1839), I, 209ff.

Sterrett, J. R. Sitlington: *An Epigraphical Journey in Asia Minor* (Papers of the American School of Classical Studies at Athens, II, 1883–84, 308ff.)

Sayce, A. H.: *The Monuments of the Hittites* (Transactions of the Society of Biblical Archaeology, 7, 1882, 248-93)

Sayce, A. H.: *The Hittites: The Story of a Forgotten Empire* (London 1888; fifth and last edition 1910)

Humann, Karl, und Puchstein, Otto: *Reisen in Kleinasien und Nordsyrien* (Berlin 1890), 54ff.

Chantre, Ernest: *Mission en Cappadoce 1893 bis 1894* (Paris 1898)

Schäffer, E.: *Die Ruinen von Boghas-köi* (Mitteilungen des Kaiserlich Deutschen Archaeologischen Instituts, Athenische Abteilung, XXX, 1895, 451–65)

Winckler, Hugo: *Vorläufige Nachrichten über die Ausgrabungen in Boghaz-köi im Sommer 1907* (Mitteilungen der Deutschen Orient-Gesellschaft No. 35, 1907, 1–59)

Puchstein, Otto: *Boghasköi. Die Bauwerke* (Leipzig 1912. Wissenschaftliche Veröffentlichungen der Deutschen Orient-Gesellschaft, No. 19 = WVDOG 19)

Ausgrabungsberichte der Expeditionen seit 1931

Mitteilungen der Deutschen Orient-Gesellschaft (= MDOG) Nos. 70 (1932); 72 (1933) bis 78 (1940); 86 (1953) bis 89 (1957); 91 (1958); 93 (1962) bis 95 (1965); 97 (1966); 101 (1969); 102 (1970); 106 (1974)

Archäologischer Anzeiger 1933, 158ff.; 1979, 131ff.; 1981, 363ff.; 1982, 383ff.

Boğazköy I: Kurt Bittel und Hans Gustav Güterbock: ›Boğazköy. Neue Untersuchungen in der hethitischen Hauptstadt‹ (Abhandlungen der Preußischen Akademie der Wissenschaften, Philosophisch-Historische Klasse, 1935, 1)

Boğazköy II: Kurt Bittel und Rudolf Naumann: ›Boğazköy II. Neue Untersuchungen hethitischer Architektur‹ (Abhandlungen der Preußischen Akademie der Wissenschaften, Philosophisch-Historische Klasse, 1938, 1)

Boğazköy III: Kurt Bittel, Rudolf Naumann, Thomas Beran, Rolf Hachmann, Gottfried Kurth: ›Boğazköy III, Funde aus den Grabungen 1952–1955‹ (Berlin 1957)

Boğazköy IV: Kurt Bittel, Hans G. Güterbock, Harald Hauptmann, Hartmut Kühne, Peter Neve, Wulf Schirmer: ›Boğazköy IV, Funde aus den Grabungen 1967 und 1968‹ (Berlin 1969)

Boğazköy V: Kurt Bittel, Hans G. Güterbock, Günter Neumann, Peter Neve, Heinrich Otten, Ursula Seidl: ›Boğazköy V, Funde aus den Grabungen 1970 und 1971‹ (Berlin 1975)

Abschließende Veröffentlichungen der Grabungsergebnisse

Boğazköy-Hattuša. Ergebnisse der Ausgrabungen des Deutschen Archaeologischen Instituts und der Deutschen Orient-Gesellschaft I (Stuttgart 1952), II (Berlin 1958), III (Berlin 1963), IV (Berlin 1963), V (Berlin 1967), VI (Berlin 1969), VII (Berlin 1972), VIII (Berlin 1972), IX (Berlin 1975), X (Berlin 1979), XI (Berlin 1981), XII (Berlin 1982). [I–VIII = WVDOG 63, 71, 74–76, 81, 87, 88]

Wesentliche Editionen von Keilschrifttexten

Keilschrifturkunden aus Boğhazköi (= KUB) I–LI (Berlin 1921–81).

Keilschrifttexte aus Boğhazköy (= KBo) 1–27 (Berlin 1916–82)

Hethitisch-luvische Bilderinschriften

Gelb, Ignace J.: *Hittite Hieroglyphic Monuments* (Oriental Institute Publications XLV, Chicago 1939)

Laroche, Emmanuel: *Les Hiéroglyphes Hittites* (Paris 1960), 1

Meriggi, Piero: *Manuale di Eteo Geroglifico,* I–II (Roma 1966, 1967, 1975)

Lage und Landschaft

Boğazköy-Hattuša I = WVDOG 63 (Stuttgart 1952) 15–20, 167–172

Hoffner, Harry A.: *Alimenta Hethaeorum. Food Production in Hittite Asia Minor* (New Haven 1974) 56 ff.

Ertem, Hayri: *Boğazköy metinlerine göre Hititler Devri Anadolu'sunun florası* [= Die Flora Anatoliens zur Zeit des Hethiterreiches aufgrund der Boğazköy-Texte] (Ankara 1974)

Archive und Bibliotheken in Hattuscha

Laroche, E.: *La Bibliothèque de Hattusa* (Archiv Orientální XVII, 1949, 7–23)

Otten, Heinrich: *Bibliotheken im Alten Orient* (Das Altertum, I, 1955, 67–81)

Otten, Heinrich: *Schrift, Sprache und Literatur der Hethiter* (Historia, Einzelschriften Heft 7, 11–22)

Vorhethitische Geschichte Mittelanatoliens

Otten, Heinrich: *Die altassyrischen Texte aus Boğazköy* (MDOG 89, 1957, 68–79)

Garelli, Paul: *Les Assyriens en Cappadoce* (Paris 1963)

Lewy, Hildegard: *Anatolia in the Old Assyrian Period* (The Cambridge Ancient History, Fasc. 40, 1965)

Orlin, Louis A.: *Assyrian Colonies in Cappadocia* (Den Haag – Paris 1970)

Hethitische Geschichte

Goetze, Albrecht: *Kleinasien* (Handbuch der Altertumswissenschaft III, I, 3; München 1957), 84 ff.

Schmökel, Hartmut: *Hethitische Geschichte* (Handbuch der Orientalistik II, 3, Leyden 1957), 119–53

Gurney, O. R.: *The Hittites* (Penguin Books, revised edition, 1964)

The Cambridge Ancient History:

Fasc. 11. Gurney, O. R.: ›Anatolia c. 1750–1600 B. C.‹ (Cambridge 1962)

Fasc. 44. Gurney, O. R.: ›Anatolia c. 1600–1380 B. C.‹ (Cambridge 1966)

Fasc. 37. Goetze, A.: ›Anatolia from Shuppiluliumash to the Egyptian War of Muwatallish. The Hittites and Syria 1300–1200 B. C.‹ (Cambridge 1965)

Otten, Heinrich: *Hethiter, Hurriter und Mitanni* (Fischer Weltgeschichte. Die Altorientalischen Reiche II. Frankfurt 1966). pp. 102–76

Otten, Heinrich: *Neue Quellen zum Ausklang des Hethitischen Reiches* (MDOG 94, 1963, 1–23)

Otten, Heinrich: *Die hethitischen historischen Quellen und die altorientalische Chronologie* (Akademie der Wissenschaften und der Literatur Mainz, Abhandlungen der Geistes- und Sozialwissenschaftlichen Klasse, 1968, Nr. 3)

Otten, Heinrich: *Zum Ende des Hethiterreiches aufgrund der Boğazköy-Texte* (Jahresbericht des Instituts für Vorgeschichte der Universität Frankfurt 1976, 22–35)

– Hattusch von König Anitta eingenommen und mit einem Fluch belegt

Neu, Erich: *Der Anitta-Text* (Studien zu den Boğazköy-Texten Heft 18, Wiesbaden 1974) 12/13

– Hattuschili I. überführt Beute nach Hattuscha

MDOG 91, 1958, 75–83 (Übersetzung des akkadischen Textes, von H. Otten)

F. Imparati – C. Saporetti: *L'Autobiografia di Hattusili I:* Studi classici e orientali 14, 1965, 40–85

– Niederbrennung von Hattuscha zur Zeit des Tuthalija III.

KBo VI 28 Vs. 14f. Dazu E. von Schuler, *Die Kaškäer* (Berlin 1965) 34

– Verlegung der Residenz unter Muwatalli von Hattuscha nach Tarhuntaschscha

Ünal, Ahmet: *Hattušili III* (Heidelberg 1974) 69f.

Otten, Heinrich: *Die Apologie Hattušilis III, das Bild der Überlieferung* (Studien zu den Boğazköy-Texten Heft 24, Wiesbaden 1981) 14/15

– Brand im Palast von Hattuscha

Helck, Wolfgang: *Urḫi-Tešup in Ägypten* (Journal of Cuneiform Studies 17, 1963, 88)

– Texte von Tabigga-Maşat im Grenzgebiet zu den Kaschkasch-Stämmen

Alp, Sedat: *Die hethitischen Tontafelentdeckungen auf dem Maşat-Höyük, vorläufiger Bericht* (Belleten XLIV Nr. 173, 1980, 25–59)

Kapitel 2

Hethitische Architektur und Städtebau im allgemeinen:

Frankfort, Henry: *The Art and Architecture of the Ancient Orient* (The Pelican History of Art, 1954), 117ff.

Naumann, Rudolf: *Architektur Kleinasiens von ihren Anfängen bis zum Ende der hethitischen Zeit* (2. Auflage, Tübingen 1971)

Hrouda, Barthel: *Vorderasien I, Mesopotamien, Babylonien, Iran und Anatolien* (Handbuch der Archäologie, München 1971) 194f.

Neve, Peter: *Die Kulträume in den hethitischen Tempeln* (Festschrift Heinrich Otten, 1973) 253ff.

Orthmann, Winfried: *Der Alte Orient,* Propyläen Kunstgeschichte Bd. 14, München 1975, 399ff. (W. Schirmer)

Bittel, Kurt: *Die Hethiter. Die Kunst Anatoliens vom Ende des 3. bis zum Anfang des 1. Jahrtausends v. Chr.* (Universum der Kunst, München 1976) 55ff., 105ff.

Mora, Clelia: *Saggio per uno studio sulla popolazione urbana nell'Anatolia Antica, I. Hattuscha* (Studi Micenei ed Egeo-Anatolici XVIII, Roma 1977)

Neve, Peter: *Zur Entwicklung des hethitischen Wohnungsbaus in Boğazköy Hattuscha – unter besonderer Berücksichtigung der in der Altstadt/Unterstadt erzielten Grabungsergebnisse* (Wohnungsbau im Altertum, Diskussionen zur Archäologischen Bauforschung 3, Berlin 1978, 47ff.)

Frühe Besiedlung auf Büyükkale und in der Stadt

MDOG 93, 1965, 27ff. (P. Neve); 97, 1966, 16ff. (P. Neve); WVDOG 74 (= Boğazköy-Hattuša III, W. Orthmann); WVDOG 81 (= Boğazköy-Hattuša VI, W. Schirmer) 36ff.; Boğazköy-Hattuša XII, 7ff. (P. Neve)

Die Niederlassung der altassyrischen Periode (kārum Hattusch)

MDOG 89, 1957, 6ff. (K. Bittel); MDOG 91, 1958, 17ff. (P. Neve). Boğazköy III 22f., Berlin, 1957 (R. Naumann); Boğazköy V 28, Berlin, 1975 (P. Neve)

Fischer, Franz: *Boğazköy und die Chronologie der altassyrischen Handelsniederlassungen in Kappadokien.* Istanbuler Mitteilungen 15, 1965, 1 ff.

Boğazköy-Hattuša XII 21 ff. (P. Neve)

Das hethitische Hattuscha

Bittel, Kurt: *Hattuša* (Reallexikon der Assyriologie und Vorderasiatischen Archäologie 4. Bd., Berlin-New York 1972–1975, 162ff.)

Börker-Klähn, Jutta: *Hattusas Stadttore und ihre Benennung* (Beiträge zur Altertumskunde Kleinasiens, Mainz 1983)

– Wohnviertel in der Unterstadt (J–K/20)

MDOG 91, 1958, 3ff. (P. Neve). Archäologischer Anzeiger 1979, 131 ff. (P. Neve)

– Hethitische Tempel nach der schriftlichen Überlieferung

Güterbock, Hans G.: *The Hittite Temple according to written sources* (XXe Rencontre Assyriologique Internationale, Leiden 1972, Le Temple et le Culte), 125–132

– Der Große Tempel I

WVDOG 19, Leipzig, 1912, 93ff. (H. Kohl, D. Krencker, O. Puchstein). Boğazköy II, Berlin 1938, 30ff. (R. Naumann); Boğazköy IV, Berlin 1969, 9ff. (P. Neve)

– Quellgrotte beim Tempel I

Istanbuler Mitteilungen 19/20, 1969/70, 97ff. (P. Neve)

– Tempel in der Oberstadt

WVDOG 19, 136ff. (O. Puchstein)

Krause, Karl: *Boğazköy, Tempel V, ein Beitrag zum Problem der hethitischen Baukunst* (Berlin 1940), besonders 56–70

Archäologischer Anzeiger 1979, 137ff.; 1980, 285ff.; 1981, 363f. (Tempel VI, P. Neve)

Hazannu, der Bürgermeister

Otten, Heinrich: *Aufgaben eines Bürgermeisters in Hattuša* (Baghdader Mitteilungen 3, 1964, 91ff.)

Kapitel 3

Die sogenannte MESCHEDI-Tafel

Jacob-Rost, Liane: *Beiträge zum hethitischen Hofzeremoniell* (Mitteilungen des Instituts für Orientforschung 11, 1965, 165–225)

Hethitische Paläste als Bauwerk und als Institution

Güterbock, Hans G.: *The Hittite Palace* (XIXe Rencontre Assyriologique Internationale, Paris 1971: Le Palais et la Royauté) 305–314

Gestalt und Struktur des Felshügels Büyükkale:

WVDOG 63 (= Boğazköy-Hattuša I) 37ff.

Abschließende Veröffentlichung der Architektur von Büyükkale

Neve, Peter: *Büyükkale. Die Bauwerke* (Boğazköy-Hattuša XII, Berlin 1982)

Höfe und Pfeilerhallen auf Büyükkale

MDOG 95, 1965, 14ff.; 97, 1966, 14ff.

Die Audienzhalle

Boğazköy III 10ff. (R. Naumann)

Kultanlagen auf Büyükkale

Neve, Peter: *Regenkultanlagen in Boğazköy-Hattuša, ein Deutungsversuch* (Istanbuler Mitteilungen Beiheft 5, Tübingen 1971)

Fundstellen von Keilschrifttafeln auf Büyükkale

MDOG 72, 1933, 12ff. und 37–42 (H. G. Güterbock); 91, 1958, 57ff.; Boğazköy II, 17ff.; WVDOG 63 (= Boğazköy-Ḫattuša I) 53ff.

Gesiegelte Tonbullae und Königssiegel in Gebäude D von Büyükkale:

Güterbock, Hans Gustav: *Das Siegeln bei den Hethitern* (Symbolae Paulo Koschaker Dedicatae, Leiden 1939, 26–36)

Güterbock, Hans Gustav: *Siegel aus Boğazköy* I (Berlin 1940); II (Berlin 1942)

Bittel, Kurt: *Bemerkungen zu dem auf Büyükkale (Boğazköy) entdeckten hethitischen Siegeldepot* (Jahrbuch für Kleinasiatische Forschung I, 1950, 164–173)

Beran, Thomas: *Die hethitische Glyptik von Boğazköy*, Teil I (WVDOG 76 = Boğazköy-Ḫattuša V), Berlin 1967

Güterbock, Hans G.: *Seals and Sealing in Hittite Lands* (University Museum Papers I, Philadelphia 1980, 51–57)

Der 'Tempel-Palast' in Alaca Höyük

Zübeyr Koşay, Hamit, und Akok, Mahmut: *Ausgrabungen von Alaca Höyük. Vorbericht über die Forschungen und Entdeckungen von 1940–1948* (türkisch und deutsch), Ankara 1966, 121–130

Zübeyr Koşay, Hamit, und Akok, Mahmut: *Alaca Höyük Excavations, preliminary report on research and discoveries 1963–1967* (türkisch und englisch), Ankara 1973, 57ff.

Der Palast in Maşat-Tabigga

Özgüç, Tahsin: *Excavations at Maşat Höyük and investigations in its vicinity* (türkisch und englisch), Ankara 1978, 49–68

Özgüç, Tahsin: *Maşat Höyük II, a Hittite Centre northeast of Boğazköy* (Ankara 1982)

Das Ende von Hatti

Otten, H.: *Neue Quellen zum Ausklang der hethitischen Geschichte* (MDOG 94, 1963, 1–23)

Güterbock, H. G.: *The Hittite Conquest of Cyprus Reconsidered* (Journal of Near Eastern Studies 26, 1967, 73–81)

Bittel, Kurt: *Das Ende des Hethiterreiches aufgrund archäologischer Zeugnisse* (Jahresbericht des Instituts für Vor- und Frühgeschichte der Universität Frankfurt a. M., 1976, 36–56)

Kapitel 4

Das Felsheiligtum in Yazılıkaya und seine Umgebung

Bittel, Kurt; Naumann, Rudolf; Otto, Heinz: *Yazılıkaya. Architektur, Felsbilder, Inschriften und Kleinfunde* (Leipzig 1941 = WVDOG 61)

Laroche, Emmanuel: *Le Panthéon de Yazılıkaya* (Journal of Cuneiform Studies 6, 1952, 115–123)

Bittel, Kurt; Herre, Wolf; Otten, Heinrich; Röhrs, Manfred; Schäuble, Johann: *Die hethitischen Grabfunde von Osmankayası* (Berlin 1958, WVDOG 71 = Boğazköy-Ḫattuša II)

Güterbock, H. G.: *Yazılıkaya* (MDOG 86, 1953, 65–76)

Otten, Heinrich: *Das Felsheiligtum von Yazılıkaya* (Das Altertum 2, 1956, 141–150)

Otten, Heinrich: *Die Götter von Yazılıkaya* (Anatolia 4, 1959, 27–37)

Beran, Thomas: *Zum Datum der Felsreliefs von Yazılıkaya* (Zeitschrift für Assyriologie, N. F. 23, 1965, 258–273)

Otten, Heinrich: *Zur Datierung und Bedeutung des Felsheiligtums von Yazılıkaya* (Zeitschrift für Assyriologie N. F. 24, 1967, 222–240)

Haas, V.; Wäfler, M.: *Yazılıkaya und der Große Tempel* (Oriens Antiquus 13, 1974, 211–226)

Güterbock, Hans G.: *Yazılıkaya: A propos a new interpretation* (Journal of Near Eastern Studies 34, 1975, 273–277)

Boğazköy-Ḫattuša IX. Das hethitische Felsheiligtum Yazılıkaya, Berlin 1975

Gurney, O. R.: *Some Aspects of Hittite Religion* (The Schweich Lectures 1976), Oxford 1977, 19–24, 40–43, 62f.)

Inschriften in Yazılıkaya
Laroche, Emmanuel: *Les dieux de Yazılıkaya* (Revue Hittite et Asianique XXVII/84–5, 1969, 61–109)
Boğazköy-Hattuša IX, Berlin 1975, 167–187 (H. G. Güterbock)
Masson, Emilia: *Le Panthéon de Yazılıkaya: nouvelles lectures* (Institut Français d'Etudes Anatoliennes, Paris 1981)
Güterbock, Hans G.: *Les Hieroglyphes de Yazılıkaya, à propos d'un travail récent* (Institut Français d'Etudes Anatoliennes, Paris 1982)

Kultische Feste und Festrituale
Otten, Heinrich: *Ein Text zum Neujahrsfest aus Boğazköy* (Orientalistische Literaturzeitung 51, 1956, 101–105)
Falkenstein, A.: *akiti-Fest und akiti-Festhaus* (Festschrift Johannes Friedrich zum 65. Geburtstag, Heidelberg 1959, 147–182)
Güterbock, Hans G.: *An Outline of the Hittite AN-TAH-ŠUM-Festival* (Journal of Near Eastern Studies 19, 1960, 80–89)
Güterbock, H. G.: *Some Aspects of Hittite festivals* (XVIIe Rencontre Assyriologique Internationale, Bruxelles 1969, 175–180)

Unterweltgötter in Yazılıkaya
Otten, Heinrich: *Eine Beschwörung der Unterirdischen aus Boğazköy* (Zeitschrift für Assyriologie, N. F. 20, 1961, 114–157)
Güterbock, Hans G.: *A Votive Sword with Old Assyrian Inscription* (Studies in Honor of Benno Landsberger on his 75th Birthday, Chicago 1965, 197f.)

Polychrome Reliefvasen
Özgüç, Tahsin: *The Bitik Vase* (Anatolia 2, 1957, 57–78)
Akurgal, Ekrem: *Die Kunst der Hethiter*, München 1961, Taf. XIV
Temizer, Raci: *Ankara Anadolu Medeniyetleri Müzesi, Akbank'ın 31. Yılı İçin Bir Kültür Hizmeti, 5, 1979, 37* (Vase aus İnandık). Boğazköy-Hattuša XIII, Berlin 1982, 7 Abb. 7A (R. M. Boehmer)

Reliefs von Alaca Höyük, Gâvurkale und Sirkeli
Akurgal, Ekrem: *Die Kunst der Hethiter*, München 1961, Taf. 91/92, 99, 98

Siegel des Tuthalija IV. aus Ras Schamra
Schaeffer, Claude F.-A.: *Ugaritica III* (Paris 1956), 14ff. figs. 24, 26 und Pl. III-IV; 111ff. (E. Laroche)

Kapitel 5

Alabastervase von Büyükkale
MDOG 70, 1932, 20

Statuette der Sitsneferu
Bulletin of the Metropolitan Museum of Art, New York, 16, 1921, 209f. (mit Abb.)

Statuette des Keri, von Kırıkkale
Von der Osten, H. H., und Allan, T. George: *The Ancient Settlement in Kürigin Kaleh in Asia Minor* (American Journal of Semitic Languages and Literatures 43, 1927, 293–296 mit fig. 11–14)
Allan, T. George: *A Middle Kingdom Egyptian Contact with Asia Minor* (Oriental Institute Publications V, Chicago 1929, 66ff.)

Plakette aus Bein des Bes, von Alaca Höyük
Koşay, Hâmit Zübeyr: *Ausgrabungen von Alaca Höyük 1936* (Ankara 1944), 60, Nr. AL/A 88

Plakette aus Bein mit Ded-Pfeiler, von Alaca Höyük
Arık, Remzi Oğuz: *Les Fouilles d'Alaca Höyük 1935* (Ankara 1937), 59, Nr. Al. 63

Fragment einer Stele aus Granit von Büyükkale
MDOG 76, 1938, 18 Abb. 5

Obsidianvase mit dem Namen des Hyksoskönigs Chian, von Boğazköy

Stock, Hanns: *Der Hyksos Chian in Boğazköy.* MDOG 94, 1963, 73–80

Umfassende Beiträge

Smith, W. Stevenson: *Interconnections in the Ancient Near East. A Study of Relationships between the Arts of Egypt, the Aegean and Western Asia* (New Haven, London 1965)

Helck, Wolfgang: *Die Beziehungen Ägyptens zu Vorderasien im 3. und 2. Jahrtausend v. Chr.* (Wiesbaden, 2. Aufl., 1971)

Spezielle historische Quellen

Güterbock, Hans Gustav: *The Deeds of Šuppiluliuma as Told by his Son, Muršili II* (Journal of Cuneiform Studies 10, 1956, 41–130)

Güterbock, H. G.: *Mursili's Accounts of Šuppiluliuma's Dealings with Egypt* (Revue Hittite et Asianique 18 fasc. 66/67, 1960, 57–63)

Vergote, J.: *Toutankhamon dans les archives hittites* (Istanbul, 1961)

Kuentz, C.: *La bataille de Qadech* (Mémoires de l'Institut Français d'Archéologie Orientale 55, 1934, 81–398)

Gardiner, A.: *The Kadesh-Inscriptions of Ramesses II* (Oxford, 1960)

Kühne, Cord; Otten, Heinrich: *Der Šaušgamuwa-Vertrag* (Studien zu den Boğazköy-Texten 16, Wiesbaden 1971)

Helck, Wolfgang: *Urḫi-Tešup in Ägypten* (Journal of Cuneiform Studies 17, 1963, 87–97)

– Hattuschili über Muwatallis Krieg mit Ägypten

Pritchard, James B.: *Ancient Near Eastern Texts relating to the Old Testament* (Princeton 1950), 319 (A. Goetze)

Edel, Elmar: *KBo I 15+19, ein Brief Ramses' II. mit einer Schilderung der Kadešschlacht* (Zeitschrift für Assyriologie, N. F., 15, 1950, 195–212)

– Vertrag zwischen Hattuschili III. und Ramses II.:

Müller, W. Max: *Der Bündnisvertrag Ramses' II. und des Chetiterkönigs* (Mitteilungen der Vorderasiatischen Gesellschaft 1902, 7. Jahrgang, Heft 5)

Pritchard, James B.: *Ancient Near Eastern Texts relating to the Old Testament* (Princeton 1950), 201–203 (Albrecht Goetze)

Breasted, James Henry: *Ancient Records of Egypt III* (Chicago, third edition, 1927), 163–174, § 367–391

– Hattuschilis Reise nach Ägypten

Edel, Elmar: *Der geplante Besuch Hattušilis in Ägypten* (MDOG 92, 1960, 15–20)

– Heirat von Ramses mit einer hethitischen Prinzessin

Donadoni – Černi – Edel: *Abu Simbel, Stèle du Mariage* (Centre de Documentation Egyptologique, Le Caire 1959)

Breasted, James Henry: *Ancient Records of Egypt III* (Chicago, third edition, 1927), 182ff., § 415ff.

Edel, Elmar: *KUB III 63, ein Brief aus der Heiratskorrespondenz Ramses' II.* (Jahrbuch für Kleinasiatische Forschung 2, 1952–53, 262–273)

Edel, Elmar: *Weitere Briefe aus der Heiratskorrespondenz Ramses' II.* (Geschichte und Altes Testament, Beiträge zur Historischen Theologie 16, 1953, 29–63)

Edel, Elmar: *Die Rolle der Königinnen in der ägyptisch-hethitischen Korrespondenz von Boğazköy* (Indogermanische Forschungen 60, 1952, 72–85)

– Ägyptische Ärzte in Hattuscha

Edel, Elmar: *Ägyptische Ärzte und ägyptische Medizin am hethitischen Königshof. Neue Funde von Keilschriftbriefen Ramses' II. aus Boğazköy* (Rheinisch-Westfälische Akademie der Wissenschaften, Opladen, 1976)

Kapitel 6

Geschichte und Monumente generell

Luckenbill, Daniel David: *Ancient Records of Assyria and Babylonia. Historical Records of Assyria from the Earliest Times to Sargon*, I (Chicago 1926), II (Chicago 1927)

Naster, P.: *L'Asie Mineure et l'Assyrie aux VIIIe et VIIe siècles av. J.-C. d'après les Annales des Rois Assyriens* (Louvain 1938)

Ruge, W., und Friedrich, J.: *Phrygia* (Topographie, Sprache, Geschichte). (Pauly-Wissowa 20, 1; 1941, 781 ff.)

Landsberger, Benno: *Sam'al, Studien zur Entdeckung der Ruinenstätte Karatepe* (Ankara 1948)

Akurgal, Ekrem: *Phrygische Kunst* (Ankara 1955)

Mellink, Machteld J. (Ed.): *Dark Ages and Nomads c. 1000 B. C.* (Uitgaven van het Historisch-Archaeologisch Instituut te Istanbul 18, 1964)

Mellink, Machteld J.: *Mita, Mushki and the Phrygians* (Anadolu Araştırmaları, In Memoriam Helmuth Theodor Bossert, Istanbul 1965, 317–325)

Schuler, Einar von: *Die Kaskäer, ein Beitrag zur Ethnographie des alten Kleinasien* (Berlin 1965)

Barnett, R. D.: *Phrygia and the Peoples of Anatolia in the Iron Age* (Cambridge Ancient History, fasc. 56, Cambridge 1967)

Houwink ten Cate, Ph. H. J.: *Kleinasien zwischen Hethitern und Persern* (Fischer Weltgeschichte IV, Die Altorientalischen Reiche III, 112 ff., Frankfurt 1967)

Haspels, Emilie C. H.: *The Highlands of Phrygia, Sites and Monuments* (Princeton 1971)

Özgüç, Tahsin: *Kültepe and its vicinity in the Iron Age* (Ankara 1971)

Boehmer, Rainer M. *Phrygische Prunkgewänder des 8. Jahrhunderts v. Chr., Herkunft und Export* (Archäologischer Anzeiger 1973, 149–172)

Mellink, Machteld J.: *Midas in Tyana* (Florilegium Anatolicum, Mélanges offerts à Emmanuel Laroche, Paris 1979, 249–257)

Sprache und Inschriften

Friedrich, Johannes: *Kleinasiatische Sprachdenkmäler* (Berlin 1932), 123–140: Phrygische Texte

Osten, von der, Hans Henning: *The Alishar Hüyük, seasons of 1930–32*, II (Oriental Institute Publications XXIX), Chicago 1937, 414 ff. (Siegel mit luvisch-hethitischer Bilderschrift aus der posthethitischen Schicht)

Haas, Otto: *Die phrygischen Sprachdenkmäler* (Sofia 1966)

Young, Rodney, S.: *Old Phrygian Inscriptions from Gordion: towards a history of the Phrygian alphabet* (Hesperia 38, 1969, 252–296)

Neumann, Günter: *Bruchstücke alphabetischer Schriftdenkmäler aus Boğazköy* (Boğazköy V, Berlin 1975, 76–84)

Gordion

Körte, Gustav und Alfred: *Gordion, Ergebnisse der Ausgrabungen im Jahre 1900* (Jahrbuch des Kaiserlich Deutschen Archäologischen Instituts, Ergänzungsheft V, Berlin 1904)

Young, Rodney S. in: *American Journal of Archaeology* 59, 1955, 1 ff.; 60, 1956, 249 ff.; 61, 1957, 319 ff.; 62, 1958, 139 ff.; 64, 1960, 227 ff.; 66, 1962, 153 ff.; 68, 1964, 279 ff.; 70, 1966, 267 ff.; 72, 1968, 231 ff.; 78, 1974, 117 (Keith de Vries)

Young, Rodney S.: *The Gordion Excavations, final reports I: Three Great Early Tumuli* (Philadelphia 1981)

Boğazköy generell

Bittel, Kurt: *Boğazköy in phrygischer Zeit* (Le rayonnement des civilisations grècque et romaines sur les cultures périphériques, Paris 1965, 475–479)

Neve, Peter: *Hattuša in nachhethitischer Zeit* (Mélanges Mansel II, Ankara 1974, 873–891)

– Büyükkale

Neve, Peter: *Büyükkale. Die Bauwerke* (Boğazköy-Hattuša XII, Berlin 1982, 142–170)

– Statuengruppe im Südosttor

Bittel, Kurt: *Phrygisches Kultbild aus Boğazköy* (Antike Plastik, Lieferung II, Teil I, Berlin 1963)

Laroche, Emmanuel: *Koubaba, Déesse Anatolienne, et le problème des origines de Cybèle* (Eléments Orientaux dans la Religion Grècque Ancienne, Paris 1960, 118–128)

MDOG 93, 1962, 47f. (Phrygisches Steinidol aus dem Südosttor)

– Assyrischer Siegelzylinder von Büyükkale

Beran, Thomas: *Fremde Rollsiegel von Boğazköy* (Vorderasiatische Archäologie, Studien und Aufsätze Anton Moortgat zum 65. Geburtstag gewidmet, Berlin 1964, 27ff.)

– Ansiedlungen auf der unteren Stadtterrasse

Boğazköy IV (Berlin 1969, 32–35); V (Berlin 1975, 9–15, 18–23). MDOG 102, 1970, 15ff. (P. Neve)

– Cella beim Tempel I

MDOG 94, 1963, 33–52 (Th. Beran)

– Importierte Keramik im phrygischen Boğazköy

MDOG 94, 1963, 53–71 (E.-M. Bossert)

Steinidol beim Fahared Çeşme unweit Ankara

Osten, von der, H. H.: *Explorations in Central Anatolia, Season of 1926* (Oriental Institute Publications V, Chicago 1929, 29 mit Fig. 90 und Taf. V B)

Altar und Wassergang in der Midas-Stadt

Gabriel, Albert: *La Cité de Midas, architecture* (Paris 1965) 45 Fig. 26 und Pl. 20 a, b, d; 47ff. mit Fig. 28

Pteria

Radke, Gerhard; Kirsten, Ernst: *Pteria* (Pauly-Wissowa XXIII 2, Stuttgart 1959, 1496f.; 2465f.)

Fotonachweis

Alle Abbildungen, auch die des Umschlages, stammen aus dem Archiv der Deutschen Boğazköy-Grabung oder dem Archiv des Autors, mit Ausnahme der Farbtafeln 2, 10, 12, 15 und 16 sowie der Schwarzweiß-Abbildung 76, die von Ursula Clemeur, Köln, und der Schwarzweiß-Abbildung 95, die von Thomas Hartmann aufgenommen wurden.

Register

Personenregister

Ortsregister

DuMont Dokumente: Gesamtübersicht

Albus, Volker / Feith, Michel / Lecatsa, Rouli / Schepers, Wolfgang / Schneider-Esleben, Claudia (Hrsg.)
Gefühlscollagen
Wohnen von Sinnen

Arnheim, Rudolf
Anschauliches Denken
Zur Einheit von Bild und Begriff

Arnheim, Rudolf
Die Dynamik der architektonischen Form

Arnheim, Rudolf
Die Macht der Mitte

Baumgart, Fritz
Stilgeschichte der Architektur

Blaeser, Rolf
Federico García Lorca als Zeichner
(September 1986)

Brauneck, Manfred
Religiöse Volkskunst

Braunfels, Wolfgang
Abendländische Stadtbaukunst

Braunfels, Wolfgang
Abendländische Klosterbaukunst

Braunfels, Wolfgang
Kleine italienische Kunstgeschichte

Brucher, Günter
Barockarchitektur in Österreich

Budde, Rainer
Köln und seine Maler 1300–1500

Burckhardt, Lucius
Die Kinder fressen ihre Revolution

Coubier, Heinz
Europäische Stadtplätze

Eckstein, Hans
Die Romanische Architektur

Faust, Wolfgang Max / Vries, Gerd de
Hunger nach Bildern
Deutsche Malerei der Gegenwart

Franke, Herbert W.
Computer-Grafik Galerie
Bilder nach Programm – Kunst im elektronischen Zeitalter

Franzke, Andreas
Skulpturen und Objekte von Malern des 20. Jahrhunderts

Froböse, Eva
Rudolf Steiner über Eurythmische Kunst

Grabar, Oleg
Die Alhambra

Gray, Camilla
Das große Experiment
Die russische Kunst 1863–1922

Grimme, Ernst Günther
Die Geschichte der abendländischen Buchmalerei

Gruber, Bettina / Vedder, Maria
Kunst und Video
Internationale Entwicklung und Künstler

Hansmann, Wilfried
Baukunst des Barock

Hansmann, Wilfried
Gartenkunst der Renaissance und des Barock

Hofstätter, Hans H.
Geschichte der europäischen Jugendstilmalerei

Jetter, Dieter
Die Geschichte des Hospitals in Europa

Kitzinger, Ernst
Byzantinische Kunst im Werden

Klee, Felix (Hrsg.)
Paul Klee Tagebücher 1898–1918

Küppers, Harald
DuMont's FARBEN-ATLAS
Über 5500 Farbnuancen mit Kennzeichnung und Mischanleitung

Kugler, Walter
Rudolf Steiner und die Anthroposophie
Wege zu einem neuen Menschenbild

Kultermann, Udo
Architekten der Dritten Welt

Kultermann, Udo
Zeitgenössische Architektur in Osteuropa

Kultermann, Udo
Die Architektur im 20. Jahrhundert

Lach, Friedhelm
Der Merz-Künstler Kurt Schwitters

DuMont Dokumente: Gesamtübersicht

Maenz, Paul
Art Deco 1920–1940

Meulen Jan van der / Hohmeyer, Jürgen
Chartres
Biographie der Kathedrale

Murken-Altrogge, Christa / Murken, Axel
Vom Expressionismus bis zur Soul and Body Art
Moderne Malerei für Einsteiger

Naredi-Rainer, Paul von
Architektur und Harmonie
Zahl, Maß und Proportion in der abendländischen Baukunst

Neumann, Wolfgang
Die Berber
Vielfalt und Einheit einer alten nordafrikanischen Kultur

Emil Nolde Mein Leben
Herausgegeben von der Stiftung Seebüll Ada und Emil Nolde

Nußbaum, Norbert
Deutsche Kirchenbaukunst der Gotik
Entwicklungen und Bauformen

Ozols, Jakob / Thewalt, Volker (Hrsg.)
Aus dem Osten des Alexanderreichs
Völker und Kulturen zwischen Orient und Okzident. Iran, Afghanistan, Pakistan, Indien

Panofsky, Erwin
Studien zur Ikonologie
Humanistische Themen in der Kunst der Renaissance

Pawlik, Johannes (Hrsg.)
Goethe Farbenlehre
Didaktischer Teil
Textauswahl mit einer Einführung und neuen Farbtafeln

Pawlik, Johannes
Praxis der Farbe
Bildnerische Gestaltung

Pawlik, Johannes
Theorie der Farbe

Pawlik, Johannes / Straßner, Ernst
Bildende Kunst
Begriffe und Reallexikon

Popper, Frank
Die kinetische Kunst

Reuther, Manfred
Das Frühwerk Emil Noldes
Hrsg. von der Stiftung Seebüll Ada und Emil Nolde

Rewald, John
Die Geschichte des Impressionismus

Richter, Hans
Dada – Kunst und Antikunst
Der Beitrag Dadas zur Kunst des 20. Jahrhunderts

Romain, Lothar (Hrsg.)
Kunstfonds e. V.
Modell einer Förderung

Rotzler, Willy
Objekt-Kunst
Von Duchamp bis zur Gegenwart

Rykwert, Joseph
Ornament ist kein Verbrechen

Sager, Peter
Neue Formen des Realismus
Kunst zwischen Illusion und Wirklichkeit

Schneede, Uwe M. (Hrsg.)
Künstlerschriften der 20er Jahre

Schreiber, Ulla
Modelle für humanes Wohnen
Moderne Stadtarchitektur in den Niederlanden

Schwitters, Kurt
Anna Blume und andere
Literatur und Grafik
Hrsg. von Joachim Schrenk

Stützer, Herbert Alexander
Die italienische Renaissance

Thomas, Karin
Bis Heute: Stilgeschichte der bildenden Kunst im 20. Jahrhundert

Thomas, Karin
Zweimal deutsche Kunst nach 1945

Waldberg, Patrick
Der Surrealismus

Wedewer, Rolf
Landschaftsmalerei zwischen Traum und Wirklichkeit
Idylle und Konflikt

DuMont Dokumente: Gesamtübersicht

Wescher, Herta
Die Geschichte der Collage
Vom Kubismus bis zur Gegenwart

Wick, Rainer
Bauhaus-Pädagogik

DuMont Dokumente – Archäologie

Bittel, Kurt
Hattuscha
Hauptstadt der Hethiter. Geschichte und Kultur einer altorientalischen Großmacht

Gutbrod, Karl
DuMont's Geschichte der frühen Kulturen der Welt

Jansen, Michael
Die Indus-Zivilisation
(November '86)

Magall, Miriam
Archäologie und Bibel
Wissenschaftliche Wege zur Welt des Alten Testaments

Moortgat, Anton
Die Kunst des Alten Mesopotamien
Sumer und Akkad

Moortgat, Anton
Die Kunst des Alten Mesopotamien
Babylon und Assur

Reden, Sybille von
Die Megalith-Kulturen
Zeugnisse einer verschollenen Urreligion
Großsteinmale in: England – Frankreich – Irland – Korsika – Malta – Nordeuropa – Sardinien – Spanien

DuMont Dokumente – Film/Foto

Neusüss, Floris M. (Hrsg.)
Fotografie als Kunst – Kunst als Fotografie
Das Medium der Fotografie in der bildenden Kunst Europas ab 1968

Tausk, Petr
Die Geschichte der Fotografie im 20. Jahrhundert

DuMont Dokumente – Graphik

Adriani, Götz (Hrsg.)
Paul Cézanne Zeichnungen

Adriani, Götz (Hrsg.)
Toulouse-Lautrec
Das gesamte graphische Werk

Dieterich, Anton (Hrsg.)
Goya – Visionen einer Nacht
Zeichnungen

Geelhaar, Christian (Hrsg.)
Paul Klee Zeichnungen
Reise ins Land der besseren Erkenntnis

Kelen, Emery (Hrsg.)
Leonardo da Vinci Zeichnungen

Konnertz, Winfried (Hrsg.)
Max Ernst
Zeichnungen, Aquarelle, Übermalungen, Frottagen

Uitert, Evert van (Hrsg.)
Vincent van Gogh Zeichnungen

DuMont Dokumente – Musik

Klüppelholz, Werner
Mauricio Kagel 1970–1980

Konold, Wulf
Bernd Alois Zimmermann
(September '86)

Schnebel, Dieter
Mauricio Kagel Musik Theater Film

Schnebel, Dieter (Hrsg.)
Karlheinz Stockhausen
Texte zur elektronischen und instrumentalen Musik
Band 1: Aufsätze 1952–1962
zur Theorie des Komponierens

Karlheinz Stockhausen
Texte zu eigenen Werken, zur Kunst Anderer, Aktuelles
Band 2: Aufsätze 1952–1962
zur musikalischen Praxis

Karlheinz Stockhausen
Texte zur Musik 1963–1970
Band 3: Einführung und Projekte, Kurse, Sendungen, Standpunkte, Nebennoten

Karlheinz Stockhausen
Texte zur Musik 1970–1977
Band 4: Werk-Einführung. Elektronische Musik, Weltmusik, Vorschläge und Standpunkte, zum Werk Anderer

DuMont Taschenbücher

Stand Herbst '86

2 Janson, Malerei unserer Welt
3 Macke, Die Tunisreise
4 Schneede, Magritte
6 Thomas, DuMont's kleines Sachwörterbuch zur Kunst des 20. Jahrhunderts
8 Geelhaar, Klee
12 Pierre, DuMont's kleines Lexikon des Surrealismus
13 Muller, DuMont's kleines Lexikon des Expressionismus
14 Jensen, C. D. Friedrich
15 Klein, DuMont's kleines Sachwörterbuch der Drucktechnik und grafischen Kunst
18 Richter, Geschichte der Malerei im 20. Jahrhundert
23 Keller, Chagall
25 Sterner, Jugendstil
26 Jensen, Spitzweg
27 Bihalji-Merin, Die Malerei der Naiven
29 Stützer, Die Etrusker
30 Pawlik, Malen lernen
31 Selz, DuMont's kleines Lexikon des Impressionismus
32 Schneede, Grosz
33 Panofsky, Sinn und Deutung in der bildenden Kunst
35 van Uitert, van Gogh
38 Tetzlaff, Romanische Kapitelle in Frankreich
39 Elffers, TANGRAM
43 Krons, Gestalten mit Papier
44 Baumgart, DuMont's kleines Sachlexikon der Architektur
45 Jensen, Ph. O. Runge
47 Vogt, Der Blaue Reiter
50 Fiedler, Schriften über Kunst
52 Krichbaum/Zondergeld, DuMont's kleines Lexikon der Phantastischen Malerei
54 Thomas/de Vries, DuMont's Künstler-Lexikon von 1945 bis zur Gegenwart
55 Schreiner, Kreatives Arbeiten mit Textilien
56 Tetzlaff, Romanische Portale in Frankreich
57 Adriani, Toulouse-Lautrec und das Paris um 1900
58 Schöttle, DuMont's Lexikon der Fotografie
59 Munsterberg, Zen-Kunst
60 Hofstätter, Moreau
61 Schuster/Beisl, Kunst-Psychologie
63 Neuhaus, Werken mit Ton
65 Küppers, Das Grundgesetz der Farbenlehre
66 Loyd/Gardner, Mathematische Rätsel und Spiele
67 Baumgart, »Blumen-Brueghel«
69 Burger, Norwegische Stabkirchen
70 Gombrich, Kunst und Fortschritt
71 Pierre, DuMont's kleines Lexikon der Pop Art
72 Schuyt/Elffers/Ferger, Rudolf Steiner und seine Architektur
73 Sterner, Barcelona: Antoni Gaudi
74 Kleßmann, Die deutsche Romantik
77 Hainke, Siebdruck
78 Rüdiger, Die gotische Kathedrale
80 Wick/Wick-Kmoch, Kunst-Soziologie
81 Fischer, Erotik und Askese in Kult und Kunst der Inder
83 Kaemmerling, Bildende Kunst als Zeichensystem 1
84 Leber, Plastisches Gestalten
85 Loyd/Gardner, Noch mehr Mathematische Rätsel und Spiele
87 Giffhorn, Kritik der Kunstpädagogik
88 Walters/Sterner, Jugendstil-Graphik
89 Tetzlaff, Griechische Vasenbilder
90 Grassi, Die Theorie des Schönen in der Antike
91 Leber, Aquarellieren lernen
93 Elffers/Schuyt, Das Hexenspiel
94 Schreiner, Puppen & Theater
95 Hennig, Japanische Gartenkunst
96 Vierhuff, Die Neue Sachlichkeit
98 Clausberg, Kosmische Visionen
99 Fischer, Wasserburgen im Münsterland
100 Schulz, Der olle Hansen und seine Stimmungen
101 Freier, Fotografieren lernen – Sehen lernen
103 Badt, Die Farbenlehre van Goghs
104 Hansmann, Die Apokalypse von Angers
105 Foerster, Das Barock-Schloß
107 Elffers/Schuyt/Leeman, Anamorphosen
108 Adriani/Konnertz/Thomas, Joseph Beuys
109 Fischer, Hanse-Städte
110 Spitzing, Das indonesische Schattenspiel

DuMont Taschenbücher

111 Presler, L'Art Brut
112 Adrion, Die Kunst zu zaubern
113 Bialostocki, Stil und Ikonographie
114 Schulz, Der Kuckuck und der Esel
115 Hofmann, Ton
116 Champion, DuMont's Lexikon archäologischer Fachbegriffe und Techniken
117 Assunto, Die Theorie des Schönen im Mittelalter
119 Petsch, Geschichte des Auto-Design
120 Grünebaum, Buntpapier
121 Berger, Malerinnen auf dem Weg ins 20. Jahrhundert
122 Schmidt-Brümmer, Wandmalerei
123 Winzer, DuMont's Lexikon der Möbelkunde
124 Dohmen, Die Lithographie
125 Vielmuth/Kandorfer, Fachwort-Lexikon Film · Fernsehen · Video
126 Kellerer, Der Sprung ins Leere
127 Schulz, Rapunzel
128 Bro, Wie lerne ich zeichnen
129 Koch-Hillebrecht, Die moderne Kunst
130 Gruber/Vedder, DuMont's Handbuch der Video-Praxis
131 Keilhauer, Die Bildsprache des Hinduismus
132 Merker, Die bildenden Künste im Nationalsozialismus
133 Salberg-Steinhardt, Die Schrift
134 Pochat, Der Symbolbegriff in der Ästhetik und Kunstwissenschaft
135 Schüssler, Die ägyptischen Pyramiden
136 Harjes, Handbuch zur Praxis des Freien Theaters
137 Pevsner, Wegbereiter moderner Formgebung
139 Schulz, Guten Tag!
140 Schmidt-Brümmer, Alternative Architektur
141 Stützer, Die Kunst der römischen Katakomben
142 Wittkower, Allegorie und Wandel der Symbole
143 Warnke, Politische Architektur
144 Magall, Kleine Geschichte der jüdischen Kunst
145 Fixx, Rätsel und Denkspiele mit Seitensprung
146 Hagen, Meisterwerke europäischer Kunst
147 Knuf, Amulette und Talismane
148 Violet, Kleine Geschichte der japanischen Kunst
149 Treat, Detektive auf dem Glatteis
150 Lavizzari-Raeuber, Thangkas
151 Kraft, Psychoanalyse, Kunst und Kreativität heute
152 Dunkel, Schattenfiguren – Schattenspiel
153 Ebeling, Masken und Maskierung
154 Biedermann, Höhlenkunst der Eiszeit
155 Namislow, Oktagram
156 Stützer, Kleine Geschichte der römischen Kunst
157 Maenz, Die 50er Jahre
158 Rochester/Gantz, Der nackte Computer
159 Rolf, Kleine Geschichte der chinesischen Kunst
160 Freier/Sarrazin, Fotos: Selbst entwickeln – Selbst vergrößern
161 Fraenger, Von Bosch bis Beckmann
163 Küppers, Die Farbenlehre der Fernseh-, Foto- und Drucktechnik
164 Gallagher, Wohnzimmerspiele – alt und neu
165 Berger/Tugendhat, Der Garten der Lüste
166 Graak, Künstler-Spielkarten des 20. Jahrhunderts
167 Neumann, Bauhaus und Bauhäusler
168 Robbins, Das Geheimnis des goldenen Jaguar
169 Kemp, Der Betrachter ist im Bild
170 Sedlmayr, Die Revolution der modernen Kunst
171 Gombrich, Eine kurze Weltgeschichte für junge Leser
172 Schickele, Die endgültige Biographie des P.D.Q. Bach
173 Helm, 555 Teekessel
174 Salny/Grosswirth u. a., Phantastische Mensa-Rätsel
175 Frehn/Krings, Afrikanische Frisuren
177 Lampugnani, Architektur als Kultur
178 Koulen, Go
179 Kappler, Gestalten mit Sand
180 Dohmen, Tiefdruck
182 Schuster-Oeltzschner, Kunsttherapie
183 Brock/Reck/Internationales Design Zentrum Berlin e. V. (Hrsg.), Stilwandel
184 Hansmann, Balthasar Neumann

Im September '86 erscheinen:

181 Schmidt-Wulffen, Spielregeln
185 Görgens, Kleine Geschichte der indischen Kunst
186 Bódy (Hrsg.), Video in Kunst und Alltag
187 Laver, Jeder gegen jeden
188 Tegtmeier, Tarot

Im Januar '87 erscheinen:

189 Syring, Kunst in Frankreich
190 Bolz/Preyer, Indianische Kunst Nordamerikas
191 Salny/Grosswirth u. a., Das endgültige Mensa-Quiz-Buch